링컨은 이렇게 살았다

링컨의 생애와 신앙
하나님 마음에 든 아름다운 대통령 · 링컨

프레드릭 오웬 / 지음
박현덕 / 옮김

에이브러햄 링컨 (1809-1865)

아버지 토마스 링컨

어머니 사라 부쉬 링컨

부인 메리 토드 링컨

링컨의 가족

백악관에서 부인, 자녀들과 즐거운 시간을 보내는 에이브러햄 링컨 대통령

어린시절을 보낸 링컨의 통나무 집 (Cabin)

낸시 행스 링컨의 묘지

8번 가와 잭슨 가에 있는 링컨의 집. 이곳은 매일 9-17시까지 개관하며 매년 수많은 사람들이 관람한다. 아래는 침실 내부

링컨의 변호사 시절에 공동 창업한 존 토드 스튜어트 변호사와 오른쪽은 링컨이 즐겨쓰던 검정 실크 햇

링컨의 싸인
A. Lincoln

링컨과 스티븐 더글러스의 논쟁 장면, 원내는 링컨과 더글러스.

1865년 4월 14일
워싱턴 포드 극장의 총성

"예루 ……!" 특실 뒤로 들어 온 부스가 작은 대린저 권총을 들어 링컨의 머리 뒤를 쏘았던 것이다. (본문 256p)

링컨이 암살당한 포드 극장과 암살범 존 W. 부스. 그는 남부의 연극 배우 출신이다.

1865년 4월 19일 워싱턴에서 거행된 링컨 대통령의 장례식에 수많은 시민들이 운집하여 애도를 표하였다. 장례식 질서를 위하여 기마병과 군인들이 도열해 있다.

링컨의 유해를 워싱턴에서 스프링필드로 운구한 동형의 기차 (1865년 4월 21일 워싱턴을 출발하여 발티모아, 필라델피아, 뉴욕, 인디애나폴리스, 시카고 등의 도시를 거쳐 5월 3일에 장지인 스프링필드에 도착하였다.)

워싱턴에 있는 링컨 기념관 전경

스프링필드에 있는 링컨 대통령의 묘지

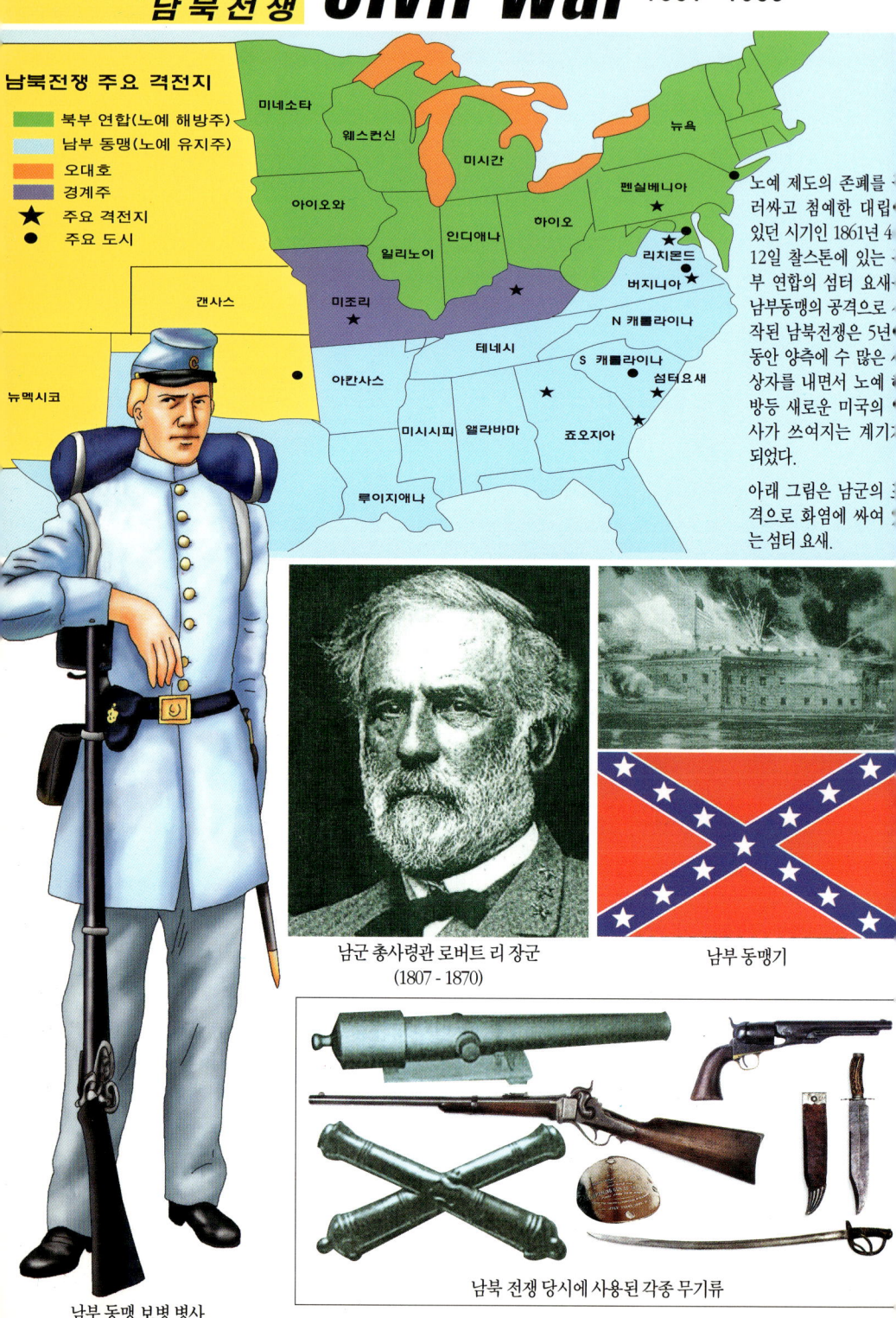

남북 전쟁을 승리로 이끈
북군 총사령관 U.S 그랜트 장군

북부 연합기

1862년 10월 매릴랜드 앤티탐 전선을 시찰하고 있는 링컨과 지휘관들.
아래 사진은 조오지 맥클레란 장군으로 부터 전황을 보고 받고 있다.

북부 연합 포병 장교

우표로 보는 링컨

세계 여러 나라에서 링컨을 모델로 한 기념 우표를 발행하고 있다.

❶

❷

❸

❹

❺

❻

❼

❿

❽

❾

⓮

⓫

⓬

⓭

⓯

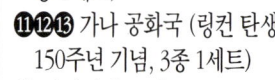
⓰

❶❷❸❿ 미국
❹ 챠드 공화국
❺❻❼❽❾ 산마리노 공화국 (링컨 탄생 150주년 기념, 5종 1세트)
⓫⓬⓭ 가나 공화국 (링컨 탄생 150주년 기념, 3종 1세트)
⓮ 리베리아 공화국
⓯ 적도기니 공화국 (왼쪽 인물은 15대 대통령 제임스 부캐넌)
⓰ 르완다 공화국

워싱턴 국회 도서관
둥근 천장에는 다음과 같은
미가 선지자의 글이 새겨져 있다.
"여호와께서 네게 구하시는 것이
오직 공의를 행하며 인자를 사랑하며
겸손히 네 하나님과 함께 행하는 것이 아니냐."
미국 역사상-아니 세계 역사상-
에이브러햄 링컨보다
더 하나님의 사람이라는 이 기준을
완벽하게 만족시킨 사람은 없다.
존 웨슬리 힐 박사

Abraham Lincoln
The Man & His Faith

G. FREDERICK OWEN

Tyndale House Publishers, Inc.
Wheaton, Illinois

링컨은 이렇게 살았다

지은이 · 프레드릭 오웬
옮긴이 · 박현덕
발행인 · 임석영
판권소유 · 도서출판 목회자료사 2004
발행일 · 2004년 10월 25일 초판인쇄
         2004년 10월 30일 초판발행
발행처 · 도서출판 목회자료사
서울시 성북구 돈암1동 48-11
우편 136-061 팩스 924-6306
전화 922-6611, 928-5995
H.P 016-880-5054
편집디자인 · 선인미디어 02)2275-1308
출판등록 · 제6-13호(1979. 8. 16)
값 9,000원

본서는 미국 Tyndale House 사와의 독점계약에 따라 출판하였습니다.

추천사
낸시 행스의 성경

  본서는 에이브러햄 링컨의 생애와 신앙에 관한 놀라울 정도로 정교한 이야기이다. 사실적이며 감동적인 문체로 저자는 링컨 자신의 말과 링컨을 알았던 많은 사람들의 진술들을 짜모아 지난 2백 년간 가장 위대한 미국인(사실상 링컨이 예수 그리스도 이후로 가장 위대한 인생을 살았다고 생각하는 사람도 있다)의 생애와 신앙과 정치적 수완에 관한 진정하고도 잊을 수 없는 기사를 만들어 내었다.

  기독교인인 어머니의 건전한 가르침과 거룩한 영향이 주홍색 실처럼 그의 생애 전체를 수 놓고 있다. 어머니 낸시 행스의 생애와 그녀의 고별사, 그리고 그녀가 그와 누이 사라에게 읽어 주었던 성경 구절들이 그의 영혼 속에 깊게 박혀 하나님에 대한 갈망과 의로움을 그의 위대하고 파란만장한 삶의 전환점이 되었던 많은 장면들에서 표출시키곤 했다. 그의 명성과 유용성과 그의 위엄은 현대사에서 유례가 없다.

  오웬 박사는 내게 깊은 감명을 준 이 위대한 미국인의 생애와 신앙을 생생하게 묘사해 주었으며, 나는 본서가 켄터키의 통나무 집에서 태어나 미국 대륙에서 가장 아름다운 묘지에 묻힐 때까지 에이브러햄 링컨을 따랐던 수많은 사람들의 삶에 영감과 지혜와 지속적인 유익을 가져다 주리라 믿는 바이다.

다우슨 트로트맨 여사

추천사
링컨을 회상하며

모세, 바울, 루터처럼 에이브러햄 링컨도 자기 시대와 자기 나라를 추월하여 역사에서 우뚝 솟은 몇 안되는 영적 거인들 중의 한 사람이었다. 미국인으로서 우리는 그를 진정한 미국인의 표본으로 선택한다. 그리고 하나님과 관계하면서 삶을 영위한 링컨만큼 동료와 조국의 번영을 깊이 고심한 사람은 아마 없을 것이다.

미국인 가운데 그만큼 백성들의 사랑을 한 몸에 받고 그들의 기억속에 깊이 새겨진 인물도 없을 것이며 그의 글만큼 많이 인용된 경우도 없을 것이다.

워싱턴에 있는 웅장한 링컨 기념비에서 우리의 주머니 속에 있는 동전에 이르기까지 우리는 우리를 따라 다니며 더 나은 생활 방식을 우리에게 명하는 이 낯설고 신비스런 인물에 대해 생각하도록 요구받았다.

세계 각처에서 그토록 많은 사람들에 의해 그가 기억되는 비결은 무엇일까? 많은 사람들은 하나님에 대한 신앙과 그리스도와 성경에 대해 점점 깊어져 간 사랑을 빼놓고서는 링컨을 설명할 수 없다고 믿는다.

1861년 3월 4일, 링컨은 펼쳐진 성경위에 손을 올려놓고 미국 제16대 대통령이 되었다. 4년 후인 1865년 3월 4일 비오는 날에 그는 두 번째로 서약을 재개하기 위하여 다시 성경을 손을 올려놓았다. 그러나 이제 성경은 그에게 있어서 전혀 다른 책이었다.

　백악관에서 4년간의 사건들이 그를 하나님께 기도하고 성경을 연구하며 영적인 순례를 하도록 내몰았던 것이다.

　그의 두 번째 취임 연설은 국가 존립을 위한 하나님의 의지에 관한 설교처럼 들린다.

　두 번째 연설에는 성경 구절들이 많이 인용되었기 때문에 그 연설은 사실상 미국 역사상 가장 종교적인 공식 문서로 간주되어야 한다.

　링컨은 믿음을 통해서 율법과 계명이 하나님의 위대한 선물임을 알게 되었다. 정의감에 불타던 링컨은 아무도 다른 사람의 주인이나 소유자가 되기에 충분할 만큼 지혜롭거나 선하지 못하다는 것을 깨닫게 되었다.

　합중국이 보존되고 노예들이 해방되어야 한다는 신념으로 인해 그는 간단하지만 엄청난 책임을 떠맡았다.

　링컨은 하나님의 주권과 통치 아래 노예들을 자유케하는 임무야말로 자신을 하나님께서 택함받은 백성을 위한 하나님의 전능하신 손의 도구로 삼으신 목적이라고 믿었다.

　명료한 문체와 새로운 통찰력과 링컨에 관한 많은 상식을 담고 있는 본서는 이 중요한 개혁의 시대에 기도하며 올바른 지도력을 추구하는 모든 사람들에게 축복과 영감을 줄 것으로 확신한다.

빌리 그래함

머릿말
하나님에 대한 열망

수 년 전 우리는 친구들과 함께 영국 런던에 있는 웨스트민스터 사원에 간 적이 있었다. 그곳 국립 묘지 옆 공원에는 에이브러햄 링컨의 커다란 동상이 세워져 있었다.

나는 약간 놀라 "여기에도 링컨이 있군요."라고 말했다. "아, 그래요," 영국 은행가인 내 친구가 대답했다. "우리는 가장 위대하신 예수 그리스도를 제외하고는 그를 역사적으로 가장 유명한 인물들 가운데 한 사람으로 존경합니다."

우리는 다른 나라들로 계속 여행하면서 에이브러햄 링컨의 삶과 인품, 그리고 그의 업적이 거의 모든 지역 사람들의 마음을 사로잡고 그들의 심령에 지대한 영향을 미쳤음을 깨달았다. 지구의 가장 먼 지역에 이르기까지 그는 선을 추구하는 사람들의 화신이었다. 그의 이름은 존경과 희망의 상징이었다.

학교를 제외하고는 링컨의 철학과 사상에 대해 배운 적이 없는 평범한 미국인인 나로서는 영국인 은행가에게서 그와 같은 링컨에 대한 찬사를 듣고 세계 각국의 사람들이 링컨을 그렇게 존경하리라고는 생각지도 못했었다.

나는 워싱턴과 스프링필드에 살고 있었으면서도(이 두 도시는 링컨이 생전에 변호사 일과 정치적으로 활약하였던 중요한 곳이다)링컨에 대하여 특별히 연구하기 전까지만 해도 링컨의 개인 비서이자 훌륭한 정치가였던 존 헤이(John Hay)의원이 링컨을 "예수 그리스도 이후로 가장 위대한 인물"이라고 부르고, 톨스토이가 링컨을 "그리스도의 화신"이라고까지 격찬한 이유를 알지 못했었다.

그 당시 나는 링컨의 생애에 관한 문서들과 링컨의 인품에 관한 많은 위인들의 평가 기록을 보면서 왜 그토록 많은 미국인들, 심지어 고등학교 교사들과 대학 교수들까지 링컨의 신앙을 의심했는지 그리고 그를 "불신자"요, "종교적 회의론자"요, "이신론자"요, 혹은 심지어 "무신론자"라고까지 불렀는지 이해할 수 없었다.

나는 그들이 링컨을 제대로 알지 못했으며 **하나님에 대한 그의 열망도** 알지 못했음을 깨달았다.

프레드릭 오웬

낸시 행스의 성경	3
링컨을 회상하며	4
하나님에 대한 열망	6
1. 켄턴키의 어린시절	11
2. 뜨거운 신앙인 링컨	18
3. 뉴 살렘의 링컨	25
4. 변호사가 된 링컨	54
5. 메리 토드와 결혼	65
6. 유능한 변호사요 국회의원 링컨	72
7. 순회 변호사	86
링컨 어록	109
8. 노예제도에 도전하는 링컨	110
9. 16대 대통령 링컨	133
10. 워싱턴으로 가는 길	143

Contents

11. 대통령 취임 선서 ·················· 157
12. 남북전쟁 ························· 161
    남북전쟁의 두 영웅 ·············· 187
13. 게티스버그의 승리 ················ 188
    게티스버그 선언문 ················ 196
14. 자신을 그리스도께 바친 링컨 ······ 199
    러쉬모어의 큰 바위 얼굴 ·········· 206
15. 15가지의 에피소드 ················ 207
16. 링컨이 구한 미합중국 ············· 224
17. 포드 극장의 총성 ················· 254
18. 스프링필드로 가는 열차 ··········· 263
19. 하나님의 품으로 ·················· 272
    링컨 기념관 ······················ 276
    링컨 연보 ························ 277

1 켄터키의 어린시절

엘리자벳타운 근처 켄터키에서는 며칠에 걸친 수련회가 열리고 있었다. 이 모임에 참석한 회중들은 신앙의 열기로 충만해 있었다. 회중들은 이 모임이 성령으로 충만해지기를 간절히 바라고 있었다. 그래서 무릎을 꿇고 있던 많은 사람들이 일어나서 큰 소리로 찬송을 불렀으며 그 찬송 소리는 수련회장의 나무들 사이로 울려퍼졌다.

열심히 기도하던 한 젊은이가 일어나서 뛰면서 하나님께 찬양을 드리기 시작했다. 동시에 한 처녀도 앞으로 뛰어나오더니 하늘을 우러러 보면서 거룩한 찬양을 드리기 시작했다. 그녀는 기쁨이 점점 고조되어 마침내 그 청년의 손을 잡고 한 목소리로 찬송을 불렀다.

일주일 후인 1806년 6월 12일 이 두 사람 곧, 토마스 링컨(Thomas Lincoln)과 낸시 행스(Nancy Hanks)는 "감리교 법과 켄터키 주의 법에 따라" 제시 헤드(Jesse Head)목사님의 주례로 결혼식을 올렸다. 멀리서 살고 있던 친지들까지도 그들의 결혼을 축하하러 왔다. 그들은 피로연 석상에서 "곰 고기, 사슴 고기, 야생 칠면조와 오리 고기, 계란, 한 두름의 단풍밀, 큰 호리병 박에 들어있는 시럽, 복숭아, 꿀, 양가가 구덩이에 불을 지펴 구어낸 양등 ……" 푸짐한 대접을 받았다.

결혼식이 끝난 후, 그 부부는 토마스가 엘리자벳타운에 가지고 있던 두 필지의 토지 위에 새 통나무 집을 짓고 그 곳에 거주했다. 그는 정직하고 양심적이기로 소문난 목수요, 도로 감독관 이었다. 한편 낸시는 매우 지적이고 쾌활하며 헌신적이고 유능하며 부지런했다. 또한 실을 짜고 옷감을 짜는 등, 그 당시 여자들의 온갖 가사 일에도 재능을 보였다.

무엇보다도 그녀는 신앙이 깊은 사람이었다. 그것이 그녀의 외모나 행동으로 드러났다. 이듬해에 링컨의 첫 번째 아이가 태어났다. 그들은 그 아이의 이름을 사라라고 지었다. 첫 아이가 태어난 직후, 그들은 토마스가 놀려 둔 크릭의 빅 사우스 포크에 사둔 농장으로 이사했다.

그 곳은 호젠빌에서 3마일 그리고 엘리자벳타운에서 14마일 떨어진 곳에 있었다. 이곳에서 그들은 커다란 방 한 칸에서 살았다. 이 집에는 큰 굴뚝이 있었고 창문은 하나밖에 없었으며 손으로 만든 문이 하나만 있을 뿐이었다. 1809년 2월 12일 주일 아침 해뜰 무렵, 사내아이가 태어나자 토마스와 낸시는 너무 기뻐서 어쩔 줄을 몰랐다. 그들은 그 아이의 이름을 조부의 이름을 따서 "에이브러햄"이라고 불렀다. 낸시는 어린 에이브를 토닥거리면서 그를 하나님과 온 인류가 기뻐하는 인물로 키우겠다고 서원했다. 모든 어머니들이 그렇듯이 그녀도 아들이 장차 위대한 인물이 되리라는 꿈을 가지고 있었다. 그러나 그녀는 그가 장차 어떤 인물이 될지는 상상도 하지 못했다. 그 이듬해 링컨 가에는 또 한 아들이 태어났다. 그러나 그 아이는 며칠만에 죽고 말았다.

1811년 5월 토마스 링컨은 호젠빌에서 약 8마일 가량 떨어진 크놉 크릭에 230에이커의 농장을 샀다. 그 농장은 비옥한 농토였으며 나무들이 울창하고 절벽과 협곡들이 있는 아름다운 곳이었다. 그곳 시내와 도랑에는 물고기들이 뛰놀고 있으며 그 주변을 둘러싸고 있는 언덕들은 놀기에 아주 좋은 곳이었다. 에이브러햄 링컨은 바로 이 안락하고 평안한 곳에서 세 살부터 일곱 살까지 살았다. 이 곳에서의 삶은 그의 인격 형성에 지대한 영향을 미쳤고 켄터키에 대한 깊은 애정을 심어주었다.

에이브(에이브러햄)와 사라는 2년 동안 두세 달밖에 학교에 다니지 못했다. 그래서 낸시가 그들의 학습을 도와주었고, 항상 집에서 그들을 가르쳤다. 토마스 링컨은 그들에게 개척자 이야기들을 들려주었고, 에이브는 그 중에서 특히 할아버지에 관한 이야기가 생각났다. 그는 아들 모더카이, 주사이어, 그리고 토마스와 함께 통나무집 근처에서 일을 하고 있었다. 그런데 관목 사이에서 누군가가 쏜 총에 맞아 쓰러졌다. 모더카이는 집으로 달려가서 총을 가지고 창문 사이로 내다보다가 토마스를 끌고 가려는 한 인디언을 보았다. 모더카이는 총을 쏘아 그 야만인을 죽인 다음, 관목 사이에 숨어 있던 다른 인디언들에게도 총을 쏘아 그들을 쫓아 버렸다. 성경은 링컨의 몇 권 안되는 책들 가운데 하나였다. 어린 에이브가 고귀한 성경 이야기들과 구절들을 처음으로 들은 것은 그의 어머니에게서였다. 그리고 그는 어머니의 격려를 받아 짤막한 성경 구절들을 암송하고 성경에 제시된 도덕법의 간단한 항목들에 익숙해져 갔다.

　토마스와 낸시 링컨은 리틀 마운트 감리교회의 열성적인 교인이었고 교회에 가는 것이 링컨 가의 일상적인 일이 되었다. 에이브는 목사님과 감리교 순회 설교자들 그리고 복음 전도자들에게서 지속적인 영향을 받았다. 이 하나님의 사람들은 그의 부모님과 함께 그에게 "건강한 도덕법"을 가르쳤을 뿐 아니라, 그들로부터 링컨은 "공개 연설"에 관한 최초의 힌트를 얻게 되었다. 그 후 수년간 에이브는 주변에 친구들을 모아 놓고 그의 어린 청중들이 감동할 때까지 연설을 계속하곤 했다. 그 어린 친구들은 때로 눈물을 흘리기까지 했다.

　1816년 가을, 토마스 링컨은 서쪽으로 이사할 계획을 세웠다. 그 이유는 부분적으로는 노예 제도 때문이었으나, 주로 켄터키에서는 땅을 획득하기가 어려웠기 때문이었다. 그는 농장을 팔고 아내에게 자기가 돌아오는 즉시 황무지로 떠날 준비를 하고 있으라고 말한 다음 자신이 손수 만든 평저선에 변변찮은 가재 도구를 싣고 크놉 크릭, 소금강, 오하이오로 따라 내려가서 그 강의 북쪽 만에 있는 한 지역에 도착했다. 그는 그곳에 가재 도구들을 보관해 두었다. 인디애나 주, 스펜서 카운티에서 16마일 떨어진 곳에서 그는 네 모퉁이에 나뭇가지들을 쌓아 놓고 사냥꾼 막사를 세워 80에이커의 토지에 구획을 정해놓고 가족이 있는 집으로 돌아 왔다.

낸시 링컨은 사라와 에이브를 데리고 태어난 지 며칠 만에 죽은 아이의 무덤으로 갔다. 거기서 그들은 그 어린아이에게 작별 인사를 했다. 사라와 에이브는 그 아이를 거의 알지 못하였으나 에이브는 어머니가 그토록 슬퍼하던 그 장면을 결코 잊을 수가 없었다.

거의 백 마일이나 되는 여행길은 그들에게 기쁨과 설레임을 가져다 주었다. 에이브는 그가 상상했던 것보다 더 큰 숲을 보았고 이상한 새들이 지저귀는 것을 보았으며 바다라고 여겨질 정도로 큰 강(오하이오)을 횡단했다. 가재 도구들이 보관되어 있는 곳에 도착하자 토마스는 마차를 빌려 낸시와 두 자녀를 태우고, 모든 물품을 싣고서 인디애나 남서쪽의 피전 크릭에 있는 황무지로 이동했다. 그 곳은 현재의 겐트리빌 도시 부근일 것이다. 이 곳에서 토마스는 이웃 사람들의 도움을 받아 18피이트 평방의 통나무집을 세웠다. 그 집에는 커다란 화덕도 있었고 에이브가 침실로 사용하는 다락방도 있었다. 이곳에는 야생 칠면조, 사슴, 곰, 그리고 오리, 다람쥐, 토끼, 메추라기, 야생 비둘기 같은 작은 사냥감들이 무궁무진했다. 에이브는 아홉 살밖에 안된 어린 나이에 권총으로 야생 칠면조를 쏘아 떨어뜨렸다. 그 곳에는 아름다운 숲이 있었고 온갖 열매들과 갖가지 과실들이 있었다. 그때 이미 에이브는 도끼를 들고 나무를 베고 땅을 말끔히 치우기 시작했다.

피전 크릭 지역 주민들은 링컨 가가 이사오기 전에 침례교를 조직했다. 그러나 아직 교회당이 없었으며 말씀을 선포하고 결혼 주례를 서거나 장례식을 집례할 목사님이 계시지 않았다. 의사의 진찰을 받으려면 30마일이나 떨어진 곳까지 가야 했다.

에이브가 9살 때 "milk sickness"(독초를 먹은 소의 우유를 마시고 생기는 급성 질환)라고 불리는 이상한 병이 그 지역을 강타하여 수많은 사람들의 목숨을 앗아갔다. 낸시는 병자들을 열심히 도와주었다. 그러다가 마침내 그녀도 병석에 눕고 말았다. 그리고 그녀가 병석에 누워 있을 때 에이브는 그 곁에 앉아 몇 시간이고 성경을 읽어주곤 했다. 그가 10살이 되었을 때 그녀는 세상을 떠났으며, 그는 평생 동안 어머니의 유언을 마음 속에 간직했다.

에이브러햄, 이제 내가 네 곁을 떠나면 다시는 돌아오지 못할 것이다. 나는 네가 착한 아이가 될 것이며 또 아빠와 사라에게 친절하게 대하리라고 믿는다. 내가 가르친 대로 살며 하늘에 계신 아버지를 사랑하고 그의 계명을 지키기를 바란다.

갑작스럽게 상을 당해 어쩔줄 모르던 토마스 링컨은 데니스 행스의 도움을 받아 두꺼운 판자를 잘라 그것으로 관을 만들었다. 그리고 에이브가 깎아 만든 나무 못으로 그것을 고정시켰다. 1818년 10월5일 가을 해질녘에 그들은 그녀가 그리스도인의 가정으로 만든 통나무집이 내려다 보이는 산꼭대기 양지 바른 곳에 사랑하는 사람을 묻었다. 장례식을 집례할 목사님도 없었다. 그래서 슬픔에 젖은 아버지는 간단히 기도를 드리고 낸시 행스가 평소 좋아하던 성경 구절을 봉독했다.

목사님의 집례하에 완벽한 종교적 장례식을 치르지 못했다는 것이 어린 에이브의 마음에 늘 걸렸다. 봄이 되어 그는 아버지의 동의를 구해 데이빗 엘킨스(David Elkins)목사님께 편지를 썼다. 그는 그 이전 켄터키에서 집 근처에 있는 리틀 마운트 교회에 가서 그 목사님의 설교 말씀을 듣곤 했었다. 그는 엘킨스 목사님께 이곳으로 오셔서 어머니의 무덤앞에서 장례식 설교를 해주십사고 요청했다. 그 목사님은 한 번 주일 예배를 인도하러 오시겠다고 답신을 보냈다. 인근 각처에서 모여든 모든 이웃들에게 말씀이 선포되었다. 그리고 주일에는 예배에 참석하기 위해 엄청나게 많은 사람들이 모여들었다.

예배 시간이 다가오자 사람들은 조용히 묵상을 했다. 방마다 사람들로 가득 찼으며, 그들은 통나무와 그루터기 위에 대충 걸터 앉았고 심지어 땅바닥에 앉은 사람들도 있었다. 목사님께서 기도하신 다음, 사람들은 한 목소리로 장엄하게 장례 찬송을 불렀다. 다음에 목사님이 그녀의 신앙을 칭찬하자, 사람들은 존경과 사랑의 마음으로 그녀를 회상했으며, 그리스도인 아내요 그리스도인 어머니로서 조금도 부족함이 없는 그녀를 아는 모든 사람들은 그녀의 죽음을 몹시 애석해 했다.

예배를 마친 후 엘킨스 목사님은 말을 타고 다시 남쪽으로 향해 가셨다. 그 곳에 모였던 사람들은 모두 뿔뿔이 흩어져 집으로 갔다. 그 가족들도 조용히 통나무집으로 돌아왔다. 그리고 나서 모든 사람이 떠난 후 에이브는 어머니의 무덤으로 다시 돌아와서 차갑게 죽은 대지 위에 몸을 던지고 흙을 관에 뿌리면서 울고 또 울었다. 그리고 그는 어머니가 인정하시는 삶을 살 수 있는 힘을 달라고 하나님께 기도하고 또 기도했다.

토마스 링컨과 아이들은 낸시의 무덤을 자주 방문하곤 했지만, 고귀한 선구자이신 어머니의 무덤을 표시하기 위해 다듬지 않은 붉은 사암으로 만든 상석밖에는 세울 수가 없었다. 그러다가 60년이 지난 후 인디애나 주 사우스 벤드에 사는 스튜드베커(P. E. Studebaker)씨가 다음과 같은 비문이 새겨진 정식 기념비를 세웠다.

낸시 행스 링컨
링컨 대통령의 어머니
1818년 10월 5일
35세의 일기로 서거

링컨은 그의 어머니 혹은 그녀의 기독교적인 기르침이 자기 삶에 지대한 영향을 미쳤다는 사실을 결코 잊지 않았다. 에이브와 그의 어머니 사이의 유사점과 그들 사이의 어떤 남모르는 공감대가 그의 마음과 정서를 자극했던 것이다.

그는 늘 이렇게 말하곤 했다. "지금의 내가 있게 된 것은 천사 같으신 내 어머니 덕택이었다." 가장 오랫동안 그를 따라다닌 기억은 낡은 통나무집에 앉아서 그에게 십계명을 가르치던 어머니에 대한 생각이었다. 후에 그는 뇌물을 거부하고 악한 제안들을 물리칠 수 있는 용기를 어디서 얻었느냐는 질문을 받고 이렇게 대답했다. "어려울 때면 어머니께서 아주 오랜 옛날에 하신 말씀, '나는 네 하나님 여호와로라. 내 앞에 다른 신을 두지 말라.'는 말씀이 귀에 들리는 듯했다."

"내 아들아 네 아비의 훈계를 들으며 네 어미의 법을 떠나지 말라".(잠1:8) 찬송 234장

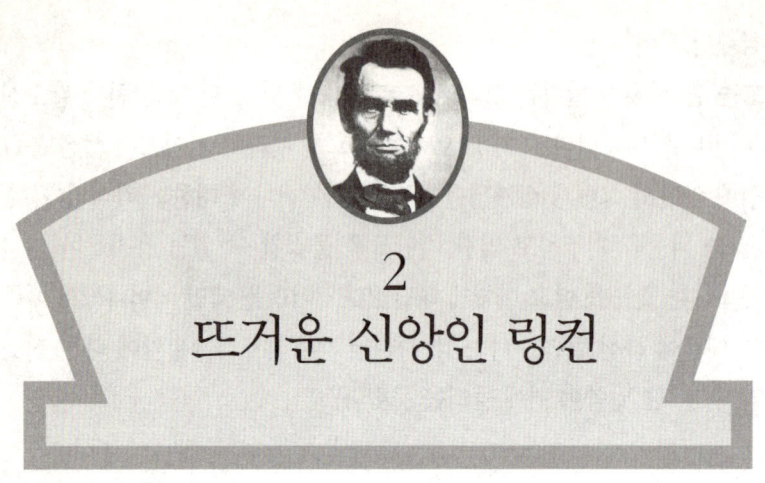

2
뜨거운 신앙인 링컨

가정의 영적인 지도자인 훌륭한 어머니요 아내를 잃은 후 링컨 가는 어려운 시기를 보냈다. 에이브가 아버지를 도와 땅을 경작하고 농장에서 여러 가지 잡다한 일을 하는 동안 12살 난 사라는 가사일을 도맡아하고 요리도 하였다. 그러나 어머니가 죽고 난 후 쓸쓸히 보낸 몇 달 간 그와 그이 누이에게 가장 큰 위안이 된 것은 어머니가 읽고 그들에게도 읽도록 가르친 성경 말씀이었다.

그해 겨울 링컨 가의 집에서 2마일 가량 떨어진 다듬지 않은 통나무집에서 학교가 개교했다. 선생님 앤드류 크로포드(Andrew Crawford)는 치안 판사였고 읽기, 쓰기, 셈하기와 회초리 사용에도 아주 능숙했다. 그는 읽기, 쓰기, 셈하기 등의 정규 교과 과정뿐만 아니라 품위있는 예법의 중요성이라는 고귀한 개념들도 소중히 하였다. 그래서 그는 훌륭한 예법이라는 추가 교육 과정도 개설했다. 그 과정을 통해 그는 "실내에 들어 갈 때에는 어떻게 해야 하는지, 어떤 식으로 충고하고 어떤 식으로 충고를 받아야 하는지, 신사는 숙녀에게 어떻게 인사하고 숙녀는 신사에게 어떻게 인사해야 하는지 등"을 보여줌으로써 사교계의 몇 가지 예법들을 학생들에게 가르쳐 주었다. 그 이후로 에이브는 숙녀들이 있는 곳에서는 너구

리 가죽으로 된 모자를 늘 벗곤 했다.

그 후 언젠가 스와니가 잠시 동안 그 지역 학교에서 학생들을 가르쳤으므로 에이브는 더 많은 것을 배울 수 있었다. 집에서 20여 마일 떨어진 곳에 있는 가족을 만나러 가 있는 동안 토마스 링컨은 낡아서 너덜너덜해진 존 번연의 천로역정을 찾아내었다. 그 책의 진가를 알고 있는 그는 그 책을 빌려서 집으로 돌아오는 길에 그것을 에이브의 손에 쥐어 주었다. 그 소년의 눈은 기쁨으로 빛났다. 그 날 그는 너무 기뻐 아무 것도 먹을 수가 없었으며 그 날 밤에는 그 이야기에 심취하여 잠을 이룰 수가 없었다. 에이브는 영원한 도성으로 가는 그리스도인의 뒤를 따르는 일이 너무나 기뻐서 그 책을 처음부터 끝까지 열심히 읽었다. 그 후 그가 그 책을 또 한번 읽고 있을 때 그가 독서를 좋아한다는 소문을 들은 한 부인이 그에게 이솝 우화를 선물로 주었다. 그는 그 우화집을 읽고 또 읽어 결국 그 내용과 그 내용이 말해주고자 하는 교훈을 잊지 않고 가슴에 깊이 간직할 수 있었다.

멀리 떨어진 곳에 살고 있는 이웃 주사이어 크로포드로부터 그는 윔이 쓴 워싱턴의 생애를 빌려보았다. 그런데 폭풍이 불어 그 책의 겉표지가 손상되었다. 어린 에이브는 그 책값을 지불하기 위해 사흘간 곡식을 잡아 뽑는 일을 하였다. 그래서 그 책은 그의 것이 되었다. 이렇게 해서 네 권의 위대한 책이 그의 인생에 들어오게 되었다. 그에게 하나님과 도덕적 책임을 가르쳐 준 성경, 천국을 사모하도록 그에게 동기를 부여해준 천로역정, 그에게 조국에 대한 사랑과 충성심을 일깨워 준 워싱턴의 생애, 그리고 그에게 재치와 유머 그리고 이야기의 가치를 일깨워준 이솝 우화. 그는 오랜 세월이 지난 후에도 "이것은 내게 여러 가지 이야기를 상기시킨다."고 말하곤 했었다.

사랑하는 아내가 없는 가정에서 지낸 지 13개월 후 토마스 링컨은 사라와 에이브에게 다시 돌아오겠다고 약속하고 길을 떠났다. 그는 켄터키의 엘리자벳타운으로 가서 사라 부쉬 존스톤(Sarah Bush Johnston)의 집을 방문했다. 어릴 때 그들은 소꿉 친구였다. 지금 그녀는 과부이다. 링컨은 찾아온 이유를 단도직입적으로 말했다. "난 아내가 없고 당신은 남편이 없소. 난 당신과 결혼할 목적으로 이 곳에 왔소. 난 당신을 소녀 시절부터 알고 있고 당신 또한 날 소년 시절부터 알고 있소. 난 여기서 지체할 시간이 없소. 그러니 만일 당신이 내 청혼을 받아들인다면, 지금 당장 나와 함께 떠납시다." 그들은 다음 날인 1819년 12월 2일 감리교 목사인 조오지 로저스 목사님의 주례로 결혼식을 올렸으며 곧바로 남쪽 인디애나로 돌아왔다.

에이브와 사라는 며칠 후 네 마리의 말이 이끄는 마차를 타고 아빠가 벌채지에 오는 것을 보고 깜짝 놀랐다. 아버지는 그들에게 이렇게 말했다. "얘들아, 이 분은 너희 새어머니시란다."

새어머니는 가구들을 새로 장만해 오셨다. 멋진 장 하나, 테이블 한 개, 한 조의 의자들, 커다란 서랍장, 요리 기구들, 칼, 포크, 침구류 등을 가져오셨다. 그리고 마차에는 가구들 외에 세 권의 책들도 있었다. 웹스터 사전, 로빈슨 크루소우, 그리고 아라비안 나이트가 그것이었다. 에이브는 그 내용을 완전히 파악할 때까지 그 책들을 읽고 또 읽었다. 새어머니는 열정적이고 검소하며 부드러운 여성이었고 통나무집을 보다 가정적으로 만들고 아이들에게 청결 습관을 갖도록 도와주었다. 그녀의 존재와 그녀의 모성애가 링컨의 가정을 밝게 해주었다.

사라 부시 링컨은 에이브와 사라에게 친절한 새어머니였다. 에이브는 점점 그녀에게 애정을 갖게 되었고 그녀도 에이브에게 그랬다. 그녀는 그의 마음과 영혼의 깊이를 꿰뚫어 보았으며 그가 자진해서 일어설 때까지 등불을 밝히고 책을 읽도록 내버려 두었다. 그래서 그는 종종 밤 늦도록 책을 읽는 경우가 많았다. 그는 벤자민 프랭클린의 전기와 미국의 역사책을 구입했으며, 나중에는 그가 한 친구에게 고백한 대로 "그가 그 지역 안에서 들은 책은 전부 구해 읽었다."

그의 새어머니가 오시고 난 지 2년 째 되던 겨울에 그의 집에서 4마일 떨어진 곳에서 아젤 도르시(Azel W.Dorsey)가 학교 문을 열었다. 그는 읽기, 쓰기, 산술을 가르쳤다. 에이브는 더 유창하게 읽는 법을 배웠으며 명필이 되었다. 에이브의 어머니와 그 이전의 선생님들도 그에게 철자를 가르쳤지만, 도르시는 그에게 특별한 관심을 기울였으며 그 지역에서 명필로 소문날 정도로 숙달될 때까지 열심히 연습시켰다. 그가 글씨를 잘 쓴다는 소문을 들은 이웃 사람들은 그에게 편지와 특별한 문서들을 대신 써달라고 부탁하러 오곤 했다.

에이브는 온갖 농사 일을 다 익혔다. 소를 모는 법, 우유를 짜는 법, 낫을 사용하는 법, 낡은 쟁기들을 다루는 법, 도리깨로 밀을 치는 법, 제분소로 가서 밀가루를 만드는 법 등을 익혔다. 그의 아버지는 그에게 목수 일과 상자 만드는 법을 가르쳤으며 그의 실력을 인정하여 그를 자기 조수로 자주 데리고 다녔다. 그는 남보다 뛰어난 목수였으며 후에 어른이 되어 그 지역의 다른 어떤 사람들보다 더 깊이 나무 망치를 박아 넣을 수 있으며, 도끼를 나무에 깊이 박을 줄 안다는 평판을 얻었다.

매일 25센트를 받고(그의 아버지에게 지불됨)그는 마부, 농부, 나뭇군, 목수로서 이웃을 위해 일했으며 그 외에도 합창대를 돕고 저녁 시간에는 즐거운 시간을 보냈다. 그는 많은 이야기와 우화들을 알고 있었으며 늘 즐거워했기 때문에 그가 모인 곳에는 늘 웃음꽃이 피었다. 따라서 그가 일 없이 빈둥거릴 시간이 없었다는 것은 결코 이상한 일이 아니다.

피젼 크릭에는 링컨 가와 같은 사회적 수준에 있던 다른 많은 가족들이 정착해 있었다. 대체로 구식 종교 전통들이 유행했지만, 이 지역에서는 캠프 모임이 없었다. 링컨 가의 사람들이 도착한 그 해에 침례 교회가 설립되었고 4년 후에는 통나무들과 벽난로 굴뚝이 있는 교회 건물이 세워졌다. 토마스 링컨이 수석 목수였으며 에이브는 교회당 건축을 도왔고 그 후 교회의 사찰이 되었다. 링컨 가의 사람들은 교회에 출석했으며 토마스와 사라는 얼마 후 교회의 구성원이 되었다. 에이브는 성경을 읽고 자주 성경 구절들을 인용했지만, 그 때까지 신앙고백을 하지 않았다.

그러나 에이브러햄 링컨은 그 주변의 영향력에 소극적이지 않았다. 칼샌드버그(Karl Sandburg)는 이렇게 말했다. "에이브의 어린 시절 이 주지인 피젼 크릭에서의 많은 경험들이 알게 모르게 그의 지성과 감성에 많은 영향을 미쳤다." 교회에서의 영감이 넘치는 설교, 안식일, 크리스마스와 부활절, 그리고 식사 때마다 감사 기도를 드리고 잠자리에서 일어날 때나 잠자리에 들 때마다 하나님께 기도드리는 그리스도인 가정들의 "불타는 신앙" 등이 평생 동안 그에게 영향을 미쳤다. 생활 계획속에서 함께 고려되어야 할 대상인 시간과 죽음에 관한 명상은 링컨의 가슴에 신앙심을 불러일으켰다.

> 오, 시간이여! 텅빈 안개여!
> 날들은 어찌 그리 쏜살같이 지나가는고
> 인디안의 화살같이 빠르구나.
> 유성처럼 날아가는구나.
> 이 순간이 바로 여기 있었는데
> 곧 지나가 버리는구나.
> 누가 시간을 우리의 것이라고 할 수 있으리요.
> 시간은 지나가 버리는 것이라고 밖에는 말할 수 없구나.

사교 모임에서는 여러 가지 게임도 하고 서로 이야기도 나누며 때로는 술판이 벌어지기도 했다. 에이브는 대개 게임에는 열심이었으며 이야기하는 자리에도 잘 어울렸지만, 술좌석에는 끼지 않았다.

에이브가 16살이 되었을 때, 링컨의 집에서 4마일 떨어진 록포드 마을에서 대부흥회가 열렸다. 부흥사는 제임스 스미드(James Smith)목사였다. 그 당시 그는 컴벌란드 장로교회의 순회 목회자였지만, 몇 년 후 일리노이 주, 스프링필드 제일 장로교회의 담임 목사가 되었다.

에이브는 그 부흥회에 참석해서 "길르앗에 진통제가 있는가, 그 곳에 의사가 있는가?"라는 제목의 설교를 들었다. 그는 그 설교를 듣고 깊은 감명을 받았을 뿐만 아니라 그 후 오랫동안 그 본문과 설교를 기억했다.

17살에 에이브는 완전한 성인이 되었다. 그는 제임스 테일러에게 일당 37센트를 받기로 하고 고용되었다. 그는 오하이오 강에서 앤더슨 크릭과 만나는 인디애나 주, 트로이에서 12마일이나 떨어진 곳을 나룻배로 왕래하는 일을 하고 있었다. 휴식 시간에 에이브는 작은 스카우를 만들었다. 어느날 두 명의 여행자가 강둑으로 달려 내려와서 지류 어귀에 놓여 있는 증기선을 타고 강을 건너갈 수 있도록 해달라고 요청했다. 젊은 링컨은 그들을 스카우에 태우고 기선으로 데려다 주었다. 그 두 사람이 승선한 다음, 그는 그들 뒤에 그들의 양탄자 가방을 던져주었다. 난간에 기대고 앉았던 그들은 각기 은화 반 달러씩을 그의 배에 던져 놓았다. 에이브는 그 많은 액수에 놀랐다. "가난한 소년은 나는 하루도 안되어 1달러를 벌었다는 것이 믿기지 않았다."

때때로 그는 승객들을 중류까지 운반하여 지나가는 기선들을 탈 수 있도록 해주었다. 그러나 이 일로 인해 그는 처음으로 법적인 문제에 걸려들게 되었다. 켄터키측 나룻배 사공 딜 형제의 고소로 그는 치안 판사 사무엘 페이트(Samuel Pate) 앞으로 소환되었다. 딜 형제는 자신들이 켄터키 주의 허가를 받아 켄터키에서 나룻배로 강을 건널 독점권을 지니고 있으므로, 링컨은 인디애나에서 나룻배로 강을 건널 권한이 없다고 주장했다. 에이브러햄은 자신의 입장을 변호했다. 그는 자신이 승객들을 강건너편까지 데려다 준 것이 아니라 다른 방법으론 강을 건널 수 없는 승객들로 하여금 기선에 승선할 수 있도록 중류까지만 그들을 운반해 주었을 뿐이라고 말했다.

이와 같이 그는 "승객들이 강 건너편까지 데려다 준 것"이 아니므로 그 일의 허가를 요구하는 켄터키 주의 법을 어긴 것이 아니었다. 그래서 페이트 판사는 에이브러햄의 변론을 인정하고 그를 석방시켰다. 이 일을 겪은 후, 에이브는 법과 재판에 대해 지대한 관심을 갖게 되었다. 그래서 그는 심리하고 판결내리는 것을 보기 위해 켄터키의 법정을 자주 방문하곤 했다.

17살이 된 에이브는 절제에 관한 수필을 한편 썼다. 침례교 설교자인 아론 화머(Aaron Farmer)는 그 수필을 읽고 영감을 받아 그것을 출판해 주도록 오하이오 신문사로 보냈다. 그 무렵 링컨은 아메리카 합중국 헌법과 합중국 존속의 필요성을 각성하는 미국 정부에 관한 수필을 한 편 준비중이었다. 후에 판사가 된 법률가 존 피쳐(John Picher)는 이 작품을 가리켜 "세계적인 걸작"이라고 칭찬했다.

젊은 링컨이 19살이 되었을 때 겐트리빌의 상인 제임스 겐트리(James Gentry)는 그를 고용하여 아들 알렌과 함께 오하이오와 미시시피에서 화물선에 물품을 싣고 뉴 올리안즈로 가도록 했다.

밤에 그들은 강둑에 배를 묶어두고 갑판 위에서 잠을 잤다. 그리고 낮에는 조타수가 지시하는 방향으로 강을 따라 내려갔다. 에이브와 알렌은 하는 일에 만족했으며 그들의 현재 위치에 대해 조금도 불만을 갖지 않았다. 1800마일 가량 갈 때까지 그들의 진로를 방해하거나 그들을 자극할 만한 일은 전혀 일어나지 않았다.

그러나 어느 날 밤 그들은 일곱 명의 흑인들의 습격을 받았다. 그 흑인들은 물건을 빼앗을 뿐 아니라, 사람을 죽이는 일도 서슴치 않았다. 그들은 이 흑인들을 배에서 몰아낸 다음 닻줄을 내리고 돛을 올리고 출항하였다. 뉴 올리안즈에 도착한 이 젊은 상인들은 물품을 팔아 수익을 올렸으며 낯설고 신비스런 도시에서 많은 것을 구경한 다음 배를 타고 인디애나로 돌아왔다.

"믿음은 바라는 것들의 실상이요 보지 못하는 것들의 증거니".(히11:1)

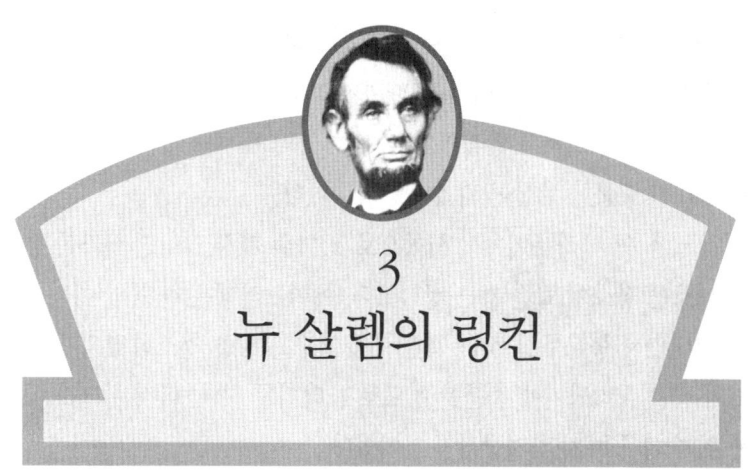

3
뉴 살렘의 링컨

에이브가 성인이 된 직후인 1830년 봄, 링컨 가족은 인디애나에 있는 집을 팔고 가재 도구들을 황소가 끄는 두 대의 마차에 싣고 일리노이를 향해 떠났다. 에이브는 그 중의 한대를 몰았다. 빈센네스에서 그들은 식량을 구하고 마차를 수선하기 위해 며칠 간 묵었다. 에이브는 「Western Sun」을 판매하는 서점을 들렀다. 거기에서 그는 난생 처음으로 인쇄기를 보았다. 그리고 나서 그 가족은 장마가 져서 물이 부풀어 오른 와바쉬 강을 횡단했다.

그 강 근처에는 현재의 링컨 기념 다리가 놓여 있다. 북서쪽 방향으로 그들은 야생 풀들이 미풍에도 여름 바다의 조수처럼 흔들거리는 초원을 향해 여행하였으며, 가는 길에 그들은 부지런한 사람들이 댐을 건설하고 야생 비둘기들이 해를 가리는 구름 속까지 들락거리는 개울들을 건넜다.

어느날 강을 건넌 후, 링컨 가의 사람들은 에이브가 애지중지하는 강아지를 강 건너편에 그냥 두고 온 것을 알았다.

제방의 곳곳에는 깨진 얼음들이 군데군데 있었으며 그 강아지는 측은하게 낑낑거리고 있었고 강물속으로 뛰어들기를 겁내고 있었다. 가족들은 에이브에게 두려워 떠는 강아지를 그냥 두고 떠나자고 충고했다. 그러나 그는 그 강아지를 버리고 떠날 수가 없었다. 그래서 그가 빙판인 강을 건너 강아지를 팔에 앉고 돌아올 때까지 그의 가족들은 기다렸다. 후에 링컨은 강아지가 기뻐서 팔짝팔짝 뛰며 감사의 표시를 하는 것으로 그의 노력에 대한 충분한 보상이 되었다고 술회했다.

일리노이 주, 데카투어에서 서쪽으로 10마일 가량 떨어진 생가몬 강북쪽의 새로운 장소에 링컨 가는 정착했다. 에이브러햄은 한 동안 아버지와 함께 지내면서 통나무집 짓는 것을 거들어주고 땅을 청소하였으며 10에이커의 땅을 둘러싸기에 충분할 정도로 울타리를 쳤다. 이것이 그가 아버지를 위해 행한 마지막 일상적인 일이었다.

1830년 겨울, 한 동안 에이브는 마콘 군의 보안관인 메이져 와니크의 땅에 울타리를 쳐주었다. 두 주일 동안 그는 발에 동상이 걸려 일을 할 수 없게 되었다. 그 기간 동안 그는 메이져 와니크의 집에 있던 일리노이 법에 관한 책들을 읽고 공부했다.

겨울이 지나기 전에 에이브는 이복동생인 존 존스턴, 존 헝스와 함께 스프링필드의 실업가인 덴톤 오훗의 공장에서 일했다. 그들은 일리노이 주의 비어드스톤에서 배에 물품을 싣고 뉴 올리안즈로 가는 일을 맡았다. 3월에 그들은 커다란 통나무 배를 사서 그것을 타고 생가몬 강을 따라 내려왔다. 그 곳에서 그들은 스프링필드에 있던 오훗씨를 만났으며 그에게서 비어드스톤에서 평저선을 구하지 못했다는 말만 들었다. 이 일로 인해 그들은 그에게서 매월 20달러씩 받았으며 잠시 동안 그 세 사람은 스프링필드 입구 위의 정부 소유지에서 목재를 잘라내어 그것을 스프링필드에서 북서쪽으로 7마일 떨어진 생가몬 강변의 제조 공장으로 떠내려보내어 그것을 두꺼운 판자들로 나누는 일을 했다.

4월 중순 경 배가 완성되어 물품을 싣고 생가몬 강을 출항했다. 그런데 뉴 살렘에서 제분소 댐을 넘어갈 때 무거운 평저선이 부딪히고 배의 이물에 물이 들어오기 시작했다. 에이브와 그의 조수들은 짐을 내렸다.

그 짐들은 대부분 돼지고기 통들이었다. 그 후 링컨은 해변으로 가서 온스토트 카퍼 상점에서 연장을 빌려다가 이물 기체에 구멍을 내고 댐 위에 매달려 있는 이물을 앞쪽으로 기울여서 물을 빼냈다. 구멍이 막히자, 그 배는 다시 댐에서 내려와 서서히 물 위로 나아가기 시작했다. 짐을 다시 싣고 소년들은 곧 제자리로 돌아갔다. 크고 볼품없게 생긴 젊은이가 평저선을 운전하는 것을 지켜본 마을 사람들은 "이 키 큰 친구가 자기 일을 제법 할 줄 안다."고들 한 마디씩 하였다. 에이브가 뉴 올리안즈로 여행한 것은 이번이 두 번째였기 때문에, 그는 미시시피 강물을 따라 평저선을 조종했다. 천 마일 이상 강을 따라 내려간 후에 그는 마침내 남쪽의 큰 항구에 도착했다. 그 곳에서 그는 많은 이익을 남기고 그 상품들을 처분했다. 거의 4주일 동안 링컨은 뉴 올리안즈에 머물면서 그 장소와 주민들 그리고 그들의 관습에 대해 많은 것을 배웠다.

그는 조수들과 함께 쇠사슬에 묶여 학대받으며 채찍질당하는 흑인들을 보았다. 그들은 여기저기 거닐다가 노예 경매장에 이르렀다. 그 곳에서 노예 상인들은 예쁜 흑백 혼혈 소녀를 꼬집고 찌르며 말처럼 방 위아래를 뛰어다니게 했다. 입찰자는 자기가 산 물건이 괜찮은지 알아보기 위해 그렇게 했다. 그는 거기서 흑인 어머니와 아이가 각각 다른 입찰자에게 팔리는 것을 보았다. 링컨은 그 자리를 떠나면서 굳게 다짐을 했다. "기회가 온다면 이런 제도를 단호하게 쳐 없애버리겠다." 집으로 가는 도중에 그는 세인트 루이스행 미시시피 증기선 보일러에 불을 붙여주었다. 거기서 돌아온 그는 부모님을 방문하여 그들을 구스 넥스트 프래이리에 있는 새 집으로 이사할 수 있도록 도와주었다.

그리고 나서 그는 뉴 살렘으로 가서 그가 관리하게 될 새 상점에 진열할 물품을 가지고 덴톤 오훗이 오기만을 기다렸다. 그가 뉴 살렘에 도착한 직후에 마을 사람들은 선거 관리를 위해 상점 건물에 모였다. 두 명의 선거 관리인 중 한 명은 멘터 그레함(Mentor Graham)이고 한 명은 관리인인 존 맥나머(John McNamar)라는 젊은 상인은 병이 들었다.

링컨이 글을 쓸 줄 안다는 것을 안 그레함은 맥나마대신 선거 관리를 해

왼쪽은 펜실베니아 소재 뉴헤븐 교회 조나단 에드워드 목사가 1791년 9월에 펴낸 '노예 매매와 아프리카 흑인들을 노예로 삶는 것의 부당성과 불합리성'이란 제목의 책으로써 강단 설교 제목으로 인용될 정도로 당시의 참상을 지적하였으며, 오른쪽은 필라델피아에서 발행한 '노예제도 폐지 단체들이 제기한 소송 비망록'의 겉표지. 흑인들의 비참한 상황을 목격한 링컨은 대통령이 된 후 노예제도 폐지를 선언한다.(워싱턴 국회 도서관 소장)

달라고 그에게 요청했다. 링컨은 그의 요청을 받아들였다. 그래서 처음으로 그는 뉴 살렘과 생가몬 지역의 정계에 뛰어든 셈이었다.

선거 관리인이자 학교 교장인 메터 그레함은 그 지역 사회에서 이례적일 만큼 품위가 있고 용감한 사람이었다. 그는 마을에서 약 1마일 가량 떨어진 곳에서 살았으며 지역 사회학교에서 학생들을 가르쳤다. 그는 학생들에게서 매일 5센트씩의 수업료를 받았다.

에이브는 마침내 덴톤 오훗 상점에 도착하여 상인으로서의 일을 시작했다. 상점은 빌 클래리 식품점 근처 강 위의 절벽에 위치해 있었다. 그런데 이 식품점은 클래리 그로브 소년들이 장사를 하고 놀고 마시고 싶을 때 드나들던 곳이었다. 그들은 무분별하고 두려움을 모르는 거친 사람들이었고 적에게는 가차없었지만 친구간의 의리는 대단한 것으로 알려졌다. 잭 암스트롱이 그들의 두목이었다. 그리고 그들은 그들 자신뿐만 아니라 주변의 청년들과도 패권을 둘러싸고 곧잘 다투곤 했다.

오훗은 새 관리인의 열렬한 친구요 지지자였다. 그는 링컨의 정신력과 육체적인 힘을 늘 자랑했다. 그는 에이브가 매우 똑똑한 젊은이이며 그 지역 사회에서 그만한 인재를 찾아볼 수 없을 것이라고 입에 침이 마르도록 칭찬을 했다. 클래리의 그로우브 소년들은 그의 지적인 우월성은 인정하려 했지만 육체적인 명예까지 그에게 내어 줄 생각은 없었다.

어느 날 잭 암스트롱은 링컨에게 씨름을 하자는 도전장을 보냈다. 만반의 준비가 갖춰졌고 오훗 상점 근처 광장에 사람들이 모였다. 암스트롱은 노련하고 약삭빠른 만만치 않은 상대였다. 링컨은 키가 6피트 4인치였고 몸무게가 185파운드였다. 그는 깡말랐지만 튼튼한 체격을 지녔으며 과거에 고향에서 씨름에서 우승한 전력이 있으므로 자신감에 차 있었다.

씨름을 시작하면서 그 두 사람은 주위를 빙빙돌다가 상대방을 붙잡고 쓰러뜨리려고 했지만 두 사람 모두 상대방을 넘어뜨리지 못했다. 그렇게 한참동안 엎치락뒤치락 하던 암스트롱은 힘이 빠지기 시작했다. 신중하게 움직이던 링컨은 잭의 양쪽 어깨를 풀밭에 쓰러뜨렸다. 그러자 그의 친구들이 그를 도우러 달려왔다. 링컨은 오훗 상점 맞은편에 넘어져 있는 암스트롱의 곁을 떠나면서 그들의 불공정한 처사에 강한 불만을 표시하고 그들이 개별적으로 나서면 얼마든지 상대해 주겠노라고 제안했다. 그러나 아무도 그의 제안을 수락하지 않았다. 그런데 놀랍게도 잭 암스트롱이 긴장의 순간을 깨뜨렸다. 그가 서둘러 일어나서 링컨의 손을 잡고 악수를 했던 것이다. 그들은 이 씨름이 무승부로 끝났다는 데 동의했다.

이 씨름으로 링컨은 용기 있고 힘이 세며 공정하다는 평을 들었다. 클래리 그로브 소년들은 그를 자기들의 조직에 가담시키겠다고 확언했다. 그들은 그의 신체적인 용맹과 솔직성, 그리고 진실성에 반했다고 말했다. 뉴 살렘에서의 남은 기간 동안 그들은 그의 일을 도와주었다. 소년들은 그를 경기의 심판으로 선택했다. 그는 언젠가 닭싸움을 심판한 적이 있었다. 그 중 한 마리는 밥 맥냅의 것이었다. 밥은 자기 닭이 싸움을 잘한다고 늘 자랑하고 다녔지만, 그 닭은 뉴 살렘 투계장에서 싸움을 잘 하기로 소문난 닭과 싸우다가 달아났다. 안전한 거리에서 그 닭은 담을 타고 올라가 거만하게 날개를 펴고 큰 소리로 울었다. 밥은 이 싸움의 승리자에게 내기 건 돈을 주고 자기 닭에게 말했다. "이 망할 녀석아, 지금 옷 자랑을 할 때냐? 그런 것은 싸울 때 아무 소용도 없어." 몇 년 후 맥클레란 장군이 포토맥 군사들을 훈련하고 사열하는 등 링컨과 그 지역 주민들을 괴롭히자, 그는 이 사건을 기억해 내고 맥클레란을 밥 맥냅의 수탉에 비유했다.

곧 링컨은 많은 사람들로부터 보안관이나 경찰관의 대우를 받았다. 어느 날 한 남자가 상점에 와서 여자들이 있는 곳에서 욕설을 하기 시작했다. 링컨은 그 사람에게 중단할 것을 요구했으나, 그는 아무도 자기를 막을 수 없다고 뽐내면서 말했다. 그 여자들이 가버리자 이번에는 링컨에게 트집을 잡았다. 그래서 에이브가 말했다. "당신이 맞고 싶다면 내가 어떤 사람보다도 당신을 더 잘 때려줄 수 있지." 그와 함께 문 밖으로 나간 링컨은 그를 땅바닥에 넘어뜨리고 그가 용서해 달하고 애걸복걸할 때까지 그의 눈을 강타했다.

에이브의 정직성은 대단했다. 지역 주민들에게 감명을 줄 만한 사건이 두 가지가 있었던 것 같다. 한번은 그가 손님으로부터 6센트를 더 받은 것을 알고는 그 날 저녁 상점문을 닫고 3마일이나 되는 곳을 걸어가서 돈을 되돌려주고 왔다. 또 한 번은 밤이되어 상점문을 닫기 전의 일이었다. 그는 0.5파운드의 차를 저울에 달아서 팔았다. 그런데 다음 날 상점에 나와 보니 저울이 잘못되어 4온스의 무게를 가리키고 있었다. 그는 자기가 실수한 것을 알고 지체없이 상점문을 닫고 서둘러서 그 고객에게 남은 차를 전해주었다. 이와 같이 타인의 권리를 이상하리만치 존중했기 때문에 그는 얼마 안가서 "정직한 에이브"라는 별명을 얻었다.

1831년 가을, 뉴 살렘 토론회가 조직되었다. 이 회의 주동 멤버들은 존 알렌 박사, 멘터 그레함, 그리고 그 마을의 몇몇 지식인들이었다. 그레함은 아직 나이 어린 에이브를 그 회에 초대했다. 그 회에 참석한 그는 금방 사람들의 이목을 집중시켰으며 곧 그 회에 가입하게 되었다. 자기 의견을 말할 차례가 되자 그는 일어서서 청중들을 내려다보며 연설했다. 그는 양 손을 바지 주머니에 깊숙이 찔러넣었다. 그러자 청중들은 미소를 지었다. 물론 그 곳에 모인 사람들은 그의 입에서 대단한 연설이 나올 것으로 기대하지 않았다. 그러나 그는 멋진 말로 서두를 꺼냄으로써 친구들을 깜짝 놀라게 했다. 그는 자기 연설에 도취되어 주머니에서 손을 빼내어 손짓까지 해가면서 열심히 자기 생각을 전달했다. 그리고 나서 다시 손을 주머니에 넣었다.

그가 설득력 있는 논리로 조목조목 따져가면서 연설하자, 사람들은 모두 놀라고 말았다. 토론회가 끝난 후, 난로가에 앉아 있던 의장이 아내에게 말했다. "에이브의 머리에는 기지와 유머 이상의 것이 들어있으며 그는 이미 훌륭한 연사의 자질을 갖추었지만, 그에게 한 가지 부족한 것이 있다면 그것은 그를 위해 보관되어 있는 고귀한 운명을 맞이할 수 있도록 해주는 문화다."

잠시 한가한 틈을 타서 링컨은 멘터 그레함에게 말했다. "영문법을 체계적으로 배우고 싶소." 그 말을 듣고 그레함은 그에게 충고를 했다. "공개석상에서 연설을 하려면 반드시 그래야 합니다." 그리고 나서 그는 링컨에게 북쪽으로 6마일 가량 떨어진 곳에 살고 있는 존 벤스에게서「기르함의 영문법」을 빌려다 주겠다고 말했다. 그러자 식사를 끝내지도 않고 에이브는 걸어가서 그 책을 빌려왔다. 그는 시간이 날 때마다 그 책을 가지고 공부했다. 때때로 그는 캘리코 한 뭉치를 머리 위에 올려놓고 계산대 위에 길게 누워서 공부를 하곤 했다. 이해가 잘 안갈 때는 그레함에게 도움을 요청했다. 그는 빌 그린에게 책에 나오는 질문들을 자기에게 물어 보도록 시키고 그 질문에 대답하고 설명하는 식으로 자주 공부하곤 했다. 그가 문법책을 통달했다는 것은 그 이후의 그의 말과 글에서 잘 나타난다. 그는 역사책을 읽었으며 그 마을의 철학자인 잭 켈소의 영향을 받아 문학에도 관심을 갖게 되었다. 켈소는 그 당시 일을 별로 안하고 빈둥빈둥 놀고 있었다. 켈소는 그 상점에 자주 놀러와서 젊은 링컨에게 세익스피어와 번스의 신비스런 책들을 소개하곤 했다. 켈소의 아내는 남편의 수입만으로는 생활을 할 수가 없어서 하숙을 쳤다. 링컨은 잠시 동안 그들의 집에 하숙을 했으며 켈소가 세익스피어와 번스의 글을 읽거나 인용할 때 열심히 귀를 기울이고 들었다. 뉴 살렘에 살면서 링컨의 교육을 도와준 또다른 지식인들로는 다음과 같은 사람들이 있다. 다트마우스 의과대학을 졸업한 알렌 박사, 그는 주일학교와 금주 단체를 조직했다.

알렌의 유능한 친구 렉니어 박사, 토론회를 조직한 데이빗 룻레지, 록 크릭에서 시무하며 가끔씩 뉴 살렘에 와서 설교를 하곤 하던 장로교 목사 존 베리, 치안 판사 보울링 그린, 우편물을 전해주고 잭슨 빌에 있는 일리노이 대학에 재학중이던 하비 로스, 그러나 링컨의 교육에 가장 큰 공헌을 한 사람은 멘터 그레함이었다.

그의 도와주려는 마음 자세는 항상 고무적이었다. 데이빗 룻레지는 이렇게 말했다. "나는 다른 어떤 사람보다도 그레함이 링컨의 교육에 더 큰 공헌을 했다고 생각한다."

링컨의 클레이 그로브의 다소 거친 젊은이들과 어울렸지만 결코 술을 입에 대지 않았다. 상점에서 링컨을 도와주던 빌 그린은 링컨이 어느 정도로 음주에 대해 철저한지 볼 수 있는 기회가 있었다. 한 사람이 링컨에게 위스키 한 병을 바닥에서 들어서 다 마시면 훌륭한 모피 모자를 주겠다고 제안했다. 그러자 군중들이 모여들었으며 링컨은 바닥에 앉아 술병을 바닥에 놓고 무릎 위에 그것을 올려놓고 굴려 병의 입구를 입에까지 가져갔다. 그리고 나서 한 모금을 마시더니 술병을 내려놓고 일어서서 입 안에 들어있는 술을 다 뱉어버렸다.

이 사건이 있은 지 일 이 년 후 근처에 있는 장로교회에서 금주에 관해 연설을 했는데, 그 와중에도 그는 "아직도 술에 취해 사는 불운한 친구들"에게 관용과 동정을 베풀라고 간청했다.

링컨은 뉴 살렘에 있는 동안 종교 문제에 관심을 가졌다. 그는 한때 존 카메론의 집에서 하숙을 했었는데 카메론은 방앗간 주인이었을 뿐 아니라, 컴벌란드 장로교회의 목사요 순회 설교가였다. 그의 가정 분위기는 종교적이었고 그에게는 열 명의 딸이 있었는데 그 딸들은 링컨의 긴 팔과 긴 다리를 보고 놀려대곤 했다. 그럴 때마다 링컨은 "난 내세울 만한 것이 없으니까"라고 대답하곤 했다.

식탁에서나 촛불 아래서 에이브는 뉴 살렘 마을의 내력에 대해 들었을 뿐만 아니라 성경 읽는 소리도 들었다. 그리고 가끔 가족 기도회에도 참석했다. 이런 일들을 통해서 어머니가 살아계셨을 때의 행복했던 시절을 회상했을 것이다.

룻레지 가는 신앙심이 깊은 가정이었다. 온스토트, 알렌, 베리, 그리고 카메론은 장로교인이었고 멘터 그레함과 조슈아 밀러는 침례교회의 핵심 인물이었다. 뉴 살렘의 학교에서는 여러 명의 목사들이 설교를 했으며, 뉴 살렘에서 남서쪽으로 약 7마일 가량 떨어진 샌드 크릭에는 "월터 수양관"이 있었다. 그 곳에서는 매년 저 유명한 감리교 수양회가 열렸다.

그 곳에서 10마일 떨어진 플리잔트 플레인스에 피터 카트라이트 목사가 살고 있었다. 그는 그 지역 방방곡곡을 돌아다니면서 설교하던 유명한 순회 전도자였다. 그 당시 링컨은 카트라이트라는 이름을 들었으며 뉴 살렘에 있는 동안 두세 번 정도 그의 설교를 들었다.

링컨은 친구들과 이웃들의 애정속에서 성장했다. 그러다가 그는 공인이 되고 싶은 열망을 다시 한번 불태웠다. 어느 날 가까운 친구들과 그 문제를 가지고 상의하다가 그는 주 의회 의원에 출마하기로 마음을 굳혔다.

멘터가 그를 도와주었고 1832년 3월 9일 그는 그 지역 유권자들에게 자신이 입후보했음을 공표하는 순회 연설을 했다. 3월 16일자 생가몬 신문에 그 내용이 실렸으며 그의 훌륭한 연설이 소개되었다.

친애하는 시민 여러분, 확립된 관습과 진정한 공화정의 원칙에 입각하여 다음 번 주의회 때 여러분의 대표자라는 고귀한 직분의 후보로 출마한 이상, 본인은 우리 지역 주민들에게 지역 문제에 관한 본인의 생각을 밝히는 것이 본인의 의무라고 생각하는 바입니다.

그 다음에는 몇 가지 개선점에 관한 철두철미하며 사려깊은 진술이 나온다. 첫째, 적어도 일년에 6개월은 25-30톤의 짐을 실은 배들이, 그리고 그 중의 일부는 더 많은 짐을 실은 배들이 생가몬 강을 항해할 수 있도록 하는 실제적인 계획, 둘째, 고리대금 금지법, 셋째, 도망 가축과 도로에 관한 법령의 수정 등이 그것이다. 그리고 나서 그는 교육에 관해 놀라운 연설을 했다.

교육과 관련해서, 저는 교육제도나 교육계획에 대해 말하려는 것이 아닙니다. 저는 다만 교육이야말로 우리 인간이 관심을 가져야 할 가장 중요한 주제라는 것만 말씀드리고 싶습니다. 모든 사람이 보통 교육을 받는 동안 성경과 종교적이고 도덕적인 다른 책들을 읽음으로써 얻는 유익과 만족은 두말할 것도 없고 국사와 세계사를 읽음으로써 우리의 자유로운 제도들의 가치를 제대로 평가할 수 있도록 하는 것, 그것이 바로 교육의 가장 중요한 목적이 될 것입니다.
저는 교육이 지금보다 보편화되고 그것을 수단으로 하여 도덕성이 함양되며 금주 운동이 확산되고 기업과 산업이 번창해질 날이 오기를 바라마지 않습니다. 그리고 저는 이런 행복한 시기를 앞당기는 데 일조하고 싶습니다.

링컨의 첫 번째 선언문의 마지막 단락은 후일 그의 습관이 되어버린 자신의 성품을 솔직하게 드러냈다는 점에서 매우 훌륭하다. 그 연설의 솔직성에 주목해 보자.

친애하는 시민 여러분, 이제 말을 끝낼까 합니다. 혹시 제 말에 어폐가 있었다면 제 무례함을 용서하십시오. 그러나 제가 지금까지 말씀드린 주제들은 제가 평소에 생각해 왔던 것들입니다. 그 주제들에 대한 저의 생각이 부분적으로나마 잘못되었을 수도 있습니다. 전 모든 면에서 잘못된 것보다는 부분적으로라도 옳은 것이 더 낫다고 생각합니다.

그러나 제 생각에 잘못이 있다면 언제라도 수정할 용의가 있습니다.

사람은 누구나 나름대로의 야망을 가지고 있다고 합니다. 그것이 잘못된 것이든 그렇지 않든 간에 제가 이 자리에서 말씀드릴 수 있는 것은 저는 타에 모범을 보임으로써 동료들로부터 존경받는 일보다 더 큰 야망을 갖고 있지 않습니다. 제가 이 야망을 충족시키기까지 앞으로 부단히 노력해야 하겠지요. 저는 아직 어리고 저를 아는 사람도 많지 않습니다. 저는 매우 비천한 가정에서 태어났으며 지금도 비천한 생활을 하고 있습니다. 제게는 저를 추천해 줄 부자나 지역 유지인 친지와 친구가 없습니다. 독자적인 생각을 갖고 계신 유권자들께서 제 의견을 들어주십시오. 하지만 현명하신 분들이 뒤에서 저를 지켜봐 주신다면 제가 낙선을 하더라도 슬퍼하지 않겠습니다.

이렇게 해서 일리노이에 온 지 2년이 채 못된 1832년 3월에 에이브러햄 링컨은 공직 사회에 첫발을 들여놓게 되었다. 생가몬 강에 배를 띄우자 링컨의 주장은 매우 시의적절했던 것 같다. 그가 연설한 바로 그달이 채 지나가기도 전에 신시내티에서 출항한 작은 화물선 텔리스맨이 일리노이 강가의 비어드스톤에 당도했던 것이다. 얼음이 녹을 때를 기다렸다가 그 배는 뉴 살렘과 스프링필드로 거슬러 올라가면서 항해할 준비를 갖춰놓고 있었다.

선장은 도움을 요청했다. 링컨을 포함하여 작은 배에 가득 탄 사람들은 자루가 긴 도끼와 크로우비를 가지고 작업했으며 위로 뾰죽이 나와있는 가지들을 쳐냈다. 사람들의 환호 속에 텔리스맨은 경적을 울리며 생가몬 강을 횡단하여 뉴 살렘으로 출항했다. 도중에 그 배는 스프링필드에서 북쪽으로 7마일 떨어진 포틀랜드에 정박했다. 그 당시 오백 명도 채 안되었던 그 도시 주민들은 이것을 보고 흥분에 차서 환성을 질렀다. 그들은 스프링필드가 대 무역센터가 되리라고 생각했다. 그러나 그들의 기쁨은 순식간에 끝나고 말았다.

물이 빠져 돌아가야 했기 때문에 그 배는 일 주일밖에 그 곳에 머물 수가 없었다. 노련한 선원 로윈 헤른돈은 비어드스톤 방향으로 배를 조종했으며 링컨은 그 때 그의 조수 노릇을 했다. 그들은 하루에 4마일밖에는 갈 수가 없었다. 그리고 물이 줄어서 그 배는 가까스로 떠 있었다. 뉴 살렘을 통과하기 위해서 그 배는 댐의 일부를 부숴야 했다. 헤른돈과 링컨은 마침내 비어드스톤에 배를 대고 일한 대가로 각각 40달러씩을 받고 뉴 살렘으로 돌아왔다.

링컨이 뉴 살렘으로 돌아오자, 사람들은 다시 흥분하기 시작했다. 일리노이의 북서쪽 지역에서 백인 정착민과 인디안들 사이에 이미 전쟁이 벌어졌다. 1832년 4월 블랙 하왁 대장은 오백 명의 군사들을 이끌고 록 강을 건너왔으며 리놀드 장군은 인디안들을 물리칠 주립 군대 지원자를 소집했다. 18-45세 사이의 백인 남자들은 입대해야 했다.

덴톤 오훗과 에이브는 가게 일을 등한시하게 되어 마침내 문을 닫기로 했다. 오훗은 자기 재산 중에서 회수할 수 있는 것들을 모아가지고 동쪽으로 갔다. 에이브는 채권자들과 상의하여 가게 문을 닫고 주립 군대에 30일간의 복무를 자원했다. 클래리의 그로우브 소년들과 다른 사람들도 그와 함께 군복무에 지원을 했다.

그들이 군에 입대한 직후 어느 날 아침 한 장교가 진흙투성이의 말을 타고 뉴 살렘으로 왔다. 그는 리놀드 장군이 생가몬 지역의 군대 지원자 400명이 4월 24일 비어드스톤에서 신고하기를 바란다는 내용의 전갈을 전했다. 링컨은 말을 빌려 타고 그 곳에서 남서쪽으로 9마일 떨어진 리치랜드 크리에 가서 친지들과 친구들로 구성된 중대에 가담했다. 그 곳에서의 첫 번째 임무는 중대장을 선출하는 일이었다. 투표권자들이 각기 나와 링컨이나 윌리엄 키르패트릭 곁에 섰다. 처음에는 전체 인원의 사분의 삼이 링컨 곁에 섰다. 그러나 그 후 키륵패트릭 곁에 섰던 사람들이 한 명씩 빠져나와 링컨에게로 갔기 때문에 마침내 그 혼자만 남게 되었다.

몇년 후 링컨은 그 때의 상황을 이렇게 묘사했다. "이 선출에 놀랐다. 그리고 지금까지 그처럼 만족스러운 성공은 없었다." 그는 잭 암스트롱을 선임 하사로 임명했고 윌리암 베리와 알렉산더 트랜트를 하사로 임명했으며 다른 많은 친구들은 병사로 곁에 두었다. 9일이 지난 후 그는 경쟁자였던 윌리암 키륵패트릭을 병사의 지위에서 승진시켰다. 그들은 비어드스톤으로 행군하여 그 곳에 동원되어 온 1600명의 군사들을 이끌고 그 곳에 진을 쳤다.

중대장 링컨의 휘하의 부대는 전투 훈련을 거의 혹은 전혀 받지 않은 세련되지 못한 공병대였다. 중대장도 대원들과 마찬가지로 군사 문제에 문외한이었다. 그는 군사학에 대한 부족한 지식을 보충하기 위해서 재치있게 재빨리 그 상황에 적응해야 했다. 언젠가 그는 두 소대의 군사들을 이끌고 좁은 문을 통과해야 했다. 군사들에게 일렬 종대로 행군하라는 명령이 생각나지 않자 그는 이렇게 소리쳤다. "잠깐 멈추어라! 귀관들은 여기서 해산했다가 문을 통과한 다음 다시 모이기로 한다!" 그러자 군사들은 담을 뛰어넘거나 뛰어서 문을 통과한 다음 다시 제자리를 찾아가 행진을 계속했다.

이 특수 부대가 인디안들과 싸우지는 않았지만, 그들은 같은 부대 소속 대원들과 그리고 타부대 소속 대원들과 자주 씨름 경기를 하였다. 링컨은 이 친선 경기에서 최선을 다했다. 그는 이 경기에 적극 가담했으며 씨름 선수로서의 자신의 우월성을 거듭 과시했다. 그가 씨름에서 진 경우는 한 번밖에 없었다. 그는 또 사람들의 이야기를 듣는 것도 좋아했다. 그는 이 경험들을 통해 후에 그가 사용한 많은 훌륭한 이야기의 자료들을 얻었다. 그는 사람들로부터 호감을 샀으며 군인과 군인들의 생활이 어떤 것인지도 배웠다. 그 뿐만 아니라 그는 지도력의 중요성과 지도자의 어려움에 대해서도 배웠다. 그리고 그는 여기에서 존 스튜어트, 존 하딘, 조셉 길레스피, 에드워드 베이커, 그리고 후에 그에게 많은 도움을 준 여러 명의 사람들을 만났다.

군대가 해체되기 직전 그의 중대원들은 그가 주의회 입후보하는 것을 적극 지원하기로 동의했다.

7월 16일 링컨은 블랙 강에서 군복무를 마치고 제대를 했다. 그런데 그 전날 밤 그와 그의 전우 조오지 해리슨은 말을 도둑맞았다. 그래서 그들은 전우들의 말을 얻어타기도 하고 또 그것이 여의치 못할 경우에는 걷기도 하면서 푀니아까지 갔다. 그들은 또 카누를 사고 그것을 조종하여 하바나까지 가서 거기서 카누를 팔고 그 후에는 걸어서 뉴 살렘까지 갔다.

선거일이 십팔 일 남은 8월 6일, 링컨은 선거 운동을 재개했다. 그는 집집마다, 농장마다, 그리고 마을마다 돌아다니면서 사람들에게 말을 걸고 친구들을 사귀며 일화들을 이야기해 주었다. 그는 농부에게 말을 걸때 그를 도와 건초를 긁어내고 밀을 베어주며 곡식을 뽑아주었다. 그는 그 사이 두 세 차례 정도 연설을 했는데 그 중 하나는 다음과 같다.

친애하는 시민 여러분, 여러분은 모두 제가 누구인지 알 것입니다. 저는 보잘 것 없는 에이브러햄 링컨입니다. 저는 많은 친구들의 청에 못이겨 주의회 의원에 출마하게 되었습니다. 저의 정치 철학은 늙은 아낙네의 춤처럼 짧고 참신합니다. 저는 국립 은행을 옹호합니다. 이것이 바로 제 의견이고 정치원리입니다. 저를 뽑아주시든 그렇지 않든 전 유권자 여러분들에게 감사를 드리는 바입니다.

링컨은 의원에 당선되지 못했다. 생가몬 지역에는 4명의 대표들이 배정되었는데 입후보자는 무려 13명이나 되었던 것이다. 링컨은 657표를 얻어 8위를 기록했다. 최다 득표자는 1127표를 얻었다. 당선자들 중에서 가장 적은 표를 얻은 사람은 피터 카트라이트 목사로 815표를 얻었다. 링컨은 자신의 출마 구역인 뉴 살렘 선거구에서 300표 가운데 177표를 얻었기 때문에 실망하지 않을 수 있었다.

그의 낙선 원인은 뉴 살렘 지역외에는 그가 거의 알려지지 않았기 때문이었다. 그러나 그는 선거운동을 통하여 얻은 것도 많았다. 공식 연설을 할 수 있는 기회도 얻었으며 자신감도 생겼고 또 광범위하게 사람들을 사귈 수도 있었던 것이다. 그것을 바탕으로 그는 2년 후의 선거에서는 승리할 수 있으리라는 기대를 갖게 되었다.

링컨은 사람들과 만나기 쉽고 낯선 사람들과 의견을 교환하며 정치에 대해 논의하고 이런 저런 이야기를 나누고 틈틈이 시간을 내어 책을 읽을 수 있는 상점을 경영하기를 바라다가 마침내 윌리암 베리의 지분을 일부 인수하여 베리와 링컨이 공동으로 경영하는 회사를 세웠다. 이때 이미 베리는 빚더미에 올라앉아 있었으며 링컨이 구입한 상점의 주식을 담보로 돈을 끌어대었다. 그의 채권자가 말했다. "나는 그를 매우 정직한 사람이라고 생각했다. 그런 점에 끌려 나는 그가 발행한 어음의 액면가를 그대로 지불했다. 그는 돈이 한푼도 없는 사람이었지만, 나는 그가 요구하면 선불이라도 해 주었을 것이다."

그러나 이들의 동업은 행복한 것이 아니었다. 두 사람 모두에게 동업은 유익이 되지 못했다. 존 베리 목사의 아들 베리는 술과 도박에 미친 형편없는 젊은이였다. 링컨은 대부분의 시간을 사람들을 만나 이야기 하고 농담하며 또 책을 읽으면서 보냈다. 그런 그에게 일생 일대의 기회가 찾아왔다. 그의 말을 들어보자.

어느 날 서부로 이주하던 한 남자가 마차를 타고 가다가 내 상점 앞에 멈추었다. 그 마차에는 그의 가족들과 가재 도구들이 실려 있었다. 그는 내게 마차에 실을 자리가 없고 자기에게는 특별한 쓸모가 없을 것 같아서 그러니 낡은 통 하나를 사달라고 요청했다. 나는 그것이 필요하지 않았지만 그것을 사주는 것이 도리라고 생각하고 1달러 50센트를 지불했다. 자세히 조사해 보지도 않고 나는 그것을 상점에 처박아두고 까맣게 잊고 있었다.

얼마 후 나는 그 속에 무엇이 들었는지 궁금하여 그 통을 엎어놓고 속을 들여다보았다. 그랬더니 그 잡동사니 바닥에 블랙스톤의 해설서 전권이 들어있었다. 나는 이 유명한 책들을 오랜 시간을 두고 읽기 시작했다. 농부들이 농사를 짓느라 일손이 바쁜 여름에는 상점을 찾는 고객이 별로 많지 않았기 때문이다.

나는 그 책을 읽으면 읽을수록 더 그 책에 빠져 들어갔다. 내 평생에 이토록 내 마음을 사로잡은 책은 없었다. 나는 그 책들이 너덜너덜해질 때까지 읽고 또 읽었다.

링컨은 법률 공부를 이렇게 시작했다. 이것은 그의 장래에 지대한 공헌을 했다. 그러나 그것은 기울어가는 상점 경영에 아무런 도움도 못 되었다. 초봄에 이르러서 식품 판매의 증진을 위한 어떤 조처가 취해지지 않으면 안될 상황에 처하게 되었다. 베리는 정규 고객들과 마차 승객들을 위해 소량이나마 술을 팔아야 한다고 주장했다. 베리가 영업 허가를 받아왔지만 계약을 체결하려면 보증인란에 베리뿐만 아니라 링컨도 서명을 해야 했다. 그러나 링컨은 자기 손으로 서명을 할 수가 없었다.

이런 "양심의 갈등"을 어떻게 이겨냈는지는 알 수 없지만 링컨은 술을 마시지도 않았고 또 술 판매를 달갑게 여기지도 않았다. 그가 후에 고백하듯이 그는 "유혹과 나쁜 제안"에 직면하게 되는 이처럼 "견디기 힘든 순간"에 어머니가 아주 오랜 옛날에 해주셨던 말씀, "나는 네 하나님 여호와로라, 내 앞에 다른 신을 두지 말라."는 말씀을 기억하곤 했다.

존 알렌 박사와 멘터 그레함, 그리고 그 지역의 다른 여러 유지들이 그를 후원해 주었다. 링컨의 생애에서 빼놓을 수 없는 이 위기를 묘사하면서 칼 샌드버그는 이렇게 기술하고 있다. "돼지고기, 소금, 밀가루, 총, 사라사, 날염, 그리고 계란 꾸러미와 모피들을 팔아봐야 링컨에게 남는 것이 별로 없었고 술을 마신 사람들에게서 외상값을 받아내는 것도 쉬운 일은 아니었다. 그 상점에 술을 판매해도 좋다는 허가가 나온 지 두세 주후에는 왠만큼 참을성이 강한 링컨도 그 상점 주식을 베리에게 넘겨주고 말았다."

베리는 돈이 한 푼도 없었기 때문에 결국 두 사람의 주식을 모두 윌리엄과 알렉산더 트랜트 형제에게 팔아버렸다. 그러나 이미 판명되었듯이, 그 두 형제도 돈이 없었다. 그래서 그들은 링컨과 베리가 전에 한 방식대로 그 상점을 샀다. 그들은 물건 값으로 어음을 끊어주었다. 그러나 어음이 만기가 되기 전에 그들은 사라졌다. 그들이 상점에 진열했던 얼마 안되는 식품들은 채권자들이 모두 차지했으며 상점문은 폐쇄되었다. 베리는 얼마 안 있어 죽었기 때문에 그가 진 1100달러의 빚은 고스란히 링컨에게 떨어졌다. 그 당시 에이브에게 있어서 그 빚을 떠안는다는 것은 엄청난 부담이었다. 그 후에 그는 그 당시의 상황을 다음과 같이 술회하였다.

그 빚은 내 평생에 가장 큰 장애물이었다. 나는 돈을 투자할 줄을 몰랐으며 일해서 버는 것 외에는 돈을 벌줄 몰랐다. 그리고 일을 해서 내 생활비를 제하고 1100달러를 벌려면 평생이 걸릴 것 같았다. 그러나 방법은 오직 한 가지 밖에 없었다. 나는 채권자에게 가서 그들에게 나를 그냥 둔다면 내가 벌 수 있는 데까지 벌어서 빚을 갚겠다고 말했다.

거의 모든 채권자들이 그를 믿어 주었고 그에게 관용을 베풀어 주었다. 그러나 그 빚은 그에게 너무 무거웠다. 그는 늘 그 빚을 "범국민적인 빚"이라고 말했으며 돈이 생기는 대로 갚아나갔다.

그가 마침내 빚을 다 갚은 것은 17년 후인 1849년, 그가 의회에서 공무를 마치고 돌아온 직후였다.

상점문을 닫은 직후인 1833년 5월 7일, 링컨은 뉴 살렘의 우체국장으로 임명되었다. 일설에 의하면 뉴 살렘의 부녀자들이 앤드류 잭슨 대통령께 진정을 낸 결과로 전격적으로 그가 임명된 것이라고 한다.

우체국장에 임명을 받은 그는 뛸듯이 기뻤다. 우체국장이 된 그는 군복무의 의무와 배심원의 의무를 면제받았고 개인적인 편지들을 마음대로 주고 받을 수 있었으며 뉴 살렘에 배달된 다른 주의 신문들도 읽을 수 있었다. 게다가 그는 그 지역에 살고 있는 거의 모든 사람들을 알게 되었다. 링컨은 그 일을 맡고 무척 만족스러워했다. 그는 특별히 편지를 전하기 위해 수 마일 떨어진 곳까지 걸어가야 할 때에도 결코 불평을 하거나 싫은 내색을 하지 않았다. 우편물은 일주일에 두 번만 왔기 때문에 링컨은 여가가 충분했다. 새로운 이주자들이 밀려들어온 가을에 사방에서 경계선을 정하고 도로를 확장하며 코너를 고정시키고 새로운 도시들에 대한 실황 조사를 실시하라는 요구가 비등했다. 평소에 링컨을 좋게 생각하던 그 지역의 감독관 존 칼훈(John Calhoun)은 뉴 살렘으로 사람을 보내어 그에게 부감독관이 되어 달라고 요청했다. 칼훈의 사자는 우편물을 배달하러 다니는 링컨을 철도 건널목에서 만났다. 그들은 통나무 위에 나란히 앉아 그 문제를 상의했다. 에이브는 그의 제안을 받고 칼훈을 만나러 스프링필드로 가겠다고 쾌히 승낙했다. 그는 그 일을 하더라도 자신의 정치적인 견해를 피력하는 데 지장이 없으며 그가 공부할 시간을 낼 수 있을 것이라 생각하고 그 직위를 받아들였다.

링컨은 조사 업무에 대해 아는 것이 없었지만, 그의 아버지가 과거에 감독관이었고 조오지 워싱턴도 그랬다. 이제 그는 직업을 바꾸게 되는 것이다. 그는 칼훈에게서 책을 몇 권 빌리고 멘터 그레함에게서도 도움을 얻어 로버트 깁슨의 (Theory and Practice of Surveying)과 플린트의 (Treatise on Geometry, Trigonometry and Rectangular Surveying)을 가지고 공부했다. 그는 틈나는 대로 밤낮 공부를 했다. 사실상 그는 늘 밤 늦도록 공부를 했기 때문에 그의 친구들은 그의 건강을 염려했다.

그러나 그는 6주 내에 그 책들을 마스터했다. 그리고 나서 1834년 1월 그는 외상으로 50달러를 주고 말을 샀으며 콤파스와 측량 도구를 들고 칼훈에게 임무 보고를 했다.

에이브는 고향에 인접한 북쪽 지역을 맡았다. 그의 급료는 시골 땅의 4

분의 일에 대한 조사를 마칠 경우, 2달러 50센트를 받고 사분의 일의 절반을 마쳤을 경우에는 2달러를, 그리고 도시 구획들의 경우에는 5센트를 받았다. 그는 하루 평균 3달러와 출장 수당을 받았는데, 이것은 그 때까지 그가 받은 최고의 급료였다. 그는 치밀하고 정확하게 측량 작업을 벌였다. 이것은 땅의 경계들에 관한 분쟁을 일으켰던 많은 사람들이 분쟁을 그에게 맡기고 정직하고 유능한 그의 평결에 따라 분쟁을 해결할 만큼 그를 믿었다는 사실에 의해 입증되었다.

그는 가는 곳곳마다 친구들을 두었다. 그가 사람들의 마음을 사로잡은 것은 그의 유머 감각과 친절함 그리고 지식 때문만이 아니었다. 콜맨 스무트는 이렇게 말했다. "그의 이상한 옷차림과 그의 세련되지 못한 어색함, 그리고 짧은 바지가 사람들의 이목을 집중시켰다. 그래서 '에이브 링컨' 이라는 이름이 사람들의 입에서 떠나지 않았다." 그는 도로, 농토, 학교 부지, 그리고 배스, 뉴 보스턴, 앨바니, 휴런, 그리고 피터스버그와 같은 도시의 지역들을 측량했다. 그가 지정한 몇몇 모퉁이들은 지금도 남아 있으며 피터스버그의 주민들은 1836년 여름에 링컨이 정한 도시에 살고 있다는 자부심을 갖고 있다.

그는 측량을 하면서도 그의 "범국가적인 빚"을 갚아나갔다. 그러나 한 채권자가 참지 못하고 그를 고소하여 링컨은 재판을 받게 되었다. 에이브가 빚을 갚을 능력이 없는 것을 안 보안관은 그의 말, 안장, 마구, 측량 기구들 등을 포함한 그의 재산을 압류했다. 이러한 생계도구들을 잃게 된 링컨의 앞날은 암울했다. 다행히 에이브를 좋아하던 친구, 엉클 지미 쇼트가 말과 안장과 측량 도구들을 보안관에게서 사서 링컨에게 되돌려 주었다.

링컨은 그의 은혜를 결코 잊지 않았다. 그는 후에 변호사가 되어 번 돈으로 그 돈을 갚아주었고 몇 년 후 미국의 대통령이 되어 그의 친구 엉클 지미를 캘리포니아의 인디언 감독관으로 임명했다.

1834년 4월 19일 주의회 의원 입후보자로 생가몬 신문에 링컨의 이름이 다시 실렸다. 그 당시 그는 전보다 이름이 더 알려졌을 뿐 아니라 스프링필드의 변호사요, 휘그 지방의 유지인 존 스튜어트, 민주당 지부장 보울링 그린, 그리고 링컨을 믿고 그를 사랑하는 많은 사람들의 후원을 받았다.

선거운동 기간 동안 링컨은 자신의 주의를 공식 선언하지 않았고 몇 차례 연설만 했다. 그는 조용히 선거운동을 했던 것이다. 즉, 측량을 하러 다니면서 만난 농부들과 이야기를 나누고 우편물을 전달하면서 유권자들에게 표를 부탁했다. 아이슬랜드 그로브로 이사했던 로완 헤른돈은 이렇게 말했다. "추수를 하고 있는데 링컨이 우리 집에 왔다. 밭에는 사람이 약 삼십 명 가량 되었다. 그는 저녁 식사를 마치고 사람들이 일하고 있는 밭으로 나갔다. 나는 사람들에게 그를 소개했다. 그러자 인부들은 농사를 지을 줄 모르는 사람은 뽑아줄 수 없노라고 말했다. '자, 보시오.' 그는 낫을 집어들고 아주 쉽게 건초를 긁어모았다. 인부들은 만족했으므로 그가 그들의 표를 잃어버렸으리라고는 생각하지 않는다."

링컨을 보고 바렛 박사가 물었다. "그 정당은 그것보다 더 나은 공약을 제시할 수 없습니까?" 그러나 그의 말을 듣고 난 이후에 바렛은 "다른 후보자를 전부 합쳐놓아도 그의 지식을 따라 잡을 수 없을 정도"에 놀랐다고 선언했다. 1834년 8월 4일 선거일에 링컨은 생가몬 지역의 입후보자 13명 가운데 2위를 기록했다. 1위는 1390표를 차지한 존 다우슨이었고 2위는 1376표를 얻은 링컨, 그리고 그의 친구 존 스튜어트는 1164표를 얻어 4위를 기록했다.

당선이 된 후에도 링컨은 약 4개월 후로 예정된 일리노이 주의회가 열리기를 기다리면서 계속 우편물을 배달하고 측량을 하며 사람들과 함께 지내면서 여러 가지 일을 마다하지 않고 했다. 그 밖에도 그는 틈틈이 법률 공부를 했다. 링컨은 여름 선거운동 기간에 급속도로 가까워진 존 스튜어트에게 자신이 법률에 관심이 있으며 블랙스톤의 해설서들을 얼마나 재미있게 읽었는지 이야기해 주었다. 스튜어트는 그에게 법률을 공부하여 법률 전문가가 되어보라고 제안했다. 그 말을 들은 에이브는 뛸 듯이 기뻤으며 스튜어트는 그에게 법률 서적을 몇 권 빌려주었다. 그는 그 책으로 열심히 법률 공부를 했다. 그는 우체국이나 방에서 틈나는 대로 공부했으며 어떤 경우에는 밖에 나가 숲에서 법규들이 머리 속에 박힐 때까지 그것을 외우곤 했다. 백성의 대표가 된만큼 옷을 단정하게 입어야 한다는 사실을 깨달은 링컨은 부유한 농부인 콜맨 스무트에게 200달러를 빌려 그것으로 그를 짓누르던 빚을 갚고 남은 돈 60달러로 양복 한 벌을 해입고 양복에 필요한 장식물들을 몇 가지 샀다. 11월 하순경, 25세의 에이브 링컨은 책 읽는 일을 중단하고 측량 도구들을 놓아두고 우체국장의 일을 조수에게 맡기고 존 스튜어트를 단장으로 하여 다른 의원 당선자들과 함께 스프링필드에서 75마일 떨어진 일리노이 주의 수도 밴달리아를 향해 역마차를 타고 떠났다. 링컨은 스튜어트와 같은 방에서 머물렀다. 그가 지도자였기 때문에 그들의 방은 졸지에 휘그당 센터가 되었다.

의회에서 그는 두세 가지 위원회 임무를 맡아 두세 가지 법안을 작성하여 소개했으며 많은 영향력 있는 젊은이들을 만났다. 그 중에 몇 명은 후에 은행가, 변호사, 시장, 주지사, 그리고 하원의원과 상원의원 등으로 활약하게 되었다. 이 중에는 젊은 변호사 스티븐 더글라스가 있었다. 링컨은 평생 동안 그와 중대한 만남을 계속하게 되었다. 1835년 2월 13일 회기를 마치고 링컨은 우체국장과 부감독관으로서의 일을 재개하고 법률 공부를 다시 할 수 있다는 야심을 가지고 뉴 살렘으로 돌아왔다.

그 해 봄, 그러니까 링컨이 회기를 마치고 돌아온 직후에 그는 사랑에 빠졌다.

1831년 뉴 살렘에 처음 왔을 때 링컨은 제임스 럿레지의 집에서 잠시 하숙을 한 적이 있었다. 그는 사우스 캐롤라이나 태생이었으며 켄터키에서 오랫동안 살았고 일리노이로 이주하여 뉴 살렘의 설립자들 가운데 한 사람이 되었다. 럿레지는 마음이 따뜻하고 부드러운 고결한 인품을 지닌 사람이었으며 지역 주민들로부터 존경을 받았다. 그의 조상들 중에 한 사람이 독립선언문 기초자였으며 또 한 사람은 미국 대법원장을 지냈고 또 한 사람은 미국 의회에서 유력한 지도자로 활약을 하였다.

앤 메이 럿레지는 그의 아홉 명의 자녀들 가운데 세 번째였다. 그녀는 푸른 눈과 다갈색 머리를 지녔고 발랄하고 아름다우며 온순했을 뿐만 아니라 화술도 뛰어났다. 메터 그레함이 학교를 개설했을 때 에이브와 앤은 함께 학교를 다녔고 기르함의 문법책 표지에 그녀의 이름이 적혀 있었다. 그 후 그녀는 잭슨빌에 있는 여학교에 다니기 위해 고향을 떠났다. 그 사이 그녀는 뉴욕에서 뉴 살렘으로 이주해 온 존 맥나머를 만났다. 그는 근처에 땅을 샀으며 그와 앤은 약혼을 했다. 얼마 후 맥나머는 결혼하러 곧 돌아오겠다는 약속을 남기고 동부로 떠났다. 그러나 그의 편지는 시간이 지날수록 뜸해지더니 급기야 끊기고 말았다. 떠나간 약혼자에게서 편지를 기다리던 앤은 링컨이 우체국장으로 재직하고 있던 뉴 살렘 우체국에 자주 드나들었다. 약혼자에게서 마지막 편지가 온 후 오랫동안 기다리던 그녀는 마침내 에이브에게 자기 인생을 걸었던 것이다.

앤 럿레지는 이제 22세였고 에이브 링컨은 26세였으며 여러 면에서 뉴 살렘 지방의 우상이었다. 그들은 보기드문 지력과 영적인 이해력을 갖고 있다는 공통점 때문에 함께 있을 때 더할 나위 없이 기뻤다.

에이브는 그녀에게 구혼했으며 그녀는 1835년 초 여름, 그의 신부가 되겠다고 약속했다.

그들은 둘 다 돈이 없었기 때문에, 그녀는 에이브의 동의를 얻어 오빠를 따라 잭슨빌에 가서 겨울 동안 그 곳에 있는 학교에서 보내기로 결정을 내렸다. 그 사이 링컨은 계속 법률을 공부할 생각이었다. 이듬해 봄이 되어 그녀가 학교에서 돌아오고 그가 변호사 자격을 얻으면 곧 결혼을 할 예정이었다.

럿레지 가족이 그 곳에서 7마일 떨어진 샌드리지로 이사를 하긴 했어도 에이브와 앤에게 있어서 그 해 여름은 정말 즐거웠다. 링컨은 그녀를 만나기 위해 말을 타고 자주 시골을 횡단하곤 했다. 에이브는 그 근처에 살고 있는 친구 엉클 지미 쇼트의 농가에서 밤을 보낸 적도 있었다.

여름이 끝날 무렵 에이브와 앤은 둘 다 이상한 병에 걸렸다. 사람들은 그 병을 장티푸스라고 생각했다. 링컨은 회복이 되었지만 앤의 병세는 점점 나빠졌다. 가망이 없는 상태에 이르렀을 때 제임스 럿레지가 뉴 살렘으로 달려와서 말했다. "에이브, 앤이 자넬 찾고 있어. 서두르게!" 링컨은 한 시간 동안 앤을 면회할 수가 있었다. 이 면회가 역사적인 것이었지만 두 사람 외에는 아무도 그런 사실을 알지 못했다. 서로에 대한 그들의 사랑의 깊이는 오직 그들의 인품의 깊이에 의해서만 측정될 수 있었기 때문이다.

1835년 8월 25일 앤은 세상을 떠났다. 다음날 그들은 그녀를 뉴 살렘에서 북서쪽으로 7마일 떨어진 콩코드 묘지에 묻었다. 그녀의 묘지 머리맡에는 앤 럿레지라고 쓴 큰 비석이 세워졌다.

에이브에게 있어서 그녀의 죽음은 큰 충격이었다. 그는 그녀의 죽음을 부인하면서 말했다. "이제 살 이유가 없어." 그러자 그레함이 이렇게 대답했다. "링컨, 하나님은 더 고귀한 목적을 가져다 주실 것일세. 링컨, 틀림없이 그럴거야." 눈물을 흘리면서 떨리는 목소리로 그가 말했다. "그레함, 당신의 말이 옳겠지요." 그러나 그는 계속 그녀의 무덤을 찾아다니면서 "내 심장이 여기 묻혔다."고 말하였다.

스퀴어 보울링 그린은 잠시 링컨을 자기 집에 데리고 있었다. 여기에서 링컨은 그린과 그의 현숙한 아내 낸시의 지극한 보살핌을 받아 어느 정도 자제력을 다시 얻게 되었다. 그 후부터 링컨은 사람이 달라졌다. 그는 인내심이 강해졌고 생의 덧없음을 깨닫게 되었으며 눈에 보이지 않는 힘에서만 나올 수 있는 거룩한 슬픔의 동정심을 갖게 되었다. 그의 동료 변호사인 휘트니 씨는 그것을 이렇게 표현했다. "앤 럿레지의 생과 사는 불운이거나 헛된 것이 아니었다. 왜냐하면 지금까지 감추어졌던 것들로부터 베일이 벗겨졌을 때 무명의 작은 마을에 살았던 이 온순하고 조심스러운 처녀의 존재는 국가의 구원과 개혁을 이루는 원동력 가운데 하나로 찬양을 받게 되었기 때문이다."

　몇 년 후 앤의 시신은 콩코드 묘지에서 뉴 살렘과 더 가까운 피터스버그의 오클랜드 묘지로 옮겨졌다. 에드거리 매스터스는 앤의 화강암 비석에 그녀의 생애와 공적을 기린 시를 새겨넣었다.

　　내 밖에서는 무가치하고 알려지지 않은
　　죽음을 모르는 음악의 진동이여!
　　아무에게도 악의를 품지 않고
　　모든 사람들에게 자선을 베풀었구나
　　수많은 사람들의
　　수많은 사람들에 대한 용서
　　정의와 진리로 빛나는
　　민족의 다정한 얼굴
　　나 앤 럿레지
　　이 잡초들 밑에 잠들다.
　　에이브러햄 링컨을 사랑하였네
　　결합을 통해서가 아니라
　　이별을 통해서 그와 결혼하였네.
　　오, 공화국이여, 영원히 꽃피어라.
　　내 가슴의 흙으로부터!
　　1813년 1월 7일-1835년 8월 25일

　또 이 무렵 "임종"이라는 제하의 또다른 시가 신문에 실렸다. 14행 중에서 10행을 여기에 소개해 보기로 한다.

　　아, 필멸의 영이 어찌 자랑할 수 있단 말인가?
　　빨리 지나가는 유성처럼, 빨리 흐르는 구름처럼,

번개처럼, 파도의 부서짐처럼,
그는 이생에서 무덤의 안식으로 가버렸구나.

상수리나무와 버드나무의 잎사귀들이 지고
주위에 흩어져 함께 놓여 있으리라.
젊은이, 늙은이, 비천한 자, 고귀한 자가 모두
먼지가 되어 함께 누워 있으리라.

아름답고 즐거움으로 빛나는 뺨, 눈썹과 눈을 지닌 여인이여
그녀의 승리가 지나갔구나.
그녀를 사랑하고 칭찬하던 사람들의 기억은
잊혀진 산 사람의 마음과 똑같구나.

홀을 쥔 왕의 손,
화환을 쓴 제사장의 이마,
현인의 눈과 용사의 마음이
무덤의 깊음 속에 감추어지고 잊혀졌구나.

씨를 뿌리고 수확을 거둬들여야 할 운명을 지닌 농부,
염소들을 이끌고 가파른 언덕을 올라가야 하는 목동,
먹을 것을 찾아 헤매는 거지는
우리가 밟는 풀처럼 사라져버렸구나.

하늘의 친교를 향유하는 성도,
남아서 죄용서를 구하는 죄인,
현자와 어리석은 자, 죄인과 의인은
조용히 먼지 속에 뼈를 섞었도다

이렇게 해서 많은 사람들이 꽃과 잡초처럼 가버리고
다른 사람들이 뒤를 잇도록 시들어 버리누나.
종종 이야기 되어왔던 모든 이야기들을 되풀이하기 위해
많은 사람들이 오는구나.

우리는 우리 조상들과 똑같은 존재요
조상들이 보는 것을 보는구나,
우리는 똑같은 강물을 마시며 똑같은 햇빛을 느끼며
조상들과 똑같은 과정을 지나는구나.

우리가 생각하고 있는 것은 조상들이 생각했던 것이요,
우리가 피하고 있는 죽음으로부터 조상들도 피하려 했으리라,
우리가 매달리고 있는 생에 그들도 집착했을 것이나
인생은 날개달린 새처럼 땅에서 날아가버렸구나.

눈이 빛날 때까지, 숨을 쉴 때까지
건강의 꽃으로부터 죽음의 창백함에 이르기까지
휘황찬란한 사교실에서부터 관대와 수의에 이르기까지,
아, 필멸의 영이 어찌 자랑할 수 있단 말인가?

 에이브는 이 시를 읽고 마음에 들어 이 시를 외웠으며 직접 손으로 써서 몇몇 친구들에게 보내주었다. 게다가 그는 평생 동안 이 시의 전체나 일부를 셀 수 없을 정도로 많이 큰 소리로 암송하곤 했다. 이 시를 직접 썼느냐는 질문을 받고 링컨은 이렇게 대답했다.
 "나는 가치있는 모든 것을 제공할 것이며 훌륭하다고 생각되는 부분을 쓸 수 있기를 바랍니다." 많은 사람들은 이 시기가 단순히 우울한 기분을

전해 준다고 생각한다. 그러나 유머 감각이 뛰어난 링컨은 이 시가 "사소한 일이 시시하다는 느낌"을 전해 주며 그가 가슴 속 깊이 새기고 있는 "조화의 느낌"을 인생에 덧붙여 준다고 믿었다.

다음 12월 초에 의원인 링컨은 다시 의회의 특별 회의에 참석차 밴달리아로 갔다. 재선을 다짐한 그는 생가몬 지역과 그 곳 주민들에게 필요한 일이 무엇인지를 주의깊게 살펴보았다. 그는 주의 수도를 밴달리아에서 스프링필드로 옮기는 일을 신중히 고려하고 있었다. 1836년 1월, 의회 회의가 끝나고 링컨은 다시 돌아와 법률 공부와 우체국장이자 조사관으로서의 임무를 수행했다.

1836년 여름에 링컨은 의원 재선을 위한 선거 운동에 돌입했다. 생가몬 신문에 자기의 견해를 발표하면서 그는 다음과 같은 의미심장한 말을 덧붙였다.

당선이 된다면 저는 저를 지지했던 사람들뿐만 아니라 저를 대적하던 사람들까지 생가몬의 전 주민을 저의 선거구민으로 생각할 것입니다. 그들의 대표로서 활동하게 될 때 저는 그들의 의견을 최대한 수렴하고 그들의 최대의 유익을 위해 일할 것입니다. 당선이 되든 그렇지 않든 저는 우리 주가 다른 주들과 공동으로 운하를 파고 철도를 건설할 수 있도록 공유지를 여러 주들에 매각하는 일을 계속 추진하겠습니다.

이번 선거운동에서 에이브는 수 없이 연설을 했으며 여러 차례 논쟁도 벌였고 때때로 정적들의 직접적인 공격을 받았지만, 자신을 잘 돌볼 수 있는 능력을 과시했다. 언젠가 스프링필드에서 조슈아 스피드의 말을 빌자면 "군중들의 마음을 사로잡아 그들을 자기가 원하는 대로 끌고 갔던" 매우 인상적인 연설을 마친 후, 그는 조오지 훠커의 공격을 받았다.

저명한 변호사 훠커는 최근에 휘그당을 떠나 민주당에 입당했으며 곧이어 3000달러의 급료를 받는 지역 사무소 선거인 명부에 등록되었다. 등록된 직후 그는 새 골조 건물을 세웠으며 빛나는 장대를 세웠다. 그것은 그 도시에서 최초로 세워진 것이다. 훠커는 일어서서 우월감을 과시하면서 통렬한 연설을 했다. "저 애숭이 링컨이라는 자는 창피를 당하게 되고 말 것입니다. 미안하지만 이 임무는 내게 이양될 것입니다."

링컨은 팔짱을 끼고 그 곁에 서 있었지만 그의 말을 중단시키지는 않았다. 훠커가 연설을 마치고 내려온 후 링컨은 연단에 올라가서 이렇게 말했다.

이 신사는 이 젊은이가 수치를 당하게 될 것이며 미안하게도 자기가 이 임무를 맡게 되리라는 말로 연설을 시작했습니다. 저는 정치가의 술수와 거래를 모를 만큼 어리지는 않습니다. 저는 이 신사처럼 정견을 바꾸느니 차라리 죽음을 택하겠습니다. 그는 그 대가로 매 년 삼천 달러의 돈을 받았습니다. 그 뿐인 줄 아십니까? 그는 하나님을 화나게 한 데 대한 죄책감으로부터 자신을 보호하기 위해 집 위에 빛나는 장대를 세웠습니다.

그 자리에 있던 몇몇 사람들은 친구들이 링컨을 어깨에 메고 군청에서 데리고 나갔다고 말했다. 그리고 훠커의 장대는 오랫동안 비웃음거리가 되었다.

1836년의 그의 재선 운동은 좋은 평가를 받고 그에 대한 기록도 양호했기 때문에 그는 후보자들 중에서 최다 득표자가 되었다. 다른 여섯 명의 대표들과 생가몬 지역에서 당선된 두 명의 상원의원들이 훠그당원이었고 그들은 신장이 모두 6피트 이상이었기 때문에 다음 회기에 그들은 "아홉 명의 장신들"이라는 별명을 지니게 되었다.

제 10차 회기가 12월 1일에 있었으며 "아홉 명의 장신들" 중에서 가장 키가 큰 링컨은 인정받는 전략 감독관이요, 훠그당의 원내총무가 되었다.

일반적으로 사람들은 수도가 본래 있던 밴달리아에서 이주하기를 바랐다. 그런데 수도를 유치하기 위한 도시들 간의 경쟁이 치열했다. 생가몬 지역 주민들은 스프링필드에 수도를 유치하려고 애썼다. 링컨이 그 운동의 선봉이 되었다. 그러나 경쟁 과정에서 몇 가지 조처들이 취해졌으며 링컨은 도덕적인 이유를 들어 그것을 단호히 거부했다. 경쟁 중에 링컨의 당원직을 박탈하기 위한 간부회의가 밤에 열렸다. 링컨은 확고한 자세를 취했다. 한밤중이 지난 후 그는 간부회의 석상에서 일어서서 아주 진지한 연설을 했는데, 그 연설은 다음과 같은 말로 끝난다.

당신들은 제 몸을 불살라 재로 만들어 바람에 날려버리려고 하고 있습니다. 여러분들은 제 영혼을 영원히 고통당하는 어둠과 좌절의 지역에 떨어뜨리려 하고 있습니다. 그러나 여러분들은 제가 나쁘다고 믿는 척도를 지지하도록 저에게 강요할 수는 없습니다. 비록 그렇게 함으로써 제가 옳다고 믿는 바를 실행에 옮길 수 있다 하더라도 말입니다.

이 불쾌한 말들은 법안에 의해 삭제되었으며 투표 결과 제 1차 투표에서는 스프링필드가 35표를 얻었으며 제 4차 투표에서는 거의 대다수의 표를 얻었다. 그리하여 2년 후 스프링필드는 일리노이 주의 수도가 되었다. "아홉 명의 장신들"은 공식적인 오찬회에 자주 초대되었으며 새 수도로 결정된 스프링필드에서 자축연도 베풀었다. 이 일을 성사시킨 링컨은 많은 사람들로부터 찬사를 받았다. 그 중에서 한 가지 찬사를 소개하면 다음과 같다. "에이브러햄 링컨, 그는 친구들의 기대를 충족시켰고 적들의 희망을 여지없이 꺾어 놓았다."

"돈을 사랑함이 일만 악의 뿌리가 되나니 이것을 사모하는 자들이 미혹을 받아 믿음에서 떠나 많은 근심으로써 자기를 찔렀도다". (딤전 6:10) 찬송 364장

4
변호사가 된 링컨

1836년 압도적인 지지를 받고 주의회 의원에 당선된 직후 링컨은 최고 법원 법관 두 명 앞에 출두해서 변호사 자격 시험을 치렀다. 그리고 그 해 9월 9일 훌륭한 성품을 인정받고 임시 면허를 받았다. 몇 달후, 그러니까 제 10회차 회기가 성공적으로 끝난 후, 그는 성직자에게 가서 미국 헌법과 일리노이 주의 법을 지키기로 맹세를 했다. 이윽고 1837년 3월 1일, 맹세한 내용이 적힌 면허장이 발부되었다. 이리하여 에이브러햄 링컨의 이름은 일리노이 주의 모든 법정에 법적인 자격을 갖춘 변호사 혹은 고문으로 등록되었다.

인생의 전환기가 임박했다! 스프링필드는 새로운 일을 개시하도록 그를 절박하게 부르고 있었다. 이러한 이동을 위해 모든 것이 순조롭게 진행되는 것 같았다.

6년 전, 그는 한 조각의 떠돌아 다니는 유목민처럼 뉴 살렘 마을에 왔었다. 그는 그 곳에서 사람들로부터 환대를 받았으며 많은 좋은 친구들도 두었고 뉴 살렘 마을에서 뿐만 아니라 그 지역과 주에서도 지도자의 지위에 오를 때까지 묵묵히 자기 길을 갔다. 이제 그는 정치가로서 어느 정도의 자질을 갖추었으며 인정받는 정치가가 되려는 희망도 가지고 있었다.

그는 뉴 살렘 사람들 특히 멘터 그레함, 보울링 그린, 그리고 존 알렌 박사와 같이 착하고 고귀한 사람들의 도움을 많이 받았다. 그러나 많은 가정들이 떠나갔고 이 마을은 이제 급속도로 덩굴 위에서 죽어가고 있었다.

어엿한 변호사가 된 지 4주 후에 링컨은 스프링필드의 초청을 수락하기로 결심했다. 그래서 그는 우체국장직을 사직하고 콤파스와 사슬, 표시핀, 그리고 자콥의 잣대를 팔았으며 우체국에서 배달할 마지막 우편물을 나누어 주고 새들백에 몇 가지 소지품을 챙겨넣고 보울링 그린에게서 말을 빌려 타고 1837년 4월 15일, 그의 인생에서 매우 중요한 시기에 안식처가 되었던 정든 마을을 떠났다. 후에 그는 자주 뉴 살렘에서 경험했던 일을 비유삼아 자기의 말을 예증하곤 했다.

스프링필드에 도착했을 때 링컨의 호주머니 속에는 7달러밖에 없었다. 그 돈을 가지고 링컨은 그 도시의 유일한 가구 제작자를 찾아가서 싱글 베드의 뼈대를 만들어 달라고 주문했다. 그리고 그는 조슈아 스피드의 상점으로 갔다. 그는 새들백을 카운터에 올려놓고 싱글 베드 뼈대의 부속물들을 구입하려면 비용이 얼마나 드는지 물어보았다.

스피드는 후일 이렇게 말했다. "계산을 해보았더니 전부 17달러가 들었습니다. 그랬더니 그가 이렇게 말하더군요. '싼 것 같군요. 하지만 그것이 싸다 해도 난 지불할 돈이 없습니다. 그러나 크리스마스까지 그것을 외상으로 준다면 내가 변호사로서 성공을 하게 될 경우, 그 돈을 갚아드리겠습니다. 하지만 내가 실패할 경우, 그 돈을 갚지 못할지도 모르지요.' 그의 목소리가 어찌나 구슬프던지 가슴이 찡했습니다. 그의 얼굴을 쳐다본 난 일찍이 이렇게 우울하고 슬픈 얼굴은 본 적이 없었으며 지금도 그렇습니다. 그래서 내가 그에게 말했습니다. "당신은 얼마 안되는 빚에 깊이 상심하고 있는 것 같군요. 내가 빚을 지지 않고도 당신의 목적을 이룰 수 있는 계획을 알려드리지요. 내겐 큰 방이 하나 있고 그 방에 큰 침대가 하나 있습니다. 당신만 좋다면 나는 대환영입니다."

"당신 방은 어디에 있지요?" 그가 물었습니다. "이층에." 나는 상점에서 내 방으로 이어지는 계단들을 가리키면서 말했습니다. 그는 아무 말도 없이 새들백을 집어들고 이층으로 올라가서 바닥에 백을 내려놓고 다시 내려와서 기쁨과 환호에 찬 얼굴로 소리쳤습니다. "자, 스피드씨 난 이사했습니다." 이렇게 해서 링컨과 스피드의 아주 멋진 우정이 시작되었다.

링컨과 밴달리아에서 친하게 지냈으며 생가몬 순회 법정의 서기였던 또다른 친구 윌리암 버틀러는 링컨에게 식대를 내지 않고 자기 집에서 식사를 하라고 말했다.

링컨에게 법률 공부를 제안하고 그에게 법률 서적을 빌려주었으며 밴달리아에 있을 때 그와 같은 방에서 지냈고 두 차례의 주의회 회기를 거치는 동안 그의 정견과 지도력을 유심히 살펴보았던 존 스튜어트 변호사는 링컨에게 자신의 변호사 사무실에서 함께 일하자고 제안했다. 링컨은 그의 제안을 수락했으며 도착하던 바로 그 날에(1837년 4월 15일) 생가몬 신문에 다음과 같은 공고를 냈다.

변호사요 법률 고문인
존 스튜어트와 링컨은
호프만 로우, 2층 4호
순회 법률 사무소에서
공동으로 개업중

스튜어트는 위엄이 있고 멋진 사람이었으며 잘 생기고 품위 있는 사람이었다. 게다가 그는 일리노이 주에 등록한 변호사들 중에서 가장 유능하고 유력한 인물이었다. 그런 그와 동업하게 된 것은 링컨에게 행운이었으며 28년의 생애 동안 이보다 더 자랑스러운 순간은 없었다. 방과 테이블을 배치하고 난 후에 그는 층계를 올라가서 소장인 스튜어트의 사무실로 올라갈 수 있었다.

다음 4년 동안 그는 스튜어트와 함께 일했다. 그날 밤 링컨이 웹스터 사전 지면에 "변호사요 법률 고문인 링컨"이라고 쓸 때 얼마나 감개가 무량했을까!

링컨은 블랙 스토운과 치티에게서 가르침을 받았기 때문에 법률의 기본 원리를 알고 있었으며 훌륭한 지력과 사실들을 배열할 수 있는 능력, 이성적인 힘과 상식, 그리고 뛰어난 인품, 능숙한 재치와 말재주, 웅변술 덕택에 스튜어트의 보조자로서 손색이 없었다.

무엇보다도 바람직한 일은 두 사람이 서로 존경한다는 것이다. 그들은 다른 방향에서 서로 상대방의 부족한 점을 보충해 주었다. 그러나 링컨은 경험이 없는 나이 어린 동역자였다. 여러 면에서 아직 그는 변호사의 서기보다 나을 것이 없었다.

처음에 그는 공동 사무실 운영을 맡았으며 문서들을 복사하고 편지와 소장들을 준비하고 회계 장부를 정리하였으며 독서를 했다. 그는 정치, 문학, 철학, 과학 서적들을 탐독했다. 그러나 무엇보다도 그는 "법률 서적"을 읽었다. "법률 서적"을 읽는 과정에 대해 그는 이렇게 말했다.

나는 늘 "실증하다"라는 말 때문에 고심했다. 나는 처음에는 그 말의 뜻을 이해했다고 생각했다. 그러나 곧 그렇지 못하다는 것을 알게 되었다. 나는 속으로 중얼거렸다. "내가 증거를 대거나 이유를 댈 때보다 실증을 할 때 무슨 일을 해야 할 것인가?" 나는 웹스터 사전을 찾아보았다. 거기에는 "어떤 증거," "의심할 여지가 없는 증거"라고 되어 있었다. 나는 위대한 많은 일들이 내가 "실증"이라고 이해한 이런 예외적인 추론 과정에 응하지 않고 의심의 가능성을 넘어 입증된다고 생각했다. 나는 모든 사전과 참고서적들을 찾아보았지만 더 나은 결론은 얻을 수가 없었다. 그것은 장님에게 "푸른색"에 대해 정의하는 것과 같은 일이었을 것이다. 마침내 나는 말했다. "링컨, 네가 "실증하다"라는 말의 뜻을 이해하지 못한다면 넌 법률가라고 할 수 없어." 그래서 나는 스프링필드를 떠나서 아버지의 집으로 가서 유클리트의 여섯 권의 책에서 명제를 발견할 때까지 그 곳에 머물렀다. 거기에서 나는 '실증하다'라는 말의 의미를 찾아내고는 법률 사무소로 돌아왔다.

링컨은 공개 연설, 논쟁, 그리고 문학적 노력을 고무하기 위한 젊은이들의 모임에 가담했다. 그들은 조슈아 스피드의 상점에서 모임을 가졌다. 또한 그는 공식 모임을 가진 젊은이들의 토론회에도 가담했다. 그는 공개 연설을 하거나 공식 연설의 기술에 관하여 더 많은 것을 배울 기회를 결코 놓치지 않았다.

링컨은 스튜어트가 의회 선거 운동으로 분주하여 사건을 그에게 의뢰하였을 때 처음으로 소송을 맡았다. 그 사건을 맡고 그는 최선을 다하려고 애를 썼다. 그 사건은 호오도온 대 울브릿지 사건이었는데, 그들은 두 마리의 황소를 풀어 대초원을 망가뜨리고 서로 구타하여 고소와 맞고소로 맞섰다. 그러나 링컨은 두 사람을 화해시켰기 때문에 그 사건을 법정으로 끌고 갈 필요가 없었다.

그러나 그 후 곧이어 그는 몇몇 사건들을 의뢰받고 그 사건들을 처리하기 위해 법정으로 갔다. 그는 이 사건들을 훌륭히 처리했다. 그는 옳다고 생각하는 사람의 편을 들었으며 선례보다는 오히려 원칙에 입각해서 사건을 심리했다. 그는 정의의 확고한 기초 위에서 논증을 했으며 참과 거짓, 저의와 불의를 구별할 수 있는 배심원들의 능력에 호소했다. 그는 실증할 때 서민들의 언어를 사용했다. 그는 유창하게 변호를 했으며 젊은 변호사로서 그의 인기는 날로 더해 갔다. 순회지에서 뿐만 아니라 스프링필드에서도 그에게 사건을 의뢰하는 사람들이 점점 많아졌다. 그래서 마침내 스튜어트와 링컨은 생가몬 지역 순회 법정에서 가장 유명한 변호사로 이름을 날리게 되었다.

또 다시 링컨은 사랑과 결혼을 심각하게 고려해야만 하는 상황에 처하게 되었다.

1836년 가을, 켄터키를 방문할 예정이었던 뉴 살렘의 아벨 부인은 링컨이 결혼하겠다면 자기 동생 매리 오웬스 양을 데리고 오겠다고 농담 비슷하게 청혼을 했다. 링컨은 그렇게 되기를 바라면서 그 청혼을 수락했으며 그의 말을 빌자면, 몹시 희망에 부풀어 있었다. 고 한다. 그는 3년 전에 그 여자를 본 적이 있으며 그녀가 지적이고 인상이 좋았으므로 그녀를 인생의 반려로 맞이하는 것을 구태여 반대할 이유가 없었기 때문이었다.

그 부인은 여행을 떠났다가 때가 되어 동생 오웬스 양을 데리고 돌아왔다. 링컨이 그녀를 만났을 때 그녀는 약간 변한 듯했다. 특히 전보다 살이 더 쪘으며(실제로 그 당시 그녀의 몸무게는 150파운드나 나갔다), 그는 그녀가 전만큼 예쁘지 못하다고 생각했다. 그러나 그는 이렇게 말했다. "나는 그녀를 아내감으로 여기기로 결심했으며 그녀에게서 결함보다는 좋은 점을 찾기로 했다. 그녀가 불행히도 비만이었지만 나는 그녀의 아름다운 모습을 상상하고자 했다. 살이 찌지만 않았다면 그녀는 내가 지금까지 본 그 어떤 여자보다도 아리따운 여자였다. 나는 또 외모보다는 마음씨를 더 소중하게 여기고 내가 만난 그 어느 여자보다도 그녀가 부족하지 않다고 나 자신을 설득하고자 했다."

수 개월 동안 오웬스 양과 링컨은 약혼한 것과 다름없는 상태에 있었다. 그리고 스프링필드에 있는 동안 그는 미래의 보금자리를 꾸밀 생각을 하는 대신 실제적으로든, 상상에 의해서든" 지금까지 누구에게도 속박을 당해 본 적이 없었다는 사실을 곰곰이 생각했으며 자기의 월급만으로는 스프링필드에서 가정을 꾸리기가 어렵다는 생각이 들었다. 그래서 자신이 없다는 생각이 드는 어느 순간에 그는 그녀에게 편지를 썼다.

친애하는 메리, 나는 당신이 스프링필드에 와서 사는 것에 대해 이야기했던 일을 자주 생각하곤 합니다.

나는 당신이 이곳 생활에 만족하지 않을까봐 걱정이 되는군요. 이곳에는 마차들이 많은데 당신은 그것을 타지 못하고 구경만 하는 신세가 될 수도 있습니다. 또 당신은 당신의 가난을 감출길이 없어 비참함을 느낄 수도 있어요. 당신은 그런 일을 잘 견뎌낼 수 있으리라고 믿는지요? 어느 여자든 나 같은 사람에게 자기 운명을 맡기는 여자는 그렇게 살 수밖에 없습니다. 나는 아내에게 행복과 만족을 가져다 주기 위해 최선의 노력을 다할 것입니다. 내가 노력했는데도 당신이 불행해진다면 그보다 더 나를 불행하게 하는 일은 없을 것입니다. 당신이 불만족해하지 않는다면 나 혼자 있는 것보다 당신과 함께 있는 것이 훨씬 행복하겠지요. 당신이 내게 했던 말이 농담이었을 수도 있겠고 또 나의 오해였을 수도 있겠지요. 그렇다면 그 말을 잊어버리겠습니다. 그러나 그렇지 않다면 결정을 내리기 전에 좀더 신중하게 생각하는 것이 좋겠습니다. 나는 이미 결정을 내렸습니다. 나는 당신의 결정에 적극적으로 따르겠습니다. 나는 당신이 나를 만나지 않았더라면 더 낫지 않았을까 하는 생각이 듭니다. 당신은 고생을 해보지 않았으며 우리의 상황은 당신이 지금 상상하고 있는 것보다 더 나쁠 수도 있습니다. 나는 당신이 이 문제를 냉정하게 생각할 수 있으리라고 믿습니다. 그리고 당신이 결정을 내리기 전에 이 문제를 신중하게 생각한다면 난 당신의 결정에 기꺼이 따르겠습니다.

그들의 관계에 관한 이 이상하고 냉정한 견해는 아무런 결정도 유발하지 못한 것 같다. 약 삼 개월 후에 링컨은 자신이 그녀를 냉담하게 생각하지 않으며 어쨌든 옳은 일을 하기를, 무엇보다도 특히, 당신과 함께 옳은 일을 하기를 바란다고 썼다.

당신이 이 문제를 접어두고 영원히 나를 기억 속에서 지워버리고 이 편지에 답장을 하지 않는다 하여도 나는 불평을 않겠소. 그리고 그렇게 하는 것이 당신에게 위로가 되고 마음을 편안하게 해준다면 원하는 대로 하십시오. 내가 이렇게 말한 것을 가지고 내가 당신을 버리려고 하는 수작이라고 오해는 하지 마십시오.

난 그런 뜻으로 한 말이 아닙니다. 내가 진정으로 원하는 것은 앞으로 당신이 원하는 바에 따라서 우리의 관계를 정립하려는 것입니다. 앞으로 우리가 만나는 것이 당신의 행복에 도움이 안된다면 나는 정말 그러고 싶지 않습니다. 당신이 내게 구속감을 느낀다면 당신이 원할 경우, 얼마든지 풀어줄 용의가 있습니다. 내가 당신을 붙잡음으로써 당신이 더 행복해질 수만 있다면 난 당신을 더 세게 붙잡고 싶은 심정입니다. 내게 있어서는 이것이 문제입니다. 당신이 비참하다고 생각되는 것보다 나를 더 비참하게 만드는 것은 없으며 당신이 행복하다는 것을 알 때 보다 내게 더 큰 행복은 없습니다.

오웬스 양은 이 구애가 무관심에서 나온 것이라는 것쯤은 알 만큼 분별력 있는 여자였다. 그래서 그녀는 링컨의 청혼을 거절했다. 후에 그녀는 "여성의 행복이라는 사슬을 이어주는 이 작은 고리들에 결함이 있는 것으로 느꼈다"고 설명했다. 링컨은 "나는 굴욕을 느꼈고 …… 내 허영심은 깊은 상처를 받았다."고 말했다. 그는 다시 법률 공부와 변호사로서의 일에만 전념하게 되었다. 1837년 8월 링컨은 여섯 명의 다른 변호사들과 두 명의 의사들과 함께 스프링필드에서 온 악대 마차를 타고 스프링필드에서 서쪽으로 6마일 떨어진 "살렘 교회"에서 개최된 야외 집회에 참석했다. 가는 도중에 링컨은 말, 마차, 변호사, 의사 등 거의 모든 것에 대해 농담을 했다. 야외 집회에서 그 당시 위대한 설교가였던 피터 에이커스 목사님은 "예수 그리스도의 통치"에 관해 설교를 했다. 그 설교의 목적은 미국의 노예 제도가 내란에 의해 마침내 무너지게 될 때까지 그리스도의 통치가 미국에 임할 수 없음을 보여주는 데 있었다. 설교자는 두 시간 이상 자신의 논증을 피력했고 장차 임할 내전을 사실적으로 묘사했다. "나는 선지자도, 선지자의 아들도 아닙니다." 그가 말했다. "그러나 나는 선지자들의 제자입니다. 내가 예언을 하건대, 미국의 노예제도는 조만간 끝날 것입니다. 나는 60년대에 끝날 것으로 생각합니다."

설교가 막바지에 이르렀을 때 그는 목소리를 높였다. "그 내전 때 우리를 인도할 사람이 이 자리에 있다고 누가 감히 말할 수 있겠습니까!" 삼십 피이트도 떨어지지 않은 곳에서 링컨은 목사님의 말에 심취해서 듣고 서 있었다.

그 날 밤 스프링필드로 돌아오는 길에 링컨은 아무 말도 하지 않았다. 얼마 후에 친구인 의사가 물었다. "링컨, 자넨 그 설교에 대해 어떻게 생각하나?" 잠시 후 링컨이 대답했다. "그건 매우 시사점이 많은 설교였네. 나는 지금까지 그렇게 감명 깊은 설교는 들은 적이 없네. 나는 지금까지 죽을 수밖에 없는 인간에게 그렇게 막강한 능력이 주어질 수 있으리라고는 생각지 않았네. 그 말은 설교자 자신의 말이 아니었다고 생각되네. 그 목사님은 미국의 노예제도가 내전으로 끝나게 되리라고 날 설득했지." 그러고 나서 그는 잠시 아무 말도 하지 않았다.

마침내 엄숙한 말이 그에게서 나오기 시작했다. "신사 여러분, 여러분은 놀라고 이상하게 생각할 것입니다. 그러나 그 목사님이 내전에 대해 묘사하고 계실 때 나는 그 싸움에서 중요한 역할을 맡게 되리라는 생각이 들었습니다." 그래서 어떤 이들은 그가 20년이 지난 뒤에 있을 유혈 사태 곧, 비극으로 끝난 그 전쟁에서의 자신의 역할을 그 당시에도 희미하게나마 예감하고 있었다고 생각했다.

다음날 링컨이 늦게 사무실에 나타나자 그의 동료는 그를 쳐다보지도 않고 말했다. "링컨, 자넨 얼마나 기다린 줄 아나?" 그러고 나서 그는 링컨의 초췌한 얼굴을 보고 소리쳤다. "왜 그러나 링컨, 무슨 일이야?" 링컨은 그 설교에 대해 이야기해 주었다. 그러고 나서 말했다. "난 이 비극적인 사건에 연루되리라는 확신을 떨쳐버릴 수가 없어요."

이러한 일을 겪은 이후로 법률을 공부하고 변호사 일을 보는 링컨의 태도는 눈에 띄게 달라졌다. 그는 공부에 더 몰두하게 되었고 스프링필드와 순회 도시에서 만난 그의 동료들은 그가 변했다는 것을 알았다.

순회 도시들에서 재판이 끝나면 변호사들은 대체로 선술집 베란다에 모여 서로 여러 가지 이야기와 잡담을 나눴다. 링컨은 종종 그들의 대화 모임에 참석했다가도 그들이 웃고 떠드는 사이에 자기 방으로 돌아가 공부에 몰두했다. 그는 자주 밤늦도록 공부에 열중했다. 헤른돈이 말했다. "양초를 침대 머리맡 의자에 놓아두고 그는 몇 시간이고 공부를 했다.

나는 새벽 두 시까지 그가 그 자리에서 공부하는 것을 본 적이 있다."

노예폐지 운동은 평범한 항거뿐만 아니라 방화, 살인, 극단적인 폭력을 일삼는 오합지졸들의 폭행을 수반했다.

특히 주목할 만한 것은 스프링필드에서 60마일밖에 떨어지지 않은 앨튼에서 일어난 비극적인 사건이었다. 장로교 목사요 세인트 루이스 지방에서 발행하는 한 신문의 편집장이었던 엘리야 러브조이가 앨튼으로 이주해 왔으며 그 곳에서는 그가 노예폐지론자들의 신문을 발간하리라는 발표가 이미 있었다. 그의 인쇄기는 주일에 도착했다. 그러나 그 날밤 누군가에 의해 그 인쇄기는 미시시피 강에 던져졌다. 친구들이 다시 그에게 인쇄기를 사주었지만 이번에도 폭도들은 그것을 강물에 던져버렸다. 그가 노예제도 반대 단체를 조직하고 난 후에 친구들은 다시 그에게 인쇄기를 사주었다.

오하이오의 노예폐지론자들이 그에게 또다시 인쇄기를 보낸다는 소식이 들렸다. 그것은 도착하여 창고로 보내졌다. 창고 주인인 길만 씨는 자기가 밤새도록 그것을 지키겠다고 선언했다. 편집장인 러브조이를 포함한 19명의 친구들이 그와 합류했다. 밤 10시경 노예제도 옹호자들이 창고로 몰려갔다. 그리고 인쇄기를 내어줄 것을 요구했다. 그들이 말을 듣지 않자, 그 폭도들은 창고에 불을 지르겠다고 위협했다. 사다리가 건물 맞은 편에 놓이고 한 사람이 불을 지르기 위해 그 사다리를 올라가기 시작했다. 폭도들은 안에 있는 사람들에게 밖으로 나오면 창고에 불을 지르지 않겠다고 말했다.

일라이저 러브조이와 다른 두 사람이 그들의 말을 듣고 밖으로 나오자 폭도가 5연발 총을 그에게 쏘았다. 총을 맞은 그는 가까스로 사무실로 올라가서 거기서 숨을 거두었다. 회중교회 목사인 오웬 러브조이는 무덤에 무릎을 꿇고 맹세했다. "내 형제의 피와 더불어 뿌려진 이 주의 주장을 결코 져버리지 않겠다."

링컨은 이 소식을 듣고 연설문을 썼다. "우리 정치 제도의 영속성." 그는 앨톤의 폭동이 있은지 11주만에 스프링필드의 청년 토론회에서 많은 청중들 앞에서 이러한 제목으로 연설을 했다. 폭도들의 위험과 사악함 그리고 법과 질서의 가치와 필요성을 주제로 택한 그는 독립 운동에 헌신한 우리의 선조들의 죽음과 굴욕을 무릅쓰고 획득한 인간의 자유를 지금 사람들이 위반하고 있다고 지적하면서 이렇게 말했다.

악한 무리들이 모이고, 교회를 방화하며 식품점을 약탈하고 인쇄기를 강물에 던져버리고 편집자들을 총으로 쏘고 목을 매달고 불에 태워죽이고도 무사하다면 이런 자들에게 의존하고 있는 정부는 오래 존속할 수 없습니다.

그는 "미국인의 꿈에 대한 애호와 개인의 자유, 그리고 개인의 책임에 근거한 매우 고귀한 사상"을 다루었다. 그는 노예폐지론자들까지도 자기 의견을 피력할 수 있는 자유로운 토론의 허용에 대해 말했으며 폭민정치의 간섭은 필요하지도 않을 뿐더러 정당화되거나 용납될 수 없다고 말했다. "폭민 정치로 제거되어야 할 불평이란 존재하지 않습니다." 법과 질서에 대한 그의 탄원은 청중들에게 깊은 감명을 주었기 때문에 그 연설은 생가몬 신문에 실리게 되었다. 이런 식으로 에이브러햄 링컨은 여론을 만들고 미국의 현상황에서 곧 닥치게 될, 노예제도 찬성론자들과 반대론자들의 사상과 활동의 방향을 제시하기 시작했다.

"지혜를 얻는 자는 자기 영혼을 사랑하고 명철을 지키는 자는 복을 얻느니라". (잠19:8) 찬송 340장

5
메리 토드와 결혼

일리노이 주의 전 주지사의 총명한 아들 니니안 에드워드는 링컨의 가까운 친구이자 동료 의원이었다. 그의 아내는 렉싱턴에 있는 켄터키 은행장인 로버트 스미드 토드의 딸이었다. 그들의 이층 집은 스프링필드에서 가장 크고 멋진 집이었다. 그 곳은 특별한 행사 때에 사교모임 장소로 이용되곤 했다. 에드워드 여사의 동생이요 링컨과 함께 변호사 개업을 한 토드 스튜어트의 사촌인 메리 토드 양이 이 집에 왔다. 2년 전에도 그녀는 이 곳을 방문한 적이 있었다. 지금 그녀는 21살이었으며 켄터키에 있는 의붓어머니와 의견이 맞지 않아 스프링필드에서 머물러 온 것이다. 링컨은 그 동안 에드워드 부부와 스튜어트를 통해 그녀에 관한 이야기를 들었음에 틀림없다. 그녀도 링컨의 이상하고 매우 이례적인 인품에 관한 이야기를 들었다.

그들은 1839년 12월 스프링필드의 미국인 집에서 정성스럽게 마련된 파티에서 처음 만났다. 스프링필드의 사교 모임에서 많은 숙녀들이 유쾌하게 놀고 있었고 스티븐 더글라스, 제임스 쉴드 같은 저명 인사들과 다른 유명한 젊은이들도 그곳에 있었다. 그러나 어떤 이유에서인지 다른 사람에게는 관심이 없던 메리와 에이브는 이상하게도 서로에게 끌렸다.

그들은 그 후 몇 달 동안 모임에서 자주 만나곤 했다.

독특한 유산을 물려받고 렉싱턴의 문화적인 분위기에서 자란 메리 토드는 사립학교와 마담 멘텔이 설립한 귀족학교에서 교육을 받았다. 그곳에서 그녀는 프랑스어와 음악, 무용, 드라마, 그리고 다른 교양 과목들을 배웠다. 그녀는 밝은 갈색 머리에 푸른 눈을 반짝이며 깨끗한 피부를 지니고 인상이 좋은 예쁜 숙녀였다. 그녀는 멋쟁이였으며 지적이고 위트가 넘치며 독서를 많이 하였고 그 당시의 사건들에 대해 많이 알고 있었다. 그녀는 앤 러렛지만큼 아름답고 메리 오웬스처럼 마음씨가 착했다. 그녀의 웃음이 보는 이들의 기분을 흡족하게 해주었지만 충동적이었고 때때로 성급하게 굴었다. 링컨에게 있어서 그녀는 처음으로 그의 길을 가로막은 적극적인 여성이었다. 그는 금방 그녀를 붙잡았다.

메리가 링컨에게 끌린 것은 그의 인품과 정치적인 명민함 그리고 위대한 인물이 되고자 하는 그의 야심 때문이었다. 그녀의 이런 생각은 어느 날 저녁 난로가에서 한 대화에서 잘 나타난다. 몇 년 전 부자와 결혼한 한 젊은 여자는 "왜 늙은 사람과 결혼했느냐"는 질문을 받고 "그는 집도 많고 금도 많기 때문이라"고 대답했다. 그 말을 듣고 놀라서 입을 벌리고 메리 토드가 말했다. "그게 정말이세요? 나라면 집이나 돈이 많은 남자보다는 마음씨가 착하고 장래성이 있는 남자하고 결혼할 텐데요"

1840년 어느 날인가 링컨과 메리 토드는 결혼을 약속했다. 사회적인 배경이 너무 달라서 서로 짝이 맞지 않는다는 말을 듣고 그녀는 자기 마음은 자기가 아는 것이라고 말했다. 그녀는 링컨이 장래성이 있으며 지금까지 만나본 사람 중에 가장 마음에 든다고 대답했다. 링컨은 그녀에게 매료되었지만 그들의 애정 관계가 순탄하지만은 않았다. 제8순회 재판소가 있는 여러 도시들에서 변론을 해야 하는 그로서는 말을 타고 여행하느라 집을 자주 비우지 않을 수 없었다. 그녀는 쓸쓸했으며 질투로 불타올랐기 때문에 만나면 생각했던 것과는 달리 그와 기분 좋게 대화를 나눌 수가 없었다.

링컨은 그녀와 과연 결혼을 해야 할 것인지 망설여지고 자연히 기분도 우울해졌다. 그래서 마침내 그는 그녀에게 헤어지자는 내용의 편지를 썼다. 그리고 나서 그는 그 편지를 친구 스피드에게 보여주었다. 스피드는 그 편지를 불에 집어넣으면서 이런 감정은 편지로 전해서는 안되고 기록해 두었다가 후에 말로 전하라는 취지로 말했다. 링컨은 에드워드의 집으로 가서 메리에게 편지에 적었던 내용을 말해주었다. 그 말을 듣고 메리가 눈물을 흘리자 링컨은 그녀를 감싸안고 그녀에게 입을 맞추고 그들의 관계는 계속되었다.

결혼날은 1841년 새해 첫날로 잡혔다. 그러나 링컨은 곧 비참한 기분이 들었다. 그는 그녀의 눈물에 굴복하고 "여자의 슬픔에 찬 호소를 뿌리칠 수가 없어서 이성적인 결정을 희생시켰다."는 생각이 들었다. 메리 토드는 그가 제 정신이 아닌 것을 보았으며 그가 회복이 될 때까지는 그들 사이에 결코 정상적일 수 없다는 것을 느꼈다. 결혼식 날이 되었지만 결혼식은 한낱 꿈에 불과했다. 링컨이 나타나지 않은 것이다. 스프링필드에는 링컨이 메리 토드를 버렸다는 소문이 파다하게 퍼졌다. 결혼이 파탄났지만 두 사람은 아무런 해명도 하지 않았다.

두 주 후, 링컨은 병이 들어 자리에 눕고 말았다. 스피드와 헨리 박사만이 그를 면회했다. 그리고 나서 일주일 후 그는 어느 정도 원기를 회복하고 자리에서 일어나 조금씩 몸을 움직일 정도는 되었지만 얼굴이 꺼칠하고 목소리에도 힘이 없었다. 그를 치료한 의사 헨리는 환경을 바꾸고 현재의 주변 환경과 완전히 단절하라고 충고했다.

그래서 그는 워싱턴에 있는 그의 동업자 존 스튜어트 의원에게 자기가 계속해서 일을 할 수 없다는 내용의 편지를 썼다. 그는 스튜어트에게 주의 새로운 내무부장을 만나보라고 말하고 자신을 영사로 임명해 달라고 요청했다. 그러나 스튜어트는 영사관에 자리를 얻는 데 실패했다.

1841년 초에 조슈아 스피드가 스프링필드의 상점을 팔고 켄터키에 있는 가족들에게로 돌아갔다. 8월에 링컨은 그를 방문하여 루이스빌 근처에 있는 스피드의 큰 저택에서 삼 주간을 쉬었다. 거기서 그가 가장 사랑하는 친구와 함께 있으면서 충고도 듣고 후에 스피드와 결혼한 젊은 여인 화니 헨닝도 만났다. 무엇보다도 경건한 그리스도인인 스피드의 어머니 스피드 여사는 그와 이야기를 나누며 그를 친자식처럼 돌봐주었고 그에게 옥스퍼드 성경을 선물했다.

스프링필드로 돌아오는 길에 링컨은 주의회 회의에 참석했고 법정에서 몇 가지 사건들을 맡아서 처리했으며 거의 일년 내내 갈등에 사로잡혀 지냈다. 인생에서 가장 불행한 일을 경험한 그는 인생에서 가장 값진 교훈을 얻었다. 즉, 익명의 편지를 써서는 안된다는 것, 항상 신중해야한다는 것, 말이나 편지로 개인적인 상처를 입혀서는 안된다는 것이 그것이다. 친구들에게 보낸 편지들에서 발췌한 내용을 가지고 살펴볼 때 그는 메리 토드와의 연애 사건 중에서 그 마지막 장면을 기록하지 않았음을 알 수 있다.

스피드가 화니 헨닝과 결혼하고 나서 한 달 후에 링컨에게 결혼 생활이 그가 기대했던 것보다 훨씬 행복하다는 내용의 편지를 써 보냈다. 그 편지를 받고 링컨은 이렇게 답장을 써보냈다.

'기대했던 것보다 훨씬 행복하다' 는 말을 듣고 얼마나 기쁜지 모르겠네. 나도 그 정도는 충분히 알고 있네. 난 자네를 너무 잘 알기 때문에 자네가 과장을 하고 있다고는 생각하지 않네. 실제로 그렇다면 하나님께 정말 감사할 일이지. 솔직히 말해서 1841년 그 운명적인 1월 1일 이후로 지금까지 자네의 그 편지보다 나를 더 기쁘게 한 것은 없었다네. 그 이후로 나는 행복해져야 한다고 생각했지만 나 때문에 불행해진 여인에 대한 생각이 아직도 내 영혼을 죽이고 있네. 난 그 여인이 행복해지기를 바라기 때문에 나를 꾸짖을 수밖에 없네. 그녀는 지난 월요일 여러 명의 사람들과 함께 잭슨빌로 가는 열차를 탔다네. 나는 그녀가 즐거운 여행을 마치고 돌아오는 중이라는 소식을 들었네. 그녀가 다시금 즐거움을 되찾을 수 있도록 인도해 주신 하나님께 찬양을 드리네.

스프링필드의 6번가와 잭슨가에 있는 링컨의 집과 주방 모습

1841년 6월 메리는 친구인 머시레버링에게 편지를 썼다. 그녀는 그 편지에서 링컨과의 관계가 끝나기만을 바라며 링컨과의 과거는 전부 묻어 버리고 싶다고 말했다.

  지난 삼 개월이 내게는 끝이 없는 것 같았어. 지난 겨울 친구들과 헤어지고 난 후 난 내 생각과 과거에 대한 회한 때문에 몹시 괴로웠단다. 시간이 지나면 그런 것들은 잊혀지겠지. 나는 봄을 이렇게 보내고 말았단다. 아름다운 여름이 다시 왔고 대초원은 우리가 함께 만나 산책을 하고 행복을 추구하던 그때처럼 아름답게 보이는 구나.

메리의 친구들과 링컨의 친구들은 두 사람을 화해시키려고 애를 썼다. 늦여름에 생가몬 신문의 편집장의 아내인 시므온 프랜시스 부인은 자기 집 거실에서 개최하는 파티에 링컨을 초대했다. 메리 토드도 손님 중에 끼어 있었다. 그날 저녁 프랜시스 부인은 두 사람을 화해시키면서 말했다. "다시 친구가 되세요." 링컨은 속으로 주저했지만 어쨌든 두 사람은 다시 친구가 된 것을 즐거워했다. 그 이후 그들은 다른 모임에도 함께 참석했으며 메리 토드는 결혼 날짜를 다시 잡는다면 전과 같은 식으로 해서는 안된다고 못을 박았다. 그 말에 링컨도 동의했다.

　10월 초 링컨은 스피드에게 편지를 썼다. "나는 지금 자네에게 결혼에 대한 자네의 견해뿐만 아니라 자네가 결혼 생활에 대해 어떻게 생각하는지 묻고 싶네. 이런 질문을 한다는 것이 나로서는 염치없는 일이지만 난 자네가 이런 날 용서해 주리라고 믿네. 속히 회답을 보내주게. 난 지금 몹시 그 대답이 궁금하다네." 스피드는 링컨에게 이성적으로나 감정적으로나 자신이 결혼하기를 잘했다고 생각한다고 편지를 썼다.

　두 세 주일 후인 1842년 11월 4일 아침 약간 상기된 표정으로 링컨이 8번가와 잭슨가의 모퉁이에 있는 차알스 드렛서 목사님의 집 계단을 올라가고 있었다. 드렛서 박사는 그를 안으로 맞이하고 그에게서 "전 오늘밤에 결혼하고 싶다."는 중대 발표를 들었다.

　이 두 남녀는 목사관에서 조촐하게 결혼식을 치를 계획을 하고 있었다. 그러나 거리에서 링컨은 니니안 에드워즈를 만나 메리와 그 날 밤에 결혼할 예정이라고 말했다. 그러자 에드워즈가 말했다. "메리는 내 피후견인이니 내 집에서 결혼식을 올려야 하네." 에드워즈가 메리 토드에게 자기가 들은 말이 사실이냐고 묻자 그녀는 그렇다고 대답했고 그들은 에드워즈의 큰 집에서 식을 올릴 준비를 했다.

　공표한 지 얼마되지 않았지만 그들이 결혼한다는 소식은 널리 퍼졌다. 링컨과 메리 토드는 에드워즈의 응접실에 함께 섰고 차알스 드렛서 목사님은 예복을 갖춰 입고 결혼 예배를 집례했다.

　그 곳에는 신랑 신부와 40명의 하객들이 있었으며 멋진 피로연도 베풀어졌다. 결혼식을 마치고나서 5일 후 그는 샤우니톤의 변호사로 일하고 있는 샘 마샬에게 보내는 편지를 다음과 같은 말로 끝냈다. "내가 결혼한 것을 빼고는 이곳에 새로운 소식이라고는 없네. 내게 결혼은 경사였네."

　그 때 에이브의 나이는 33살이었고 메리는 23살이었다. 그들의 첫 번째 집은 글로브 태버른에 있었다. 그 집은 벡이라는 과부가 관리를 잘한 수수한 판자집이었다. 그들의 방은 전에 윌리암 웨일즈 박사가 살던 곳이었고 방과 판자값은 각각 매주 4달러씩이었다. 이곳에서 그들은 1843년 8월 1일 그들의 첫째 아들 로버트가 태어날 때까지 살았다. 그리고 나서 5개월 후 링컨의 변호사 사무실에서 들어오는 수입이 많아지자 링컨은 드렛서 박사의 1층에 다락이 있는 집을 샀다. 그 곳은 그가 "결혼하겠다"는 자신의 포부를 밝힌 곳이었다. 그 집은 옅은 갈색 페인트 칠이 되어 있었고 뒤뜰에 물탱크와 우물, 펌프, 헛간, 그리고 마차 곳간이 완벽하게 갖추어져 있었다.

에이브는 말을 한 필 샀으며 경마차를 조립하기 위해 마을의 대장장이를 고용했고 암소를 샀으며 헛간에 손수 마굿간을 지었다.

이 젊은 부부는 이 집에 만족했다. 다만 메리는 이 집을 완전한 2층집으로 짓고 싶어했다. 그녀는 켄터키의 유능한 모든 사람들은 2층집에서 산다고 말했다. 에이브는 집을 증축하는 것에 대해 동의했지만 메리가 증축해야 한다고 생각하는 것보다 그 일을 더 연기했다. 그래서 그가 몇 주 동안 순회 변론 때문에 집을 비운 어느 날 메리는 이웃에 살고 있는 유능한 목수와 짜고 지붕을 올리고 2층을 들였다.

에이브가 돌아왔을 때 그는 놀라서 2층집을 바라보고 지나가는 사람에게 링컨 집이 어디냐고 물어보았다. 그러자 그 사람이 그의 집을 가리켰다. 에이브는 천천히 돌아가서 문에 노크를 했다. 메리는 창문을 통해서 이 모든 것을 지켜보았다. 그녀가 문을 열고 에이브가 이것이 링컨의 집이냐고 묻자 그녀는 그에게 자기 소개를 해야만 안으로 들어올 수 있다고 말했다. 링컨은 1861년 2월 대통령이 되어 워싱턴으로 갈 때까지 17년간 이 집에서 살았다. 로버트를 제외한 그의 네 자녀 모두 이곳에서 태어났다.

"사랑엔 거짓이 없나니 악을 미워하고 선에 속하라". (롬12:9) 찬송 305장

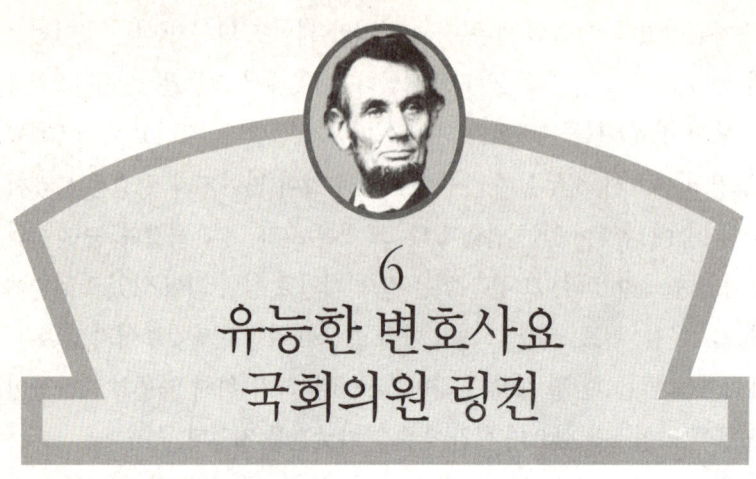

6
유능한 변호사요
국회의원 링컨

결혼을 하고 평생 처음으로 소유한 집으로 이사하고 난 후, 링컨은 변호사로서 가장 즐거운 시간을 보냈으며 더욱 열심히 연구에 몰두하고 인생과 법, 그리고 신앙과 정치에 대해 더욱 깊이 있게 이해하게 되었다.

많은 사람들은 링컨과 메리 토드의 결혼을 "정치적인 결합"이라고 불렀다. 결혼을 통해서 그는 사회적인 명성을 얻고 그녀는 공식적인 저명함을 얻었기 때문이다. 물론 그들의 결혼을 이런 식으로 못박는 것은 지나치게 단순화한 것이다. 그들은 서로를 보충해 주었으며 결혼은 특히 그의 인생에 특별한 공헌을 했다. 링컨에게 가정과 가족 그리고 가정에 대한 책임이 있다는 사실은 그의 인생을 성장시켜 준 중대한 요소였다.

룻 랜달 여사는 말한다. "스프링필드 8가에 있는 그 집은 서로를 깊이 신뢰하는 남편과 아내와 자녀들이 있는 전형적인 행복한 미국인 가정이었다. 다른 가정과 마찬가지로 그 가정에도 기쁜 일도 있었고 슬픈 일도 있었다. 링컨 부인은 자주 편두통을 앓았고 가끔씩 정서적으로 불안하기도 했다. 로버트는 한쪽 눈이 사시였고, 테드는 혀가 짧았으며, 어린 시절에 병치레를 자주 했다. 그러나 링컨이 일을 마치고 법률 사무소에서 집으로 돌아올 때면 대체로 윌리와 테드가 그를 맞았다. 그들은 그를 만나러 거리로 뛰어 내려와서 집에 올 때까지 그의 긴 코트 자락을 잡고 매달렸다. 저녁 식사 후, 그가 그들에게 이야기를 들려주거나 수건 돌리기를 할 때면 그들은 모두 그의 무릎에 올라앉았다. 그의 나날은 소도시에서의 행복한 날의 연속이었다. 링컨 부부 주변에는 유익한 친구들이 많이 있었고 훌륭한 이웃들도 많이 있었다."

링컨은 아이들을 데리고 산책을 하면서 그들에게 동물의 냄새와 자국, 작은 돌, 혹은 그들이 주변에서 볼 수 있는 그런 것들에 대해 설명해 주었다. 때때로 그는 자기 아이들과 이웃집 아이들을 경마차에 태워 낚시를 하거나 바람을 쐬러 생가몬 강으로 나가곤 했다. 그 도시에 서커스가 들어왔을 때 그는 아이들을 데리고 구경을 하기도 했다. 링컨 부인은 아이들의 생일 파티를 열었으며 집을 넓힌 후에는 큰 연회를 베풀었다. 링컨의 가정 생활은 그로 하여금 인내심을 갖고 사람들을 "한 가족"처럼 생각할 수 있도록 도와 주었다.

링컨은 존 토드 스튜어트와 동업하는 동안 법과 정치 분야에서 명성을 날리게 되었다. 스프링필드와 다른 곳에서 그는 "천성이 고귀한 사람"으로 알려졌다. 그러나 그는 아직도 다른 사람의 사무실에서 변호사 일을 하고 있으며 정치 분야에서도 그는 그가 살고 있는 지역과 지방 사람들에게만 깊은 인상을 줄 수 있었다. 그가 가야 할 길은 아직 멀고도 험했다.

스튜어트는 그 주에서 가장 유능한 변호사들 중의 한 사람이었으므로 링컨은 1837년부터 1841년까지 그와 함께 변호사 일을 하면서 그에게서 많은 것을 배웠다. 그러나 스튜어트가 특히 의회 의원에 재선된 후 스프링필드를 오랫동안 떠나 있었기 때문에 그들의 동업 관계는 계속될 수 없었다. 그래서 그들은 동의하에 각자 자기 길을 갔으며 생가몬 신문은 스튜어트와 링컨이 서로 갈라섰다는 공고문을 실었다.

그 당시 가장 위대한 변호사 가운데 한 사람이요 법학과 법철학의 권위자 중의 한사람인 스티븐 로간은 링컨이 간결한 문체로 사람들을 설득하는 능력과 그의 솔직성을 눈여겨 보고는 그에게 자기 사무실에 와서 함께 일하자고 제안했다. 자신의 법률 교육이 미비하다고 느끼고 있기 때문에 로간과 같이 노련한 사람의 충고와 지도를 몹시 갈망하던 링컨은 흔쾌히 그 제안을 수락했다. 로간과 링컨이라는 명칭이 붙자 그 명칭을 들은 사람들은 몹시 기뻐했다. 그것은 위대한 결합이었다. 로간은 연사가 아니었지만 조직적이고 근면했으며 꼼꼼했다. 즉, 그는 위대한 변호사의 자질을 다 갖춘 셈이다. 그는 또한 2년간 제5 순회 법정의 재판관으로도 일한 바 있었다. 그는 링컨을 좋아해서 그에게 소송의 기초가 되는 원리들을 더 깊이 있게 연구해서 적용시키는 습관을 들이며 권위있는 책들을 연구하고 소송 사건들을 더 꼼꼼하게 준비하라고 격려해 주었다. 그는 링컨에게 자세한 내용들에 더 깊은 주의를 기울이며 철저하고 정확하게 일을 처리하도록 가르쳤다. 그는 법정에서 논리적이며 명쾌하게 자기 주장을 피력하며 배심원들에게 논증할 때 사건의 요지를 강조하는 훈련을 시켰다.

　로간은 의심할 여지 없이 링컨의 직업 생활을 형성하는 데 가장 건설적인 영향을 준 사람들 가운데 한 사람이었다. 링컨은 로간에게서 배운 것을 잘 활용하고 달변과 위트, 지혜 그리고 성공적인 정치가의 자질을 보임으로써 로간을 기쁘게 했다. 그는 법률 사무소에서 얼마 떨어지지 않은 주립 최고법정 도서관을 자주 출입했다. 그는 독서를 많이 하여 법정에서 행할 변론 준비를 하는 데 필요한 자료들을 입수하곤 했다.

　로간과 링컨의 변호사 사무실은 곧 일리노이 주에서 가장 유능하기로 소문이 났다. 그것은 로간의 능력과 배심원들을 설득하는 링컨의 수완과 그들의 사무실이 생가몬 지역 순회법정과 최고법정, 그리고 연방정부 지방 법원이 있는 주의 수도에 위치해 있었기 때문이었다. 여러 종류의 법률 사건들이 일리노이 주의 각처에서 왔으며 때때로 최고법정에 제출된 대부분의 사건들을 그들이 처리하기도 했다.

　링컨이 결혼한 지 일 년 일 개월이 되는 1841년 12월에는 링컨이 14건의 사건을 의뢰받아 그 중에서 패소한 경우는 네 번뿐이었다. 로간과 링컨은 1842년부터 43년 사이에 24건의 사건을 의뢰받아 그 중에서 7건만 빼고는 모두 승소했다.

로간과 링컨은 도둑질에서 살인에 이르기까지 주법정에서 판결되는 거의 모든 종류의 소송을 맡았다. 1842년 2월에서 1843년 3월까지의 사이에 그들은 77건의 파산 사건을 처리했다. 이 때 그는 돈과 사업이나 장사와 관련된 복잡한 문제들에 대해 많은 것을 배웠다. 링컨이 변론을 맡은 두세 건의 최고법정 사건들은 일리노이의 법률 사상 획기적인 사건이 되었다. 그래블 대 마그래이브의 유혹 사건은 유명했다. 갈라틴 지역 순회법정에서 토마스 마그레이브는 그래블이 자기 딸을 유혹했기 때문에 입은 손상에 대한 손해 배상을 하도록 고소했다. 지방법정은 "딸의 고용 상실과 마그래이브 가족이 당한 수치 그리고 딸의 정신적인 피해"를 이유로 마그래이브에게 300달러를 배상하도록 판결을 내렸다. 그러자 농락자 그래블은 주 최고법정에 항소를 했다.

1841년 9월 마그래이브의 변호사는 링컨에게 주 최고법정에서 마그래이브의 변론을 맡겼다. 링컨은 변론에서 한 편으로는 비열하고 사악하고 이기적인 농락자를 묘사하고 다른 한편으로는 마그래이브 가족이 당한 수치를 묘사했다.

그는 물질적인 보상을 간청했다. 최고법정은 갈라틴 지방법정의 판결을 지지하여 다음과 같이 선고했다. "아버지는 딸의 고용 상실과 필요한 경비의 상실로 인한 손실을 회복해야 하며 또한 배심원들은 가족이 당한 수치와 딸의 정신적인 피해에 대해 피고에게 배상을 청구한다."

링컨의 청원에 따른 이 사건에 대한 최고법정의 규칙은 미래의 수많은 강간 사건의 손해 배상을 산출하는 지침이 되었다.

다른 기념할 만한 법정 사건에서 링컨은 명예 훼손을 당한 메나드 지역 학교 선생인 엘리자 카보트 양의 변호사로 활약했으며 그녀에게 1600달러를 배상하라는 판결을 얻어냈을 뿐만 아니라, 비방자들에게 두려움을 심어주었다.

로간과 링컨의 사무실은 크고 중요한 사건들을 많이 맡았다. 그래서 사람들은 그들을 그 주의 최고 변호사라고 생각했다. 그리고 비록 링컨이 사무실 전체 수입의 삼분의 일만 받았지만 대단히 귀중한 교육과 훈련, 그리고 훈육을 받았으며 그 수입으로 생계를 꾸려가는 데 어려움이 없었다. 그러나 그들이 동업한 지 삼 년이 지난 1844년 여름에 로간 판사는 링컨에게 자기 아들 데이빗에게 업무를 맡기고 싶다고 말했다. 이 무렵 링컨은 독자적으로 개업할 준비가 되어 있었다. 그 문제를 상의한 후에 그들은 원만하게 갈라서기로 했다. 링컨은 로간을 떠난 후에 일리노이 법정의 유능한 지도자들 가운데 한 사람으로서의 명성을 다져나갔다.

링컨은 자신을 도와줄 변호사가 필요했다. 사무실에 남아서 기록을 보관하고 잡무를 처리해 줄 수 있는 사람이 필요했던 것이다. 그는 평판이 높았기 때문에 그 주의 젊은 변호사들은 그와 함께 일하기를 원했다. 그는 그들을 다 물리치고 윌리엄 헤른돈을 선택했다. 그는 변호사 자격증을 가진 26살 난 젊은이였다. 많은 사람들은 링컨이 영리하게는 보이지만 링컨이 지니고 있는 칭찬할 만한 인품을 지니지 못한 "경험없는 신출내기"를 동업자로 선출한 것에 대해 이상한 일로 여겼다. 그러나 그는 이 젊은 헤른돈을 잘 알고 있었다. 왜냐하면 그는 스피드 상점에서 일하면서 이층에 있는 넓은 방에서 스피드와 링컨과 함께 잠을 잤으며 때때로 일리노이 주립 대학에서 강의를 들었고 로간과 링컨 변호사 사무실에서 법률을 배웠기 때문이다. 그의 결점을 보완해 줄 만한 특징들로는 그가 링컨을 몹시 존경한다는 점과 스프링필드의 젊은이들의 정치적인 견해를 형성하는 데 이미 강한 영향력을 행사하고 있다는 것이었다.

헤른돈은 링컨이 자기를 파트너로 지목했을 때 놀랐지만 "링컨이 아주 솔직하게 '빌리, 난 자네를 믿을 수 있고 자넨 날 믿을 수 있지.' 라고 말할 때 안도감을 느끼고 그의 고결한 제안을 수락했다."고 말한다. 사무실 앞에는 곧 링컨과 헤른돈, 변호사요 법률 고문이라는 간판이 붙었다. 그 사무실은 링컨이 암살당하기까지 계속 남아있었다.

그것은 재미있는 결합이었다. 링컨은 언제나 자기 파트너를 "빌리"라고 불렀고 헤른돈은 그를 "링컨씨"라고 불렀다. 링컨은 보수주의자였는데 반해 헤른돈은 철저한 군인이었고 링컨은 철저한 금욕주의자였는데 반해 헤른돈은 술을 즐겨 마시는 버릇이 있었다. 링컨은 하늘에 계신 아버지가 세상을 다스린다는 것을 확고하게 믿었는데 반해 헤른돈은 불가지론자였으며 많은 합리적인 사상들을 지니고 있었으며 그것을 링컨에게 주입시키려고 애써 노력했지만 허사였다. 그러나 "그들은 사상이나 습관, 성격 등이 서로 맞지 않았음에도 불구하고 서로에게 유익했으며 사업과 정치적인 관점에서는 훌륭한 결합을 이루었다. 빌리는 자기 친구를 영웅으로 숭배하다시피 했으며 링컨 자신보다도 링컨의 정치에 더 큰 야망을 가지고 있었다. 링컨은 자기 파트너에게 조용하면서도 꾸준히 영향력을 행사했다. 그는 여러 가지 잡무들을 수행했으며 서신들을 처리하고 출전들과 선례들을 조사하였고, 링컨은 변론 요지를 준비하고 소송을 맡기 위해 순회하거나 그것들을 주 최고법정으로 넘기는 일을 하였다.

링컨과 헤른돈의 새 사무실은 일을 다소 천천히 시작했다. 그러나 짧은 시간 내에 링컨의 이름과 정치적인 관계 때문에 그들은 눈코 뜰새 없이 바쁘게 되었다. 링컨은 그 해 제8 순회 법정 기간 중에 수십 건의 사건을 처리했으며 최고법정의 기한인 1845년 12월에는 24건의 사건들을 맡아서 변론했다. 변호사 수임료는 대게 5달러에서 50달러까지 다양했지만 100달러를 넘기는 일은 없었다. 링컨은 순회하면서 돈을 벌곤 했는데 그는 그 돈을 사무실로 가지고 와서 자기 주머니에서 꺼내어 헤른돈의 주머니에 슬그머니 넣어주곤 했다.

헤른돈이 없을 때에는 봉투에 넣어 그곳에 자기 이름을 쓰고 빌리가 발견하기 쉽도록 그것을 서랍에 넣어 놓았다. 언젠가 헤른돈이 그에게 특히 그런 문제를 그렇게 신속하게 처리하는 이유에 대해 물어보았다. 그랬더니 그는 이렇게 대답했다.

빌리, 내가 그렇게 하는 데에는 세 가지 이유가 있네. 첫째, 내가 그렇게 하지 않을 경우 내가 그 돈을 받았다는 것을 잊어버릴 수 있지. 둘째, 그러면 내가 누구에게서 얼마를 받았는지 알 수 있기 때문에 자네가 그것을 지불한 사람에게 독촉할 필요가 없기 때문이지. 셋째, 만일 내가 죽게 되면 내가 자네의 돈을 가지고 있다는 증거가 자네에게 없기 때문이지. 그러나 돌에 표시를 해두면 그것을 자동적으로 자네 것이 되는 것이지 그리고 나는 법적으로나 도덕적으로 그 돈을 사용하거나 보유할 권리가 없네. 나는 다른 사람의 돈을 그 사람의 동의 없이 결코 사용하지 않네.

1846년 순회하면서 소송을 맡아 처리하면서 그는 휘그당 지도자들을 방문했다. 그들은 대부분 동료 변호사들이었다. 그는 그들을 찾아가서 미국의회 의원 후보로 자신을 선택하도록 영향력을 행사해 달라고 요청했다. 그는 편지를 쓰고 선거운동을 했다. 그러고 나서 1846년 5월 1일 피터스버그에서 열린 휘그당 후보 지명대회에서는 링컨이 후보로 지명되었다. 민주당 후보 지명대회에서는 엄격한 구식 순회 목사인 감리교 복음전도자 피터 카트라이트가 의회 의원 입후보자로 지명되었다. 이렇게 해서 휘그당의 순회 변호사와 민주당의 순회 목사가 서로 맞붙게 되었다.

피터 카트라이트만큼 용감하고 타협을 모르는 목회자는 아마 없을 것이다. "소년 설교자"로서 그는 링컨이 살고 있을 당시에 켄터키에서 성경과 라이플 총을 가지고 다니면서 위대한 부흥 운동을 전개했다.

그는 수년 간 계속해서 켄터키에 머물러 있었으며 그가 가는 곳은 어디든지 부흥의 열기가 되살아났다. 1824년 로버츠 감독은 그를 생가몬 지역의 순회 전도자로 임명했다. 1826년에 그는 그 주의 삼분의 이가 포함되는 지역의 수석 장로가 되었다. 이 위대한 설교자는 그 나라 전역에서 부흥집회를 가졌고 수련회를 개최했다. 그는 뛰어난 화술과 훌륭한 상식, 그리고 금주를 지지하고 노예제도를 반대하는 것으로 명성이 높았다. 링컨은 그를 보았고 그의 길에 대해 많은 말을 들었다. 다 잘 알려진 지역에서 같은 일을 추구하는 이 위대한 두 사람은 날카롭게 경쟁을 했을 것이다. 그러나 카트라이트는 그가 후에 고백했듯이 정치가로서 어울리지 않았다.

선거운동이 한참일 때 카트라이트 운동원들은 링컨을 "무신론자요 귀족정치 창도자요 투쟁자"라고 매도함으로써 더러운 정치에 빠지고 말았다. 귀족정치 창도자라는 비난은 링컨 부인의 사회적 관계들에서 나온 것이며, 투쟁자라는 비난은 쉴드 가의 사람들과 최근에 싸운데서 비롯된것이다(그는 그들에게서 항상 수치를 당했지만 줄곧 침묵을 지켜왔었다). 그러나 무신론자라는 비난에 대해 그는 1846년 8월15일 레이콘의 일리노이 신문에 자기 입장을 개재하였다. 그는 거기에서 자기의 종교관에 대해 구체적으로 진술했다. 그 내용은 다음과 같다.

내가 그리스도를 공공연히 비난한다는 내용으로 이 지역의 몇몇 사람들이 비난한 데 대해 나는 친구들의 충고에 따라 이런 표현 방식으로 진상을 밝히는 바입니다. 내가 어느 그리스도 교회의 교인이 아니라는 말은 사실입니다. 그러나 나는 성경의 진리를 결코 부인하지 않습니다. 그리고 나는 일반적으로 종교를 의도적으로 무시하지 않았고 특별히 그리스도교의 교파들을 무시하는 발언을 한 적도 없습니다. 어린 시절에 나는 "필요의 교리" 즉, 인간의 마음은 스스로 통제할 수 없는 어떤 힘에 의해 행동하지 않을 수 없다는 것을 믿었습니다.

그리고 때로 나는 비록 공식적으로는 아니라 할지라도 몇번 이런 입장을 고수해 보려고 노력했습니다. 그러나 오년 전부터 나는 이런 식의 논증을 해본 적이 없습니다. 게다가 나는 몇몇 기독교 교파들이 이런 견해를 지니고 있다고 생각해 왔습니다. 지금까지 말한 것은 모두 진실입니다.

나는 내가 공공연하게 종교를 비난하거나 조롱하는 사람을 지지할 수 있다고 생각하지 않습니다. 그와 그의 창조주 사이의 영원한 결과들의 고귀한 문제를 남겨둔 채 나는 아직도 이와 같이 감정을 모욕하고 그가 살고 있는 사회의 도덕을 손상시킬 권리가 누구에게든 있다고 생각하지 않습니다. 내가 그런 행동을 저질렀다면 나를 그런 사람으로 정죄한 자들을 비난할 수 없을 것입니다. 그러나 나는 나에 대해 거짓 비난한 자가 누구이든지 간에 그 자들을 비난합니다.

링컨의 지지자들은 그에게 카트라이트가 연설하는 모임에 특히 종교집회에 참석하지 말라고 충고했다. 그러나 그는 어느 날 저녁 부흥집회에 참석했다. 예배가 끝날 무렵 목사가 하나님께 마음을 바치고 천국에 가고 싶은 사람들은 일어서라고 요청했다. 그러자 많은 남자, 여자 그리고 젊은이들이 일어섰다. 그리고 나서 설교자가 지옥으로 가고 싶지 않은 사람들은 모두 일어서라고 요청했다. 그러자 이번에도 링컨을 제외한 모든 사람들이 일어섰다. 그러자 링컨이 이 두 가지 요청에도 아무 반응을 보이지 않고 천국으로 가고 싶다거나 지옥으로가고 싶지 않다거나 하는 암시를 하지 않는 것을 바라보던 카트라이트는 자기의 모든 독점권을 가지고 그에게 단도직입적으로 말했다. "링컨씨, 내가 당신께 묻겠습니다만 당신은 어디로 가고 싶은지요?" 링컨은 서서히 일어나서 천천히 그러나 분명한 소리로 대답했다.

　　나는 설교자를 존경하여 이 자리에 나아온 것입니다. 나는 카트라이트 형제가 나를 지목하리라고는 생각하지 않았습니다.
　　나는 종교 문제는 매우 엄숙하게 다루어져야 한다고 믿습니다. 나는 카트라이트 형제가 제기한 질문들이 매우 중요한 것임을 고백합니다. 나는 다른 사람들처럼 대답하도록 요구되었다고 생각하지 않았습니다. 카트라이트 형제가 내게 어디로 가고 있느냐고 노골적으로 물었으니 나도 노골적으로 대답하겠습니다. 나는 의회로 가고 싶습니다.

　　삼 개월 후 투표 결과 링컨은 6340표를 얻었고 카트라이트는 4829표,

그리고 노예폐지론자인 왈코트는 249표를 얻었다. 링컨은 일리노이 주에서 당선된 유일한 휘그당 하원의원이었다.

빌리 헤른돈만큼 선거 운동 때 링컨을 충실하게 도와준 사람도 없었다. 그리고 그는 파트너인 링컨의 성공을 누구보다 기뻐했다. 링컨의 친구들은 선거 운동 자금으로 그에게 200달러를 주었다. 그러나 그는 그 돈 중에서 75센트를 제외하고 모두 되돌려주었다. 그는 말했다 "나는 말을 타고 선거운동을 했으며 친구들이 환대를 해주어서 돈이 들지 않았다. 내가 지출한 돈이라고는 어떤 농장 노동자들이 내게 팔아달라고 졸라서 산 한 통의 사과즙 75센트였다."

그는 친구 조슈아 스피드에게 편지를 썼다. "비록 나를 하원의원으로 당선되도록 도와준 친구들에게는 감사를 드리지만, 그것이 내가 기대했던 것만큼 기분 좋은 일은 아닐세." 그러나 메리 토드 링컨은 매우 기뻐했다. 그녀는 이제 하원의원의 아내가 된 것이다.

국회의원으로 취임하기까지 몇 달 동안 링컨은 소장을 쓰고 법정에 출석을 하고 말을 타고 순회하였다. 늘 그렇듯이 그가 맡은 사건들은 매우 다양했다. 그러나 특히 그가 처리하는 것에는 아주 이상한 것이 있었다. 폴리라는 이름의 한 늙은 흑인 여자가 링컨과 헤른돈 사무실로 찾아와서 자기 이야기를 늘어놓았다. 그녀와 그녀의 아이들은 켄터키에서 노예로 태어났지만 힝켈이라는 그녀의 주인이 가족을 데리고 일리노이로 갔다는 것이다.

후에 자유로운 주에서 그들은 속박할 수 없었던 그는 그들을 석방시켜 주었다. 그 직후에 그녀의 아들은 기선의 웨이터이자 갑판 선원으로서의 일자리를 찾아 미시시피로 항해해서 떠났다. 배가 뉴 올리안즈에 정박하고 있을 때 그 흑인 소년은 어리석게도 해변으로 나갔다. 그날 밤 그 아이는 경찰에 체포되어 흑인이 어두워진 후에 주인의 허가없이 돌아다니는 것을 금한 법을 위반했다는 이유로 옥에 갇히고 말았다. 그가 재판을 받아 벌금형을 받았을 무렵에는 그가 타고 온 배는 이미 출항을 했기 때문에 그는 오도가도 못하는 신세가 되었다. 그곳 법률하에서 그 흑인에게는 한 가지 운명만이 기다리고 있었다. 그는 벌금을 마련하기 위해서 최고 값으로 자기 몸을 파는 것이었다. 늙은 흑인 여자가 아들이 곤경에 빠져 있다는 소식을 들은 것은 그 무렵이었다. 불행한 처지에 놓인 그녀는 링컨과 헤른돈을 찾아와서 도와달라고 애걸했다.

링컨은 자유로운 인권을 막는 것으로 여겨지는 것에 대해 분개를 했다. 그는 헤른돈에게 비셀 주지사를 만나 직권으로 이 젊은이를 즉각 석방시켜 달라고 촉구하도록 요청했다. 헤른돈은 주지사가 직권을 사용할 법적 혹은 헌법적인 권리가 자기에게 없음을 애석해 하더라는 보고를 가지고 국회 의사당에서 돌아왔다.

"하나님의 이름으로 맹세하건대," 주지사가 한 말을 듣고 링컨이 흥분해서 소리쳤다. "내가 그 흑인을 이리로 데려올 것이다. 그렇지 않으면 주지사가 이런 문제를 직권으로 처리할 수 있는 법적 권리를 지니게 될 때까지 앞으로 20년 간이라도 운동을 벌이겠다."

그러나 그 사이에 젊은 흑인이 팔리는 것을 막기 위한 직접적인 조처가 취해져야 했다. 그래서 '20년의 운동 기간' 이 여전히 필요했지만 링컨과 헤른돈은 필즈 대령을 뉴 올리안즈의 통신원으로 고용하고 자비를 털어 몇몇 친구들이 보내준 후원금으로 이 사건을 처리하는 데 드는 비용을 마련해서 그에게 보냈다.

때가 되어 그 청년 흑인은 일리노이에 있는 집으로 돌아왔으며 두 변호사는 사례비대신 늙은 흑인 어머니의 진심어린 감사에 만족했다.

1847년 7월 링컨은 시카고 극단 여행을 했다. 그는 국내 여건의 개선과 포크 행정부의 활동을 증진시키기 위한 강과 항구 대회에 가는 수백 명의 대표자들 가운데 한 사람이었다. 그 대회는 큰 천막에서 개최되었으며 링컨은 도처에서 모여든 유명 인사들과 만났다. 뉴욕의 유명한 변호사 데이빗 더들리 필드는 몇 가지 국내의 개선 정책이 비헌법적인 것이라고 주장했다. 호레이스 그릴리는 뉴욕 (연단)에 이렇게 썼다. "일리노이의 키 큰 정치가 링컨은 도전을 받자 필드 씨에 대한 응답으로 간략하고 즐겁게 연설을 했다."

무대 여행을 하고 있던 어느 날 링컨은 켄터키의 한 대령과 말을 타고 있었다. 그들이 말을 타고 먼 길을 다녀온 후에 그 대령이 주머니에서 위스키 한 병을 꺼내면서 말했다. "링컨 씨, 저와 함께 술 한 잔 안하시겠습니까?" 링컨이 대답했다. "됐습니다, 대령님. 감사합니다. 전 위스키를 마시지 않습니다." 그들은 말을 타고 수 마일을 달려 매우 즐거운 방문 길에 올랐다. 그때 켄터키에서 온 신사가 주머니에서 담배 몇 대를 꺼내면서 말했다. "자, 링컨씨 술을 마시지 않는다면 담배는 어떻소? 여기 켄터키에서 가장 좋은 담배 몇 대가 여기 있습니다."

그러자 링컨이 대답했다. "저, 대령님, 당신은 함께 여행하기에 마음에 드는 좋은 분이군요. 제가 당신과 함께 담배를 피워야 하겠지요. 그러기 전에 제가 당신께 한 가지 이야기, 즉 제가 어릴적에 했던 경험에 대해 이야기를 해야겠군요. 저희 어머니는 제가 9살 되던 어느 날 저를 침대로 불렀어요. 어머니는 몹시 편찮으셨지요. 그리고 제게 이렇게 말씀하시더군요. '에이브, 의사 선생님께서 오래 못 살겠다고 하시는구나. 내가 눈을 감기 전에 내게 평생 동안 술이나 담배를 입에 대지 않겠다고 약속해다오.' 그래서 저는 그렇게 하겠다고 약속을 했습니다. 대령님, 그래서 저는 지금까지 그 약속을 지켰습니다. 당신은 제게 제 어머니와 한 약속을 깨뜨리고 당신과 같이 담배를 피우자고 하시겠습니까?"

그 대령은 링컨의 어깨에 부드럽게 손을 올려놓고 떨리는 소리로 대답했다. "아니요, 링컨 씨, 평생 동안 그렇게 해서는 안되겠지요. 그것은 당신이 한 가장 중요한 약속 가운데 하나일 것입니다. 그리고 제가 어머니와 그런 약속을 했고 또 당신처럼 그 약속을 지켰다면 오늘 제가 천 달러를 주었을 것이오."

1847년 10월 23일 링컨은 8가에 있는 집을 연간 90달러에 빌려 주었다. 그러나 "북쪽에 있는 이층방"에는 가구들을 보관해 두었다. 이틀 후 링컨은 부인과 아들 로버트와 에디를 데리고 켄터키 주의 렉싱턴으로 갔다. 거기서 그들은 삼 주일을 머물렀다. 처음으로 링컨은 처갓집 식구들, 상원의원인 장인과 장모 로버트 토드 여사 그리고 올드햄의 면직공장 토드 상사의 부지배인인 레비 토드를 만났다.

  그 곳에서 그는 켄터키에서 노예폐지 운동이 서서히 발전해 나가는 것을 보았다. 그는 경매에 붙여지고 쇠사슬에 묶인 채 면화밭을 향해 가는 노예들을 보았다. 그리고 그는 렉싱턴에서 빛나는 검은 눈을 지니고 곧은 검은 머리카락과 올리브색 피부를 지닌 아름다운 소녀 엘리자가 경매에 붙여지는 소리를 들었다. 그녀에게는 흑인의 피가 60분의 4정도밖에 섞이지 않았을 것이다. 그녀의 피부는 하얗다. 그렇지만 그래도 노예였다.

  젊은 감리교 목사인 캘빈 훼어뱅스는 뉴 올리안즈에서 온 목이 굵은 프랑스인보다 더 높은 액수를 불렀다. 그 프랑스인이 1200달러를 부르고 난 뒤에 물었다. "더 높은 값을 부를 사람 없습니까?" 훼어뱅스가 대답했다. "선생, 당신보다 더 높은 값을 지불하겠소."

  경매가는 더 높아져서 훼어뱅스가 부르는 데까지 갔다. 그는 천천히 이렇게 말했다. "천사백오십 달러." 프랑스 사람이 주저하자 경매인이 그녀의 어깨에서 옷을 벗겨내리고 그녀의 목과 가슴을 보여주면서 외쳤다. "이런 기회를 놓치기 싫은 분 없습니까?" 프랑스 사람이 1465달러를 부르고 그 목사가 1475달러를 불렀다. 더 이상 값을 부르는 사람이 없자 경배인은 청중들에게 충격을 주려고 치마를 들어올려 허리까지 벌거벗기고 그녀의 넓적다리를 철썩 때리면서 외쳤다. "누가 이 상을 받아 가시겠습니까?" 군중들이 시끄럽게 떠드는 사이에 프랑스 사람이 천천히 "1580달러"라고 값을 불렀다.

  경매인은 작은 방망이를 들고 "하나-둘-셋" 하며 소리쳤다. 엘리자는 괴롭고 가련한 얼굴로 훼어뱅스를 쳐다보았고 그 때 그는 "1585달러"를 불렀다. 그러자 경매인이 "전 이 소녀를 팔겠습니다. 당신 다시 부르겠소?"라고 말했다. 그러자 프랑스 사람은 고개를 저었다. 엘리자는 기절을 했다. 경매인이 훼어뱅스에게 물었다. "선생님, 당신은 그녀를 비싼 값에 사셨습니다. 당신은 그녀를 어떻게 하실 작정이십니까?" 훼어뱅스가 외쳤다. "그녀에게 자유를 주겠소!" 대부분의 군중들이 소리를 지르고 환성을 질렀다. 많은 사람들이 기뻐서 울었다.

링컨은 토드의 집에서, 로버트 토드의 서재에서 책을 읽고 있는 흑인 하인을 보았고 1847년 11월 13일 엄청나게 많은 청중들 앞에서 연설하는 헨리 클레이의 말을 들었다. 그는 이렇게 말하고 있었다.

"가을이 왔습니다. 꽃피는 계절은 지나갔어요. 저도 인생의 가을에 접어들었습니다. 지금 전 나이의 서리를 느낄 때입니다. 저는 늘 노예제도를 매우 악한 것으로 생각해 왔습니다."

"철이 철을 날카롭게 하는 것같이 사람이 그 친구의 얼굴을
빛나게 하느니라". (잠27:17) 찬송 434장

7
순회 변호사

마차와 기차를 타고 링컨 가족은 7일간 여행한 끝에 1847년 12월 2일 워싱턴에 도착해서 브라운 호텔에 잠시 머물렀다. 며칠 후 링컨은 가족을 이끌고 지금 의회 도서관이 서 있는 스프리그 여사의 하숙집으로 이사했다. 휘그당 의원들 중에는 스프리그 여사의 집에서 방을 빌리거나 하숙을 하는 사람이 몇 명 있었다. 링컨은 소박한 매너와 유머 덕택에 그 집에서 인기가 좋았다.

이 도시는 계획 도시여서 넓은 길이 쭉 뻗어있고 많은 광장들과 공원들이 있었지만 우리가 지금 볼 수 있는 멋진 건물들은 하나도 없었다. 국회 의사당에는 나무로 된 돔만이 있었을 뿐 아직 날개는 하나도 지어지지 않은 상태였다. 백악관이 거기 있었고 재무성의 앞면이 완공된 상태였다. 그리고 스미드 소니언 학술 협회의 기초가 바로 얼마 전에 놓여졌다. 그 도시에는 8개 교파의 37개 교회가 있었다. 그 도시 주민은 전부 4만 명이었으며 그 중에는 해방된 흑인이 8천 명, 노예가 2천 명이었다.

12월 4일 링컨은 휘그당 의원 지도자 회의에 참석했고, 12월 6일 제 30차 의회가 소집되었을 때 국회의원 선서를 했다.

휘그당 측 뒷줄에 자리를 잡고 앉았으며 후일 함께 일하게 될 국가적인 인재들로 둘러싸여있었다.

  그는 자신을 돋보이려고 무던히 애를 쓴 것 같았다. 아니면 적어도 그런 문제로 헤른돈에게 편지를 썼다. "자네가 나를 부각시키려고 하는 것을 잘 알지만 나도 오래 전에 그렇게 하기로 결정을 내렸다네." 며칠 후 그는 현 우편제도의 개선점에 관해 처음으로 연설을 했으며 그 연설은 훌륭했다. 그는 그것을 헤른돈에게 보내는 편지에서 이렇게 표현하고 있다. "나는 이곳과 다른 곳에서 똑같은 주제로 말을 하고 있네. 법정에서 변론할 때 만큼은 겁이 나지 않네." 헤른돈이 그 소식을 전하자 사람들은 기뻐하면서 그의 재선을 예상했다.

  그러나 멕시코 전쟁이 터지자 상황은 달라졌다. 그 전쟁은 1845년 텍사스를 병합한 데서 기인한 것이다. 텍사스는 리오그란데를 남서쪽 경계로 주장했고 멕시코는 뉴에세 강을 경계로 주장했다. 그 문제 때문에 전쟁이 발발했다. 정부 대표인 폴크 대통령은 텍사스의 입장을 지지하고 군대를 보냈다. 여론은 폴크 대통령의 정책을 지지했다. 휘그당(링컨이 몸담았으며 이 무렵부터 축소되기 시작했던 당)은 전쟁의 노예제도 지지자들이 노예의 영역을 확장하기 위해 선동한 것이며 대통령이 선전포고를 한 것은 불필요하고 비헌법적이라는 입장을 취했다.

  링컨은 그 싸움이 일어나게 된 경위를 조사해 보고 불행히도 휘그당원들과 함께 정부를 공격했다. 그는 몇 차례 감동적인 연설을 했지만 사람들은 그의 연설을 비애국적이며 폴크 대통령을 모독하는 발언으로 간주했다.

  그의 연설이 의원들의 마음을 움직이지 못했고, 대통령은 그 연설을 무시했으며 일리노이에 있는 링컨의 지지자들도 그의 태도를 이해할 수가 없었다.

  링컨은 그밖에도 여러 번 연설을 하여 헌법과 역사에 대한 자신의 해박한 지식을 과시했지만, 국민들도 휘그당 당원들도 그의 연설에 별로 감명을 받지 않았다. 그러나 그는 동료 의원들로부터 많은 것을 배웠다. 총명하고 작은 체구에 결핵을 앓고 있던 조오지아 주의 알렉산더 스티븐은 그의 흠모의 대상이었다.

1848년 고향에 있는 헤른돈에게 그는 다음과 같은 내용의 편지를 썼다.

폐병에 걸려 여위고 얼굴이 창백하며 로간과 같은 목소리를 지닌 조오지아의 스티븐 씨는 장장 한 시간에 걸친 매우 멋진 연설을 했다네. 그 연설을 듣고 나이들어 말라버린 내 눈이 눈물로 가득 찼다네. 만일 그가 어떻게 해서든 그 연설을 글로 쓸 수만 있다면 우리 국민들은 그 훌륭한 글을 볼 수 있을 텐데.

81세인 전직 대통령 존 퀸시 아담스는 나이, 재능, 그리고 이전에 그가 국가에 한 공헌 때문에 많은 사람들로부터 존경을 받았다. 그는 정직하고 노련했으며 도덕적인 문제들에 타협할 줄 모르는 사람이었다. 링컨은 아담스가 연설하러 일어서던 2월 어느 아침, 그 집 마루에 앉아 있었다. 갑자기 그가 손으로 더듬거리더니 책상을 꼭 잡았다. 그러고 나서 의자에 푹 쓰러졌다. 잠시 그 상태로 목숨을 연명하다가 "이것이 땅에서의 마지막이다. 그러나 나는 이제 여한이 없다."고 말하고 죽었다. 마지막 순간에 헨리 클레이가 눈물을 흘리면서 그의 손을 붙잡았고 링컨은 장례 준비위원회에서 일했다. 아담스 씨의 장례는 국장으로 거행되었고 많은 사람들이 그는 "기록 천사를 두려워하지 않았다."고 말했다.

2년 간 워싱턴에서 머무는 동안 하원의원 링컨은 워싱턴에 대해 알게 되었고 그가 다른 방식으로는 접할 수 없었던 국가적인 사건들을 접할 수 있었다. 그는 최고 법정에 참석하여 거기서 미국 법률에 대해 논하고 변론하고 세우는 러포스 초오트, 리버디 존슨, 그리고 다니엘 웹스터같은 법조계 원로들의 연설을 들었다. 그는 또 재판장인 로저 테니를 만났으며 제30차 의회가 끝난 지 사흘 후에 미국 최고 법정에서 사건을 맡도록 허용되었으며 그날 그는 이 최고 재판소에서 처음으로 사건 변론을 맡았다.

링컨이 의회에서 집으로 돌아왔을 때 그는 그 어느 때보다도 정치가로서의 인기가 없었다. 여러 가지가 그에게 불리했다. 그는 직업을 포기했기 때문에 돈도 없었다. 연봉 300달러를 받는 워싱턴 연방국토 사무국장이 되려고 했으나 실패했다. 그후 1849년 8월, 국무장관 존 클레이톤은 링컨을 새로 생긴 오레곤 주의 부장(혹은 지사)으로 임명한다고 발표했다. 그는 "나는 그 일을 정중히 거절한다."고 대답했다. 아마도 그가 그 직책을 거절한 것은 메리가 원치 않았기 때문인 것 같다. 그녀는 변방의 직책 때문에 스프링필드의 사교계를 떠나고 싶지 않았다. 그리고 그녀는 그에게 더 나은 일이 있을 것으로 믿었다.

링컨은 타고난 변호사였다. 그는 법을 사랑했으며 일리노이에서 변호사로서의 그의 명성은 타의 추종을 불허했다. 변호사로서 명성을 날리던 시기에 저명한 변호사로 그랜트 굿리치는 링컨에게 자기 파트너가 되어달라고 요청했지만 링컨은 건강 때문에 시카고에서 일을 할 수가 없다고 말하면서 그의 제안을 거절했다. 그래서 그는 다시 헤른돈과 함께 변호사 일을 재개하고 1849년부터 1854년까지 그 어느 때보다도 더 열심히 사건을 맡았다. 헤른돈은 이제 독자적으로 일을 할 수 있을 만큼 유능한 변호사가 되었다. 그리고 그는 링컨에게 상당한 힘과 격려의 원천이 되었다. 그러나 그는 스프링필드 사무실의 하급 파트너로 남아 있었다. 반면에 링컨은 제8 순회재판을 위해 다시 나갔다. 그 순회재판소는 1853년까지 일리노이 주의 5분의 1을 망라하는 14군으로

변호사 시절의 링컨

이루어져 있었다. 법정은 대체로 군청 소재지에 개설되었으며 14군을 방문하려면 거의 500마일을 여행해야 했다. 이 순회법정의 기간은 반년이었다. 봄에 삼 개월, 그리고 가을에 삼 개월.

좋지 않고 빼빼 마른 말에 서류들과 법률 서적, 그리고 갈아입을 속옷 몇 벌이 든 여행가방을 싣고 링컨은 집을 나섰다. 날씨가 나쁠 때를 대비해서 방수복과 면우산을 가방에 묶었다.

도로 사정이 다소 좋아진 1850년 대 초에는 말을 이륜 마차에 매고 더 안전하게 말을 탔다. 그는 대개 혼자가 아니었다. 왜냐하면 순회 변호사들이 말을 타고 가는 그와 동행했고 법정을 순시하는 판사 데이비스가 함께 다녔기 때문이었다. 함께 말을 타고 가면서 판사들과 변호사들은 당분간 골치 아픈 법률 사건을 잊고 서로 농담을 주고 받고 익살을 떨면서 즐거운 시간을 보냈다. 이틀에서 일 주일까지 재판 일정이 잡혀있는 군청 소재지에 도착한 후 판사와 변호사들은 같은 여관에 묵었다. 그 곳에서는 대체로 둘이 한 침대에서 잤다. 데이비스 판사는 몸무게가 300파운드나 나갔기 때문에 침대에서 혼자 자야 했다.

일반적으로 군청 소재지에서 재판일은 공휴일이었다. 군 전지역에서 남자, 여자, 아이들이 말과 마차를 타거나 걸어 와서 군법정 건물의 안과 주변에 모여들었다. 법정이 임시 건물일 경우도 있지만 대부분은 멋진 목조나 벽돌 건물이었고 커다란 기둥이 있는 베란다 앞에는 장식이 되어 있기도 했다. 안에는 두세 개의 사무실과 커다란 법정이 있었다. 그 법정바닥은 마디가 많은 소나무로 되어 있었고 그 곳에는 또 나무 벤치가 있었으며 판사와 배심원들이 앉는 약간 높은 연단이 있었다. 보안관이 발표하고 사무원이 배심원들을 소집함으로써 재판이 공식적으로 열리게 되면 법정의 그 진행 과정을 보려는 사람들로 늘 붐볐다. 그들은 특히 변호사의 변론에 관심이 많았다. 달변이고 많은 재미있는 이야기들을 들려주고 성경을 자주 인용했기 때문에 링컨은 사람들로부터 특히 인기가 좋았다. 그의 이야기들은 항상 몇 가지 요점을 제시해 주었다. 예를 들어 어느 날 매우 흥분해 있고 혼란스러운 진술과 거의 믿을 수 없는 사실들이 판을 치는 재판정 분위기 속에서 반대측 변호인의 고함소리를 들으면서 링컨은 이렇게 말했다.

    이 장면은 제게 서쪽 변방으로 가는 길을 잃고 헤매는 농부를 상기시킵니다. 길을 잃고 헤매는데 어느덧 밤이 되고 갑자기 무서운 폭우가 쏟아지자 그 농부는 혼비백산을 하게 됩니다. 엎친 데 덮친 격으로 무자비한 폭우의 위험 속에 그만 혼자 남게 되고 말도 지쳐버렸습니다. 천둥이 치고 번쩍거리는 번개가 그의 길을 밝혀주는 유일한 안내자였습니다. 그는 지친 말을 이끌고 터벅터벅 길을 걸어갔습니다. 이런 요동에 그가 딛고 서 있는 땅도 흔들리는 것 같았습니다. 갑자기 그는 무릎을 꿇었습니다. 이 여행자는 기도하는 사람이 아니었지만 자기도 모르는 사이에 헌신의 자세를 취하고 은혜의 보좌 앞에 구원해 달라고 다음과 같은 기도를 드렸습니다.
    "오 하나님! 제 기도를 들어주시옵소서. 당신은 제가 당신을 자주 부르지 않는다는 것을 아실 것입니다. 오 주님! 제게 더 많은 빛과 더 적은 소금을 주옵소서."

판사와 링컨은 대체로 14개의 군청 소재지 전부를 돌아다니는 유일한 사람들이었다. 판사는 직무 때문에 그렇게 했고 링컨은 변호사 일이 좋았기 때문이다. 그리하여 링컨과 그 주에 친구가 거의 없던 데이비스 판사는 이상할 정도로 가까워졌다.
링컨은 주위 환경에 적응을 잘 했고 음식과 거처에 만족했으며 친절하고 솔직했다. 그의 상냥한 표정과 우수에 찬 묘한 눈에는 믿을 만하고 성실한 사람이라는 느낌을 줄 만한 무엇인가가 있었다. 그는 간혹 낙심하고 멍하니 벽을 응시하기도 했지만 그의 장점들, 법정에서의 그의 효과적인 변론, 그리고 그의 인품은 그의 이상한 성격을 덮어 가리기에 충분했다. 그들은 그를 있는 그대로 사랑했고 그를 순회법정에서 가장 인기가 좋은 변호사로 환호했다.

1849년 5월 데니스 행스는 링컨에게 아버지가 위독하다는 편지를 썼다. "그는 자나 깨나 자넬 보고 싶어하시고 자네가 여기 올 수 있다면 여기 오기를 원하시네. 자네는 그의 유일한 혈육이니까. 그는 자네가 알 수 없는 세상 혹은 하늘에서 자넬 만날 준비를 하기를 바라시네. 그는 주님이 영광의 면류관을 지니고 있다고 생각하기 때문이지."

며칠 후 아버지의 병세가 호전되고 있으며 곧 나아지리라는 내용의 또 다른 편지가 도착했다.

링컨 부부의 둘째 아들인 에디는 52일 간 앓다가 1850년 2월 1일에 세상을 떠나고 말았다. 그의 네 번째 생일이 되기 직전에 죽고 말았던 것이다. 그들의 결혼 주례를 섰던 감리교회의 목사님을 모셔올 수 없었던 슬픔에 잠긴 부모는 장례식 집례를 부탁하기 위해 제1 장로교회 목사님인 제임스 스미드 박사를 모셔왔다. 이 일을 계기로 그들은 가까워졌으며 스미드 박사는 링컨 가족에게 많은 영향을 주었다.

에디를 잃고난 후에 거룩한 슬픔의 눈에 보이지 않는 힘이 링컨의 영혼을 사로 잡았으며 죽음 이후의 삶이라는 중요한 질문을 다시 하게 만들었다. 직감적으로 그는 애용하는 "오, 죽을 수밖에 없는 영이 어찌 자랑하는고"라는 싯귀를 거듭 인용했다. 장례식이 끝난 후 일리노이 신문에 "어린 에디"라는 제하의 익명의 싯귀가 실렸다.

> 죽음의 천사가 근처에서 날아다녔구나.
> 사랑스런 소년이 죽음으로 불려갔도다.
> 이제 그에게 밝은 집이 주어지리라.
> '천국은 그런 것이니까.'

아무도 이 시를 누가 썼는지 확실하게 알지 못했지만 일반적으로 사람들은 그 시를 에이브와 메리가 썼을 것이라고 생각했다. 왜냐하면 그들이 어린 에디의 하얀 대리석에 '천국은 그런 것이다.'는 문구를 새겼기 때문이다.

스미드 박사는 링컨에게 「그리스도인의 변호」라는 책을 주었고 그는 가족을 데리고 한 주간 동안 쉬기 위해 토드의 집이 있는 켄터키로 갔다. 돌아오는 길에 그 가족은 일 년에 50달러 나가는 의자를 빌렸으며 제 1장로교회에 출석하는 교인이 되었다. 그리고 아이들은 주일학교에 출석했다.

얼마 후 교회에서 부흥회가 있었고 링컨 부부는 정규 집회뿐만 아니라 요청 집회에도 참석했다. 집회가 끝날 무렵 지원자들이 조사를 받았을 때 링컨은 특허권 사건을 기소하러 디트로이트에 가고 없었다. 링컨 부인은 자신이 12살 때 세례를 받았지만 서면으로 그 교회에 참석하지 않겠다는 뜻을 전했다고 진술했다. 신앙 고백을 통해 그녀는 이 집회 전에는 자신이 결코 기독교인이 아니었다고 시인했다.

링컨은 집으로 돌아온 후 그 집회에 참석하지 않았다. 그는 영적인 회심의 만족할 만한 체험을 하지 못했기 때문인 것 같았다. 그러나 그는 계속 신앙 문제에 관심을 갖고 있었다. 그것은 스프링필드 제1 감리교회 목사인 제임스 작퀘스가 진술한 다음의 경험에 의해 입증된다.

나는 어느 주일 아침 그러니까 5월의 어느 아름다운 아침 교회당 문에 서 있었다. 그 때 어린 소년이 내게 와서 말했다. "링컨 씨께서 당신이 오늘 설교하는지를 알아봐 달라고 저를 보내셨습니다." 나는 링컨를 만났지만 그에 대해 별달리 생각하지 않고 있었다. 나는 그 소년에게 말했다. "넌 가서 링컨 씨에게 직접 교회에 출석하면 내가 설교를 하는지 그렇지 않을지를 볼 수 있을 것이라고 전해라." 이 어린 친구는 손가락을 만지작 거리다가 마침내 말했다. "링컨 씨는 당신이 설교할 것인지를 알아오면 제게 25센트를 주겠다고 말씀하셨거든요!" 나는 이 어린 소년이 수입을 잃는 것을 원치 않았다. 그래서 나는 그에게 링컨 씨에게 가서 내가 설교할 것이라고 말씀드리라고 말했다.

그날 아침 교회는 교인들로 가득 찼다. 우리 교회는 규모가 꽤 큰 편이지만 그날은 좌석이 꽉 찼다. 링컨은 예배가 시작된 다음에 나타났다. 빈 좌석이 없었고 강단 앞의 제단에 의자들이 있었다. 링컨과 주지사 프렌치 그리고 그의 아내는 예배가 끝날 때까지 제단에 있는 의자에 앉아 있었다. 링컨과 내 왼쪽에 앉아 있었고 프렌치는 내 오른쪽에 앉아 있었다.

나는 다음과 같은 주제로 설교했다. '여러분들은 거듭나야 합니다.' 그리고 설교 중에 나는 해야 한다는 말을 특별히 강조했다. 나는 링컨이 깊은 관심을 보이는 것 같다는 느낌을 받았다. 그 주일이 지난 지 며칠 후 링컨는 내게 연락을 해서 주일의 내 설교에 깊은 감명을 받았으며 한번 와서 이 문제에 관해 함께 얘기를 나누자고 말했다. 나는 그를 초대했고 내 아내와 나는 그와 함께 몇 시간 동안 이야기를 나누고 기도를 했다. 나는 회심한 많은 사람들을 보아왔고 많은 사람들이 그리스도에게로 오는 것을 보았으며 에이브러햄 링컨은 그날 밤 우리집에서 회심을 했다.

그의 아내는 장로교인이었지만 그가 내게 한 말에 비추어 볼 때 그는 칼빈 사상을 수용할 수 없었던 것 같다. 그는 우리 교회에 참석한 적이 없었지만 나는 늘 그 날밤 이후로 링컨이 그리스도인 신자로 살다가 죽었으리라고 믿는다.

몇 달 후 장로교회는 링컨에게 성경강의를 해달라고 부탁했다. 강의하던 날 저녁에 교회는 만원이었고 그는 능력있는 메시지를 전했으며 그 메시지를 들은 많은 목사들과 다른 사람들은 그 강의를 듣고 "강단에서 지금까지 행해진 가장 능력있는 성경에 관한 변호"라고 극찬했다. 강연 중에 링컨는 그 주의 모든 집에 성경을 두어야 한다고 주장했으며 십계명과 고대의 매우 유능한 입법자들의 법전을 날카롭게 구별했다. 맨 뒤에 그는 다음과 같은 말을 사용했다.

내 생각에 인간이 이 무한한 지혜를 고안해 낼 수 없을 것 같으며 인간이 이 완전하고 우수한 도덕법을 만들어낼 수는 없을 것 같습니다. 이것은 모든 상황의 인간들에게 적합하며 그들이 그들의 창조주와 그들 자신과 동료에게 해야 할 모든 의무들을 포함합니다.

1851년 1월 아버지께서 위중하시다는 전갈이 왔다. 링컨은 식구 중에 병든 사람이 있어서 아버지께로 갈 수 없어서 배 다른 형제 존 존스톤에게 편지를 썼다.

나는 필요하다면 의사를 모셔가기 위해 혹은 병든 아버지를 돌보기 위해 내 이름을 사용해도 좋다고 생각한다. 난 지금 내 아내가 병이 들어 집을 떠날 형편이 못된다(그건 산후통이며 그다지 위험하지는 않을 것 같다). 난 아버지께서 완쾌되기를 빈다. 그러나 어쨌든 그에게 우리의 위대하시고 선하시며 자비로우신 창조주, 결코 우리를 버리지 않으실 분을 믿고 의지하라고 말씀드려 주게나. 그는 참새가 떨어지는 것도 알고 계시며 우리의 머리카락도 세고 계신다. 그 분은 자신을 믿고 죽어가는 사람을 잊지 않으실 거야. 지금 가는 것이 그의 운명이라면 그는 곧 먼저 간 사랑하는 많은 사람들과 즐거운 만남을 갖게 될 것이며 그곳에서 장차 우리 남은 사람들이 하나님의 도움으로 그들과 합류하게 되기를 바라네.

1851년 1월17일 토마스 링컨이 임종을 맞게 되었을 때 그의 유일한 아들은 바쁜 재판 일정 때문에 갈 수가 없었다. 그러나 링컨은 그의 아버지가 끝까지 그리스도인으로 살았을 것이라고 확신했다. 에이브는 식사 기도 때 늘 아버지가 "겸손하게 기도하고 준비하게 하소서. 주 예수 그리스도의 이름으로 기도합니다, 아멘."이라는 말로 기도를 끝내던 일을 기억했다.

링컨은 그의 가족이 120에이커의 콜스 군의 농가에서 처음 터를 잡을 때 많은 도움을 주었고 그들에게 때때로 돈을 보내주었기 때문에 그 농장은 링컨에게 상속하도록 유언되었다. 아버지가 죽고 난 다음 해 여름 에이브는 과부가 된 사라 부쉬 링컨이 물려받은 서쪽 80에이커의 땅을 존스톤에게 양도했다. 그러나 배다른 형제는 멋만 부리고 빈둥대다가 빚만 진 그런 사람이었다. 그는 링컨에게 80달러를 빌려달라고 호소했다. 그러면서 그는 돈이 너무 절실하게 필요하여 "돈을 빌리는 조건으로 천국에서의 자기 자리까지 넘겨주겠다."고 말할 정도였다. 링컨은 돈을 빌려주지 않고 그 형제를 엄하게 꾸짖었다.

"넌 여전히 게으름을 부리는구나. 내가 널 본 이후로 어느 하루라도 제대로 일을 한 적이 있는지 의심스럽구나. 쓸데없이 시간을 낭비하는 이런 버릇을 버리도록 하여라." 링컨은 그에게 돈을 벌어온다면 자기가 더 주겠다고 약속했다. 그리고 나서 말했다. "넌 70달러나 80달러와 천국에서의 제 자리를 바꾸려고 하고 있구나. 그렇다면 넌 천국에서의 너의 자리를 정말 값싸게 취급하는 것이야. 넌 언제나 내게 친절했지. 나도 네게 불친절하게 굴고 싶은 생각은 없단다. 사랑하는 네 형이".

헨리 클래이가 1852년 6월에 죽자, 스프링필드의 상점들이 문을 닫고 성공회에서 예배를 마친 후, 장례 행렬은 의회의 홀로 이동했다. 거기서 핵심 연사인 링컨은 클래이의 생애에 대해 회상하고 합중국이 자칫하면 깨어질 것 같은 많은 경우들에 그의 중용과 지혜가 이 나라를 하나로 결합시켰다고 말했다. 그리고 나서 그는 노예문제에 관한 클래이의 말을 인용하였다. "끊일 줄 모르는 협잡과 폭력의 손길에 의해 찢겨진 사람들의 후손들을 아프리카로 돌려보내자는 생각은 도덕적으로 옳은 것입니다. 이국 땅으로 이주한 그들은 종교와 문명과 자유의 풍성한 열매를 본국의 토양으로 다시 가져갈 것입니다.

클래이가 있음으로 해서 미국 정부가 주인에게서 노예를 사고 재산을 사며 아프리카를 그들의 식민지로 만드는 행위에 대해 관심을 가질 것이라고 링컨은 생각했다. 후에 그는 이것이 얼마나 힘든 일인가를 깨닫게 되었다. 왜냐하면 남부 지방에서는 세금 장부에 3,204,000명의 노예들의 가치가 15억 달러라고 기록되어 있었기 때문이다. 그러나 링컨은 언젠가 미국에서 사라져야 할 도덕적 악이라고 생각했다.

변호사로서의 마지막 몇 년 간 링컨의 명성은 법조계에서 점점 더 높아졌으며 그는 동료들로부터 존경을 받았다. 그가 사건을 처리하면서 만난 변호사, 판사, 목사 그리고 다른 사람들은 인생의 학교에서 그에게 매우 가치있는 시간들을 마련해 주었다.

그는 사람들로부터 배웠고 인간의 본성에 관한 지식도 넓혔다. 그것은 후일 그가 일국의 책임을 떠맡게 되었을 때 유용하게 이용되었다.

위대한 변호사로 인생의 성쇠에서 그는 정직성과 성실성, 그리고 온 인류에 대한 공정성을 견지했다. "그의 정신적, 도덕적인 안녕의 틀은 정직이었다."고 데이비스 판사는 말했다. "그리고 그는 옳지 못한 일에 대해서는 변론을 맡지 않았다." 링컨은 "내가 아는 한 가장 공정한 변호사였다." 라고 최고법정의 시드니 브리즈 판사가 말했다. 시카고 트리뷴 지의 기자는 이렇게 말했다. "우리들 사이에 링컨의 성실성은 인정되었기 때문에 배심원들은 인구가 많은 지역 어느 곳에든지 그에게 소송을 맡겼으며 그들은 그의 법률 해석과 진상을 주저없이 받아들였다. 왜냐하면 그들은 링컨이 결코 법을 잘못 해석하거나 증거를 왜곡하지 않을 것이므로 그를 따라도 실수를 하지 않을 것으로 여겼기 때문이다. 그리고 어떤 사람이 그런 종류의 평판을 얻을 때 연설회장에서 사람들에게 미치는 그의 위력은 거의 절대적인 것이다."

그는 자신이 옳다고 믿을 수 없는 사건은 맡지 않았다. 언젠가 그는 돈을 회수하려는 의뢰인의 사건을 맡았다. 재판 과정에서 에이브는 자기에게 사건을 의뢰한 고객의 정직성을 의심하게 되었다. 그 후 피고는 자신이 빌린 돈을 다 갚았음을 입증하는 영수증을 제출했다. 링컨은 법정을 떠났다. 판결을 내리기 위해 판사는 그를 데려오라고 사람을 보냈다. 그는 호텔에서 손을 씻고 있었다. 그는 돌아가자는 제의를 거절했다. 그는 전령에게 "난 손이 더러워져서 돌아갈 수 없다."는 말을 판사에게 가서 전하라고 시켰다. 그 사건은 "더러운 손의 사건"으로 유명해졌고 정직하다는 링컨의 명성을 더욱 드높여 주었다.
 그의 고객들 중의 한 사람은 다음과 같은 충고를 들었다. "난 이 재판에서 이길 수 있어요. 그리고 그 대가로 난 당신에게서 600달러를 받을 수 있어요. 또한 나는 정직한 가족을 비참하게 만들 수도 있지요. 그러나 나는 당신 사건을 맡지 않겠소. 그리고 난 당신에게서 사례비도 받지 않겠소. 대신 내가 당신께 무료로 충고 한 마디를 하겠소. 집으로 가서 당신이 정직한 방법으로 600달러를 벌 수 없는지에 대해 신중하게 생각해 보시오."
 그가 맡은 여러 가지 사건들 중에 두세 가지가 그의 전기에 기록되어있다. 왜냐하면 그것들은 그의 인품과 도덕적인 기준들을 나타내기 때문이다. 언젠가 클린턴 군에서 위스키 통을 쳐서 내용물을 흘린 혐의로 기소된 여러 명의 여자들의 사건을 참관하게 되었다. 링컨은 그들을 변호해 달라는 요청을 받았다. 그는 이 사건을 맡지 않았지만 주류 매매의 부도덕성을 공격하면서 이 공소가 "주 대 숙녀들"이 아니라 "주 대 위스키씨"여야 한다고 주장했다.
 링컨은 가난한 사람들의 변론을 맡을 때에는 최선의 노력을 다했다. 한 번은 독립전쟁 참전 용사의 다리를 저는 가난한 미망인이 링컨과 혜른돈의 사무실에 찾아왔다. 눈물을 흘리면서 그녀는 라이트라고 하는 연금 대행자가 그녀에게 400달러의 연금을 받게 해주겠다고 하더니 그 연금의 절반을 자기가 노력한 대가로 챙기더라고 말했다. 그녀가 지나치다고 항의했으나 아무 소용이 없었다는 것이다. 그래서 그녀는 충고와 도움을 얻기 위해 링컨에게 호소하게 된 것이다.
 그 말을 듣고 링컨은 분개했다. 그 후 흐느끼는 늙은 여자를 돌려보내고 그는 연금 대행자의 사무실로 가서 그 돈을 되돌려 줄 것을 요청했다. 라이트가 거절하자 링컨은 그에게 법정은 그런 불량배를 위해 존재하는 것임을 상기시켰다. 링컨은 그 돈을 받아내기 위해 고소를 했다.
 재판이 있기 전날 밤 링컨은 독립전쟁사를 주의 깊게 읽었으며 재판 때 그에게는 한 명의 증인 즉 다리를 저는 늙은 여인밖에 없었다. 방청석을 향해 눈물을 흘리면서 그녀는 라이트가 무슨 짓을 했는지에 대해 말했다.

그 극적인 순간에 링컨이 일어나서 배심원들을 똑바로 쳐다보고 분명한 목소리로 독립 전쟁의 의미를 되새겼다. 그러고 나서 자세를 똑바로 하고 몇 발자국 뒤로 물러서서 그는 휘그 골짜기에서 애국자들이 피를 흘리면서 빙판을 기어가는 장면을 세밀하면서도 능숙하게 묘사했다.

그의 연설이 절정에 이르러 과부에게서 연금을 갈취한 피고의 철면피한 행동을 공격할 때 그의 눈은 빛났으며 오른손에 들고 있던 손수건을 옆으로 던지면서 그는 손가락을 연금 대행자에게 겨누고 그 불량배를 호되게 닦아세웠다. 그러고 나서 원고의 남편이 그녀와 아기에게 입을 맞추고 전쟁하러 떠날 때의 모습을 상기했다.

시간은 흘러가고 76년 전의 영웅들은 가버렸으며 다른 해변에 진을 치고 있습니다. 배심원 여러분, 군인은 안식처로 갔으며 이제 다리를 절고 눈도 침침하며 마음의 상처를 입은 그의 미망인이 당신들과 나에게 잘못된 일을 시정해 달라고 왔습니다. 그녀의 모습이 전부터 이렇지는 않았을 것입니다. 그녀도 한 때는 예뻤을 것입니다. 그녀의 발걸음은 경쾌했고 그녀의 얼굴은 아름다웠으며 그녀의 목소리는 버지니아 산에서 들리는 소리만큼 고왔습니다. 그러나 지금 그녀는 가난하고 무력합니다. 어린 시절의 장소로부터 수백 마일 떨어진 일리노이 주의 대초원인 이곳에서 독립 유공자들 덕택에 특권을 누리고 있는 우리에게 그녀는 동정과 남성다운 보호를 호소하고 있습니다.

그러고 나서 배심원들을 향해 긴 팔을 내밀면서 그는 극적으로 결론을 내렸다. "나는 지금 우리가 그녀에게 호의를 베풀 것인가? 하고 묻고 있습니다." 방청객들은 이상한 경외에 휩싸인 채 앉아 있었고 배심원들 중 절반 가량이 눈물을 흘리고 있었으며 피고는 "링컨의 독설 아래 괴로워서 몸을 뒤틀면서" 앉아 있었다. 배심원은 청구된 돈을 전부 돌려주도록 평결을 내렸고 링컨은 법정 비용에 대한 보증인이 되었으며 그녀의 차비와 그녀의 호텔 숙박비를 대신 지불했다.
 그와 헤른돈은 재판 비용을 지불하고 남은 돈 전액을 그녀에게 송금해 주고 자신들은 수수료를 받지 않았다.
 링컨이 돈을 받지 않고 변론을 맡아준 또 다른 예는 젊은 여자 레베카 데임우드의 농장을 구하기 위해 돈을 받기를 거부한 사건이었다. 그녀는 삼촌인 크리스토퍼 로빈슨에게서 농장을 물려받았다. 그 농장을 차지하고 있던 존 레인이 관리자가 되었다. 15년 간 데임우드 양은 레인 가족과 함께 살았으며 그 후 윌리암 도르만이라는 젊은 농부와 결혼을 하고 농장을 그들에게 되돌려 줄 것을 요청했다.
 그러자 레인은 샤우니톤의 법정에 고소를 하여 약 15년 전에 법정이 로빈슨의 부동산 값으로 그에게 얼마를 주도록 판결을 내렸다고 주장하면서 그 액수에 1천 달러를 얹어서 사도록 판결을 내려줄 것을 요청했다.
 젊은 부부는 레인의 요청에 불복했지만, 하급심에서 패소를 했다. 그들의 변호사인 사무엘 마샬은 이 사건을 상고했다. 그리고 이번에는 링컨이 그들의 변론을 맡았다. 양측 변호사들은 모두 훌륭하게 변론을 했지만 하마터면 링컨과 결투를 할 뻔 했던 제임스 쉴즈 판사는 링컨의 변론을 지지하고 하급심에서의 판결을 번복하고 젊은 부부에게 농장을 돌려주라고 판결을 내렸다. 사례비에 관한 문의를 받고 링컨은 자기가 변론을 한 것은 레베카와 윌리암의 결혼 선물이라고 말했다.
 후에 링컨의 "추수 사건"이라고 불리게 된 맥코믹 대 맨리 일행의 사건은 그 사건이 링컨에게 미친 영향과 그 사건의 역사적인 의미 때문에 매우 중요했다.
 시카고 의사 이러스 맥코믹은 추수 기계의 제조에 관한 특허권을 침해했으므로 그것에 대한 보상으로 4십만 달러를 배상하도록 록포드의 존 맨리와 그의 동료들을 고소했다. 맥코믹 회사와 비슷한 기계를 만드는 다른 회사들은 맨리와 협력하여 맥코믹에게 반격을 가했다.

양측은 많은 비용을 들여 유능한 변호사들에게 사건을 의뢰했다. 뉴욕의 에드워드 디커슨과 볼티모어의 리버드 존슨이 맥코믹의 변론을 맡았고 필라델피아의 조지 하딩과 피터스버그의 에드윈 스탠톤이 맨리의 변론을 맡았다.

재판은 시카고에 있는 연방 지방법정에서 열렸다. 그래서 많은 사람들은 일리노이 주의 법에 정통하고 재판을 맡은 드럼몬트 판사와 잘 아는 저명한 변호사를 고용하는 것이 현명하다고 생각했다. 링컨은 피고 측을 돕기에 가장 적합한 인물로 선택되었다. 수임료는 추측컨대 1천 달러를 받기로 되어 있었으며 그 중에서 계약금으로 5백 달러를 받았을 것이다.

링컨은 이 사건의 변론 요지를 신중하게 준비했다. 그는 추수 기계와 특허법이라는 전문 분야에 대해 공부했을 뿐 아니라 맨리의 추수 기계와 그것의 복잡한 부품들을 살피기 위해 록포드로 갔다. 그러나 이 사건은 시카고가 아니라 신시내티에서 심리되어야 한다는 결론을 내렸다. 그럼에도 불구하고 그는 볼티모어의 유명한 변호사 리버디 존슨과 겨룰 수 있으리라는 부푼 희망을 가지고 신시내티로 갔다. 그러나 그런 기회는 오지 않았다. 왜냐하면 피고 측 동료 변호사들에게 소개되었을 때 그는 냉대를 받았을 뿐아니라 이상한 옷차림의 서부의 시골뜨기 변호사를 얕잡아보던 에드윈 스탠톤에 의해 무례한 대우를 받았기 때문이다. 공판 때 한 쪽에 두 사람씩만 논증에 임할 수 있도록 되어있었기 때문에 에이브는 그 논증에 참여할 수가 없었다.

이런 모욕에도 불구하고 링컨은 신시내티에 머물면서 일개 방청객으로 앉아 있었다. 그렇지 않을 때는 법정의 뒤에서 왔다갔다 하면서 돌아다녔다. 그러다가 그는 동부의 유능한 변호사들이 치밀하게 준비한 변론개요를 전하는 것을 보고 들었다. 그것은 그에게 있어서 중대한 경험이었다. 그는 특히 이 사건을 승리로 이끈 스탠톤의 훌륭한 논증에 깊은 감명을 받았다.

그러나 하딩과 스탠톤은 링컨과 상의하지도 않았고 그를 자기네 테이블로 데리고 가지도 또 그와 함께 앉지도 않았으며 그를 자기 방으로 놀러오라고 청하지도 않았다. 또한 그들은 그와 함께 법정 안을 돌아다니지도 않았다. 심리가 끝난 후 하딩과 스탠톤은 그에게 작별인사도 없이 그 도시를 떠났다. 그러나 링컨은 이들에 대해 분개하거나 화를 내지 않고 그들을 이해하고 그들에게 감사했다.

공판이 끝난 후 링컨은 친구와 함께 강가로 걸어가면서 열렬하게 소리쳤다. "난 법을 공부하러 집으로 갈 거야." 그의 친구는 이 말을 듣고 놀라서 이미 일리노이 주에서 변호사로서 명성을 날리고 있지 않느냐고 말했다. 그러자 에이브는 대답했다. "아, 그래. 나는 그곳에서 훌륭한 지위를 차지하고 있지. 그리고 나는 지금까지 그곳에서 그런대로 일을 잘했다고 생각해. 그러나 온 생애를 연구에 바친 지식층 인사들이 서부로 오고 있어. 자넨 보이지 않나? 그리고 그들은 우리가 연구를 하지 않는 것과는 달리 사건에 대해 열심히 연구를 하고 있어. 그들은 지금 신시내티까지 왔어. 그러니 그들은 곧 일리노이에도 올거야. 나는 법률 공부를 계속 해야겠어! 나도 그들처럼 유능한 변호사가 될거야. 그들이 일리노이로 올 때를 대비하려는 거지." 이때부터 그의 화술과 논증은 현저히 개선되었다.

스프링필드로 돌아와서 링컨은 나머지 5백 달러짜리 수표를 받았다. 그러나 그는 자신이 공판 때 논증을 하지 않았으므로 계약금 이상의 돈을 받을 수 없다고 말하면서 그 돈을 되돌려 보냈다. 돈을 관리하던 왓슨은 그가 논증을 준비했으며, 공판에 출석했으므로 논증한 것과 마찬가지로 이 돈을 받을 자격이 있다고 주장하면서 다시 수표를 보내왔다.

그 후에야 링컨은 돈을 받았다.

배심원들에게 링컨이 감명을 준 것은 마을에서 싸우다가 그릭 크래프톤에게 치명상을 입힌 퀴인 해리슨 소송 때였다. 두 젊은이는 훌륭한 가문출신이었고 서로 사돈간이었다.

그들은 항상 사이가 좋았지만 뜨거운 정치적인 싸움에 연루되었다. 화가 나자 해리슨이 크레프톤을 칼로 찔러 사흘 후 그는 죽고 말았다. 해리슨의 아버지는 부자였으며 아들을 변호해 주도록 링컨을 포함하여 네 명의 변호사를 선임했다. 고소자 측에도 저명한 변호사들이 선임되었다.

그래서 그 사건은 세간의 관심거리가 되었다.

재판은 1859년 스프링필드의 생가몬 군 순회법정에서 열렸다. 고소자 측이 해리슨을 고발하는 논증을 마치자, 그것은 마치 사악한 모사처럼 보였다. 그러나 변호사 측의 논증 시간이 되어 링컨은 매우 효과적인 방식으로 논증을 이끌어갔다. 그러나 이 재판에서 극적인 위기가 닥쳤다. 그것은 피고 측 증인 가운데 한 사람이며 피고의 조부 피터 카트라이트 목사가 증인으로 소환되어 링컨에게 질문을 받을 때였다. 카트라이트는 복음 전도자요 목사로서 그리고 모든 종류의 악에 대해 물불을 가리지 않고 싸우는 사람으로서 유익한 삶을 살아왔다.

링컨은 그에게서 죽은 청년의 집을 방문했다는 말을 들었다. 엄숙한 목소리로 카트라이트는 피고를 자신의 무릎 위에 앉아서 노는 어린애로만 생각했다고 말했다. 그는 또 죽어가는 크래프톤을 방문하고 죽어갈 무렵에 그 소년이 "전 이제 죽을 거예요. 전 곧 내가 땅에서 사랑하던 사람들의 일부가 될 거예요. 그리고 해리슨에게 제가 용서한다고 말해주세요."라고 말했다는 사실을 진술했다.

그 후 링컨은 감동적인 힘과 파토스를 가지고 그 사건을 사실적으로 묘사했으며, 배심원들에게 고인의 관대한 정신에 맞게 행동하고, 마지막 순간에 하나님의 자비를 구한 고인의 뜻을 꺾지 말며 덕망 높은 나이드신 목사님의 말년을 슬프게 하지 말라고 호소했다. 그 자리에 참석했던 법학생 존 제인은 링컨의 탄원에 대해 다음과 같이 말했다. "그의 말을 들은 청중들은 그가 저 먼 해변을 향해 소망을 가지고 손을 뻗치고 구원을 받기를 원하며, 자기의 살해자를 교수대로 보내고 싶어하지 않는다는 것을 탄원하는 침상에 누운 회개하는 죄인에 대해 묘사할 때 감동을 받고 눈물을 흘렸다."

배심원들은 해리슨에게 무죄 선고를 내렸다.

링컨이 처리한 가장 유명한 범죄 사건은 그가 윌리암(더프) 암스트롱의 변호를 맡은 것이었다. 더프는 링컨이 뉴 살렘에서 생활하기 시작할 때부터 친구이자 철천지 원수인 잭 암스트롱의 아들이었다. 1857년 8월 29일 토요일 밤 메이슨 군 야외집회가 열린 곳에서 반 마일 떨어진 곳에 거친 젊은이들이 위스키를 파는 마차 주변에 모여있었다. 그들은 술을 마시고 말다툼을 하다가 급기야 싸움이 벌어졌다. 제임스 노리와 더프 암스트롱이 함께 덤벼 제임스 메츠커라고 하는 술취한 농부를 때려 눕혔다. 상처를 받은 메츠커는 말을 타고 자기 집으로 달려갔다. 그러나 말에서 두 번 떨어진 것 같다. 그는 사흘 후 집에서 죽었다. 더프 암스트롱과 노리스는 그의 살해 혐의로 체포되었다. 노리스는 전에도 일리노이의 하바나에서 사람을 죽인 전력이 있었다. 그러나 무죄 방면 되었었다.

이제 그는 메츠커의 살해 혐의로 심문을 받고 유죄 판결을 받고 8년 형을 언도받았다.

옥에 갇힌 더프 암스트롱은 후에 심문을 받았으며 변호사들은 메이슨 군에서 카스 군에 있는 비어드스톤으로 재판 장소를 변경하였다. 그 곳에서 그는 다음 5월에 살인 혐의로 재판을 받도록 되어 있었다. 이 사건 때문에 잭 암스트롱은 죽었으며 그는 아내 한나에게 모든 것을 팔아서라도 더프의 결백을 입증하라고 유언을 했다.

친구들은 한나에게 링컨을 변호사로 선임하라고 충고했다. 그래서 그녀는 아들의 변론을 맡아달라고 간청하기 위해 스프링필드로 갔다. 링컨은 그녀에게 더프가 그를 죽였다고 믿을 수 없으며 그녀의 아픔을 덜어주기 위해 무료로 그의 변론을 맡겠다고 다짐했다.

재판 때에 링컨은 법과 정치에 깊이 관여하고 있었다. 스티븐 더글라스와의 상원후보 경쟁이 방금 시작되었으며, 그 무렵 이혼 사건을 맡고 있었다.

그러나 그는 모든 것을 중단하고 어린시절에 요람을 태워주던 소년을 변호하러 비어드스톤으로 서둘러갔다.

링컨은 배심원들을 젊은이들로 구성해 달라고 해리오트 판사에게 도움을 요청했다. 그들은 이 사건을 더 잘 이해할 수 있을 것이었다. 마지막으로 선택된 배심원들의 평균 나이는 23세였다. 재판 때에 원고측 변호사가 메츠커에게 나 있는 두 개의 상처 즉, 하나는 그의 머리 뒤에 나있었고 다른 하나는 그의 오른쪽 눈 위에 나 있는 상처를 보여주고 있는 동안 링컨은 천정만 뚫어지게 바라보고 있었다. 검사가 부른 증인 차알스 알렌은 그 날 달빛이 환해서 노리스가 마차 이음대로 머리 뒤를 치는 것을 보았으며, 더프 암스트롱은 쇠사슬로 메츠커를 치고 그것을 버리는 것을 보았다고 맹세했다. 쇠사슬은 근처에서 발견되었다. 피고에 대한 전망은 비관적으로 보였다.

　알렌을 반대 심문할 차례가 되자, 링컨은 그가 습격을 받은 시간, 알렌이 떨어져 있었던 거리, 그리고 그곳이 그때 얼마나 밝았는지에 대해 물어보았다. 그 증인은 즉석에서 대답했다. 그는 그 싸움의 현장에서 15-20야드 떨어진 곳에 있었으며, 시간은 밤 11시 쯤 되었고, 그 시간에 달빛이 거의 직접적으로 비쳤기 때문에 똑똑히 볼 수 있었다고 대답했다.

　그러자 링컨이 1857년의 달력을 제시했다. 그 달력은 8월 29일 밤에 달이 떴다가 밤 11:57분에 졌다는 것을 보여주었다. 그러므로 암스트롱이 메츠커와 싸우는 순간에는 달이 알렌이 진술한 위치에 있지 않았고, 대신 서쪽 하늘로 기울었던 것이다. 배심원들은 웃음을 터뜨렸다. 해리오트와 원고측 변호인 그리고 배심원들은 그 달력을 조사하였다. 그 다음에 변호사 링컨은 배심원들에게 이 증인이 달의 위치와 같은 사실에 대해서 거짓말을 했다면, 다른 중요한 사항들에 대해서도 충분히 그럴 가능성이 있다고 지적했다.

　그 후 윌리암 워친스가 증인석에 서서 그는 고무줄 새총을 갖고 있었고 그가 그것을 만들었으나, 그 전날 캠프모임에서 그것을 던져버리기로 결심을 했고, 그것이 던져진 곳은 그것이 발견된 바로 그곳이었다고 맹세했다. 피고 측은 메츠커가 집으로 돌아가는 도중에 한두 번 말에서 떨어져서 땅에 머리를 부딪혔다는 사실을 지적했다. 그 당시 외과 의사인 차알스 파커 박사가 방청석에 앉아 있었고, 두개골을 이용하여 배심원들에게 그렇게 머리 뒤로 떨어지거나 노리스에게 맞은 것만으로도 오른쪽 눈 옆의 골절 현상은 얼마든지 나타날 수 있으며, 그것이 결국 메츠커의 죽음을 가져왔다고 증언했다. 여러 명의 증인들이 더프 암스트롱에게 유리하게 증언을 해주었다.

링컨은 더프 암스트롱의 운명을 손에 쥐고 있는 열두 명의 배심원들에게 장장 한 시간에 걸쳐서 연설한 다음에, 심리를 마쳤다. 그는 인상적으로 일어서서 코트와 조끼를 손에 들고 천천히 전체적인 증언을 개관하면서 연설한 다음, 동정을 바란다는 솔직한 간구로 연설을 마쳤다. 그는 암스트롱 가와 자신이 친밀한 사이이며, 피고인 더프 암스트롱은 어린시절 클래리의 그로우브에서 살 때 자기가 요람에 태웠다고 말했다. 게다가 그는 부모들로부터 도와달라는 부탁을 받았으며, 그의 아버지는 최근에 고통 속에서 화병으로 죽었고, 혼자 남은 그의 어머니는 아들이 감옥에 가게 되면 가난과 수치와 곤경 때문에 비참한 삶을 살게 될 것이라고 말했다. 눈물이 링컨의 얼굴로 흘러내렸다.

배심원들 중에도 많은 사람들이 그의 말에 감동되어 눈물을 흘렸다. 월커 변호사는 이렇게 말했다. "나는 그런 경우에 그렇게 능숙하게 사람들의 감정을 다루는 사람을 본 적이 없다." 배심원들은 판사의 지시에 따라 법정을 나섰다. 그러다가 그 중의 한 사람은 링컨이 "한나 아주머니, 당신의 아들은 해지기 전에 석방될 것입니다."라고 말하는 소리를 들었다.

한 시간의 숙고 후에, 배심원들은 링컨의 고객인 더프 암스트롱에게 죄가 없다는 사실을 발견했다. 링컨은 더프와 악수를 하고 그를 그의 어머니에게 인계하고 그에게 어머니를 잘 돌봐드리고 위로해 드리라고 말했다. "그리고 네 아버지처럼 착한 사람이 되려고 애써라."라고 했다.

변호사 수임료로 링컨이 받은 액수는 수수했다. 1850년부터 60년까지의 그의 평균 수입은 2-3천 달러였다. 그러나 어떤 경우에는 큰 돈이 들어

왔으며 그럴 때는 그 돈을 받았다.
 1854년에 그는 일리노이 센트럴 철로회사가 맥리안 군을 상대로 낸 소송에서 변론을 맡았다. 주 헌법은 재산의 가치에 비례하여 모든 재산에 대해 균일하게 세금을 매기도록 규정하고 있었다. 입법부는 개인이나 법인이 특권을 사용하거나 행사하고 있는 경우들에만 면세를 허락했다. 일리노이 센트럴 철로회사의 면허증은, 이 회사가 6개월에 한번씩 총수입액의 5퍼센트를 주에 내고 6년간 세금 면제를 받는 것으로 규정하고 있었다. 그러나 맥리안 군의 직원들은 면세는 주의 세금에만 적용된다고 주장했다. 그들은 면허를 내주는 조건으로 받기로 한 총 수입액의 5퍼센트를 받을 뿐만 아니라, 그 군 내에 소유한 재산에 대한 세금을 징수하기 위해 법적인 조처까지 취했다. 이것은 철로 회사의 재정적인 안정을 위협했을 것이며 파산의 위기로까지 몰고 갔을 것이다. 그래서 그들은 세금 납입을 거부하고 소송에 맞서 싸우기 위해 변호사를 선임했다.
 링컨과 그의 동료 변호사는 맥리안 군에서 이 사건을 논증했으며, 그들에게 불리한 판결을 내리자 그는 최고 법정에 항소를 했다. 그래서 그 사건은 오랫동안 계속 결말이 나지 않았다. 1856년이 사건은 재결되었고, 링컨의 마지막 진술이 끝난 후 법정은 헌법 아래에서는 입법부가 세금을 면제해 줄 수 있으며, 철로회사 면허증에는 면세가 규정되어 있으므로 군 관계자들은 일리노이 철로회사에 대해 세금을 징수할 수 없다고 판결을 내렸다.
 철로회사는 철도의 재정적인 위기가 끝날 때까지 6년간 주에 세금을 내지 않아도 되었기 때문에 수 백만 달러를 번 셈이다. 링컨이 시카고 사무실에 2천 달러의 지급 청구서를 제출하자, 그곳에 있던 무례한 철로회사 직원이 말했다. "이건 일급 변호사가 청구하는 것만큼 많은 액수군요." 에이브는 이 무례한 태도에 화가 났다. 그는 그가 5천 달러를 받는 것이 그의 일에 적합한 수임료라는 내용의 진술서들을 다섯 명의 유력한 변호사들로부터 받아내었다. 회사는 수임료를 지불하고 링컨에게 앞으로도 회사를 위해 일해 달라고 부탁했기 때문에 그는 철로회사의 변호사로 계속 일해주었다.

이 후한 수임료는 링컨이 그때까지 받은 가장 큰 액수였으며, 대단한 행운이었다. 이것은 그가 미국 상원의원에 입후보하여 다른 당 입후보자와 설전을 벌이고 결국에는 미국 최고의 직위를 향해 달려가기 오래 전의 일이었다. 변호사 시절에 링컨은 여러 종류의 법률 문서를 준비해 달라는 요구를 받곤 했었다. 어떤 경우에 그는 죽어가는 여인의 침대 곁에 서서 그녀의 마지막 유언장을 준비하기도 했다. 그는 자신과 친구 그린을 증인으로 채택했다. 죽기 직전 그녀는 하나님에 대한 확신을 표현했고, 그녀는 하나님이 평생 동안 신실하게 자기를 지켜주었다고 말했다. 링컨은 깊은 감명을 받고 말했다. "그리스도에 대한 당신의 믿음은 현명하고 강하며, 당신은 이 세상에서 유익하게 산 것에 대해 칭찬을 받고 희망차게 내세로 들어가게 될 것입니다."

그 여인이 링컨에게, 성경에서 몇 구절을 읽어달라고 부탁하자 링컨은 시편 23편을 기억나는 대로 암송했다. 그리고 나서 그는 다음 구절을 인용했다. "너희 마음을 혼란케 하지 말라. 하나님을 믿으니 또 나를 믿으라." 그리고 나서 "만세 반석"의 말씀을 인용했다. 후에 그의 친구 그린이 그에게 말했다. "자넨 오늘 변호사일 뿐만 아니라 목사의 일까지 했네." 이에 대해 링컨은 이렇게 대답했다. "하나님과 영원과 하늘이 오늘 내 가까이 있었다네."

"여호와의 교훈은 정직하여 마음을 기쁘게 하고 여호와의 계명은 순결하여 눈을 밝게 하도다". (시19:8) 찬송 248장

"성경책, 워싱턴의 생애, 천로역정, 이솝 우화, 이 책들은 나의 보이지 않는 스승이었다."

"거짓은 잠시 동안은 통할 수 있지만 영원히 통할 수는 없다."

"나는 손이 더러워져서 돌아갈 수 없다." (링컨에게 사건 의뢰인이 정직하지 못함을 알고서)

"나의 염려는 내가 하나님 편에 서 있는가 하는 것일세. 우리가 하나님 편에서 있기만 하면 언제나 하나님은 우리 편이 되어주신다네."

"지성과 애국심과 기독교 신앙과 아직 복받은 이 나라를 버리지 말고 우리의 모든 어려움을 최선을 다해 해결하기를 바라고 계신 하나님께 대한 확고한 믿음을 버리지 맙시다."

"당신들의 기도가 없었다면 난 주저하고 아마 오래 전에 실패했을 것입니다. 제가 힘과 지혜를 가질 수 있도록 기도해 주십시오."

"그들의 죽음이 헛되지 않도록 하나님 앞에서 이 나라가 자유 가운데 거듭나고 국민의 국민에 의한 국민을 위한 정치가 이 지구상에서 사라지지 않도록 해야 할 것입니다." (게티스버그 연설문 중에서)

"하나님은 인간에게 선택하도록 선과 악을 제시하신 것이 아닙니다. 오히려 그들에게 영원한 죽음의 고통이 있을 것이므로 먹어서는 안 되는 실과가 있음을 그들에게 알려주신 것입니다."

"지금의 내가 있게 된 것은 천사 같으신 내 어머니 덕택이었다."

"이 위대한 책에 관해서 나는 하나님께서 주신 가장 좋은 선물이라고 말을 하지 않을 수 없습니다. 구세주께서 온 모든 선한 것은 이 책을 통해서 우리에게 전달 되었습니다. 그러나 이 책이 없었다면 우리는 옳은 것과 그른 것을 알 수 없었을 것입니다." (해방된 흑인들이 감사의 표시로 금박을 입힌 성경을 전달하자)

8
노예제도에 도전하는 링컨

법원에서 매우 긴장된 하루를 보내고난 어느 날 저녁, 링컨과 유망한 법학도 랄프 에머슨은 산책를 했다. 느닷없이 에머슨이 물었다. "링컨 씨, 한 가지 여쭈어 보고 싶은 것이 있는데요! '남이 네게 해주기를 바라는 대로 남에게 해주라.' 는 말씀이 법률가에게도 해당될까요?"

그에게서는 아무런 대답이 없었다. 그들은 아무 말도 하지 않고 잠시 걸었다. 그러고 나서 링컨은 한숨을 쉬고 다른 것에 대해 말을 하기 시작했다. 이 말을 듣고 난 오랜 후 에머슨은 말했다. "난 해답을 얻었다. 그날의 산보는 내 인생의 진로를 바꾸어 놓았다."

에머슨뿐만 아니라 많은 사람들은 링컨이 근 20년 간 변호사로 일하는 동안 황금률을 지켰다고 믿었다. 그는 자기 인생 여정을 좋아했고 지난 5년 간 정치에 대해서는 등한히했으며 변호사 일에 더욱 몰두했다.

그 후 1850년부터 1854년까지 미국 의회와 온 국가가 노예문제, 즉 도망 노예법과 서부지역에 노예제도가 퍼지는 것에 대해 어떤 조처를 취할 것인지에 대해 논란을 벌이고 있을 때, 상원의원 스티븐 더글라스는 지역 위원회 의장이 되었다.

남부인들의 표를 의식한 그는 미조리의 타협에 의해, 노예제도를 축출한 캔사스와 네브라스카 지역들을 어떻게 할 것인지의 문제를 제기했다.

세인의 관심을 끌고 있으며, 훌륭한 연사요 성공한 의원이지만 도덕적으로 타협을 잘하는 더글라스는 상원의원이라는 점을 기화로 하여, 캔사스 주민들이 언제든지 "노예제도"든 "해방"이든 투표할 수 있는 권한을 부여해 주는 캔사스—네브라스카 법안을 효과적으로 이용했다. 이렇게 해서 미조리의 타협안은 사실상 무효화되고 노예제도는 널리 퍼져나갔다.

이 소식이 나라 안에 퍼지자 북쪽의 주민들은 대부분 분개했다. 뉴 잉글랜드에서 3050명의 성직자들이 미국 상원의원에 보내는 공개 청원에 서명을 했다. "거룩하신 하나님의 이름과 그의 임재를 걸고 우리는 캔사스-네브라스카 법안이 통과된 데 대해 엄숙히 항의한다." 시카고에서 25명의 성직자들이 비슷한 항의 서한에 서명을 했고, 그 다음에는 북서 지역의 500명의 목회자가 서명을 했다. 더글라스는 목사들이 "거룩하신 하나님의 이름으로" 의회를 억압하려고 한다고 선언하면서 사악한 일을 계속 밀고 나갔다.

그러나 그 직후에 캔사스에서 노예를 자유롭게 하려는 사람들과, 노예제도를 존속시키려고 하는 사람들 사이에 경쟁이 벌어졌다. 남부인 이주자들과 북부인 이주자들이 이 곳으로 대거 모여들었다. 자유파가 승리를 거두려는 순간 투표함이 던져지고, 두 이주자 집단 간에 피비린내 나는 싸움이 벌어졌다. 이 비극적이고 수치스런 소식은 나라 전역으로 퍼져나갔다. 더글라스는 자신이 이 일로 말미암아 파멸을 하리라는 것을 깨닫고, 자신의 입장을 설명하기 위해 서둘러서 일리노이에 있는 집으로 돌아왔다. 도중에 그는 차창을 통해서 그의 이름을 지닌 꼭두각시가 불타는 것을 보았다.

오하이오에서는 한 여성 단체가 그에게 은 삼십 냥을 주면서 그를 "유다"라고 비난했다. 시카고에서는 그가 연설하기로 되어 있는 북 마켓 홀 앞에 8000명의 군중들이 모여 질문 공세를 펴고 쉿쉿거리고 피이피이 거리면서 야유를 보내 그를 모욕했다. 두 시간 후 그가 시계를 보고 실크모자를 머리에 쓰고 연단을 떠나 후래몬트 하우스로 갈 때까지 그에게 계속 야유를 보내다가, 그가 떠나자 큰 소리로 모욕을 했다.

이 사건은 미국 전역에 퍼졌다. 많은 신문들이 이 폭행을 지지했다. 민주당 진영의 신문은 이 소요를 비난했다. 더글라스는 그 주의 여러 도시들에서 연설을 했다. 도처에서 그는 모욕을 당했다. 어떤 곳에서는 사람들이 불타는 그의 초상을 목에 걸고 다녔으며 대통령직을 얻기 위해 "거룩한 협정"을 깨뜨리고 자유를 희생한 사람을 공격하는 모토와 플래카드를 전시했다. 그러나 더글라스는 도시마다 다니며 "국민의 주권"에 대해 연설을 하여, 이전의 인기를 되찾을 수 있었다.

1854년 10월 3일에 주의 페어가 스프링필드에서 열렸다. 몇 주 동안 더글라스가 그 날에 연설을 하리라는 소문이 나돌았으며, 에이브러햄 링컨이 그의 응답자로 나서리라는 소문이 돌았다. 이 쇼의 특징은 소, 돼지, 곡식과 다른 농산물, 가사 도구, 개량된 농기구 견본들이 상으로 등장했다는 것이다. 일리노이 전 지역의 정치 지도자들은 스프링필드로 왔으며 "젊은 거인" 곧 "정직한 에이브"의 연설을 듣게 된 것에 대해 흥분했다.

도시 근교의 한 숲에 5000명이 앉을 수 있는 자리가 마련되었다. 그러나 그날 비가 와서 그 모임은 대표자 집의 홀로 장소를 옮겼다. 그곳에서 더글라스는 장장 세 시간 동안 연설을 했다. 그의 연설의 핵심은 "대중의 주권"이었으며, 그는 "대중이 다스리느냐, 지역 유권자들이 자신의 사건을 통제해야 하느냐는 실제적인 문제가 아니다."고 말했다. 사람들은 환호했으며, 그가 연설을 마치자 링컨이 다음 날 그에게 대답할 것이라는 사실이 고지되었다.

다음 날 오후 하원의원실은 다시 사람들로 붐볐으며, 그들은 사실상 더글라스의 연설을 들은 사람들과 똑같은 사람들이었다. 링컨의 친구들은 그가 적절하게 응답할 것으로 기대하긴 했지만, 그의 연설은 그를 가장 잘 아는 사람들에게도 놀라움을 자아낼 만한 것이었다. 때는 무덥고 숨막

히는 오후였으며, 예정된 시간이 되어 키가 크고 마른 변호사가 다소 어색하게 연단으로 올라가서 머뭇거리면서 말을 꺼냈을 때, 홀안의 공기는 무거웠다. 그러나 곧 그의 망설임은 사라지고 그는 세 시간 동안 진지하게 열변을 토했다. 그의 머리카락은 헝클어져 있었고, 그가 계속할 때 그의 얼굴에서 땀이 쏟아졌다. 시간이 흐르자 사람들은 다시 박수갈채를 보냈으며, 그가 연설을 마치자 홀안은 즐거움으로 가득찼다. 다음날 스프링필드 신문은 다음과 같이 기록했다.

우리 생각에 링컨 씨는 그의 평생에 이보다 더 심오한 연설을 할 수 없으리라. 그는 영혼에 진실을 불태웠고, 시종일관 그가 자기 영혼에 충실하다는 느낌을 주었다. 그의 감정은 한두 번 가슴속에서 벅찼으며, 숨가쁘게 발산되었다. 그는 감정 때문에 떨렸다. 그가 '대중의 주권'에 관한 더글라스의 계획 속에 가려진 기만과 궤변을 능숙한 솜씨로 밝혀낼 때, 홀 안은 쥐 죽은 듯이 고요했다. 그는 이상할 정도로 온화하면서도, 정열적으로 캔사스—네브라스카 법안을 공격했다. 그리고 모두들 힘있게 주장하는 이 사람은 그것을 반대하며, 그가 할 수 있다면 그것을 망쳐버릴 의도가 그에게 있음을 깨달았다. 그의 연설은 대단히 성공적이었고, 하원의원실에 모인 사람들은 진리가 승리한다는 것을 크게 계속적으로 환호함으로써 이를 승인했다.

더글라스 의원은 그 자리에 있었으며 담대하고 진실한 링컨의 연설을 듣고 군중들이 환호하는 것을 보면서, 다음 날 그에게 답변을 해야겠다고 생각했다.

그러나 그는 성공을 거두지 못했다. 왜냐하면 링컨은 공식 석상에서 모호한 태도를 보이지 않았기 때문이다.

12일 후 페오리아에서 더글라스는 연설을 하고 링컨이 그에게 답변을 했는데, 이번에도 전과 마찬가지로 3시간에 걸쳐 연설을 했다. 그 전문이 보존되어 "페오리아의 연설"로 알려지게 되었다. 다음의 인용문들은 그

S. 더글라스

연설 속에서 그가 아무도 행치 못한 그 주제의 도덕적인 측면을 표현했음을 보여준다.

나는 노예제도를 미워하지 않을 수 없습니다. 나는 노예제도 자체가 무법한 것이기 때문에 그것을 미워합니다. 나는 그것이 공화국으로서의 우리나라가 전세계에 모범을 보이지 못하도록 방해하기 때문에 그것을 미워합니다. 노예제도는 자유제도의 적이 될 수 있고, 우리를 위선자로 조롱하도록 만들 수 있습니다. 그것은 참된 자유의 친구들이 우리의 신실성을 의심하도록 만들기도 하며, 특히 노예제도가 독립 선언물을 비난하고, 이기심 외에 적절한 행동의 원리가 없다고 주장하면서, 시민 자유의 매우 기본적인 원리들과 전쟁을 선포하도록 우리의 많은 착한 친구들을 몰아대기 때문에 그것을 미워하는 것입니다. 노예제도는 정의에 대한 사랑과 반대되는 인간의 본성적인 이기심에 기초하고 있습니다. 이 원리들은 노예제도와 영원히 반대됩니다. 미주리 주의 타협을 물리치고, 독립선언을 떨쳐버리고, 과거의 모든 역사를 청산한다 해도 여러분들은 인간의 본성을 떨쳐버릴 수 없습니다. 노예제도의 팽창이 나쁘다는 것은 인간의 마음 속에 자리잡고 있을 것이며 그것을 입술로 계속 말하게 될 것입니다. 자치론은 옳습니다. 절대적으로 영원히 옳습니다. 그러나 자치는 여기에서 시도되는 것처럼 적용될 수는 없습니다. 아니면 그것이 적용될 수 있는지는 흑인이 사람이냐 아니냐에 달려 있다고 말할 수 있습니다. 그들이 인간이 아니라면, 인간인 사람은 자치를 위해 그가 만족할 만한 일을 할 것입니다. 그러나 흑인이 인간이라면, 그들이 자기를 억제하지 못한다고 보는 것은 자치를 파괴하는것이 아닐까요? 백인이 자기를 억제한다면 그것은 자치입니다.

그러나 자기뿐만 아니라 다른 사람들까지 통제한다면, 그것은 자치가 아니라 독재입니다. 나는 특히 네브라스카 법안에 공언된 원리가 국내의 노예제도에 부여한 새로운 입장에 반대합니다. 나는 그 입장이 한 인간이 다른 사람을

정치적인 동반자이자 라이벌인 스티븐 더글라스와 제4차 논쟁을 벌이고 있는 링컨 그들의 논쟁은 유명하다

노예로 만드는 도덕적인 권리가 있음을 가정하기 때문에 그것에 반대하는 것입니다. 나는 그것이 자유로운 인간을 위한 위험한 장난이 되기 때문에 반대합니다. 그것은 행복을 누리면서 우리는 정의를 망각하고, 원리로서의 자유를 더 이상 숭배하지 않는다는 슬픈 증거입니다.

그러나 끊임없이 무덤을 향해가는 우리는 새로운 신앙을 위해 옛 것을 포기하고 있습니다.

거의 80년 전에 우리는 만민이 평등하게 창조되었다고 선언함으로써 시작되었습니다. 그러나 그렇게 시작된 이후 오늘 우리는 몇몇 사람들이 다른 사람을 노예로 삼는 것이, "자치의 신성한 권리"라는 다른 선언으로 쇠퇴해 버렸습니다. 그러나 이 원리들은 함께 존속할 수 없습니다. 그것들은 하나님과 맘몬이 상반되는 것처럼 상반되는 원리들입니다.

더글라스는 그 연설에 완전히 압도되어 정적인 그에게 와서 이렇게 말했다. "링컨, 당신은 미국 의회의 온갖 반대에도 불구하고 지역내에서의 노예제도 금지에 관한 이 문제를 이해하고 계시군요. 저는 그 문제를 놓고 당신과 논쟁할 수가 없습니다." 그러고 나서 그는 링컨에게 휴전하자고 간청했다.

링컨은 그의 제안에 동의했으며, 두 사람은 전선을 파기하고 각자 자기 일로 돌아갔다. 링컨의 연설은 더글라스의 연설과 함께 당시 신문에 널리 보도 되었다.

그 후 공화당의 조직 내에서 잠시 구체화된 효력들이 나타났다. 이 새 조직은 노예제도가 다른 지역들로 확산되는 것을 반대하고 캔사스를 자유 주로 승인했으며, 워싱턴과 제퍼슨의 원리들을 연방정부가 수락하도록 했다. 그 조직의 구성원들로는 민주당과 휘그당의 노예제도 반대자들과 노예제도 폐기론자와 자유로운 땅 단체와 Know Nothing Party등등이 있었다.

잠시 동안 링컨은 새로 조직된 공화당과 접촉을 피했지만, 그의 적극적인 젊은 파트너인 헤른돈에 의해 결국 그도 그 조직의 구성원이 되었다.

주의 공화당 전당 대회는 1856년 5월 29일 블루밍톤에서 열렸다. 캔사스에서의 소동에 대한 흥분이 광적일 정도에 이르렀다. 신문들은 미국 상원에서 하원의원인 브룩스가 상원의원인 섬머를 공격하고 노예제도 반대 연설을 했다는 이유로 그를 때려 사지로 몰아넣은 사건을 대서특필했다. 폴 셀비는 정적의 비겁한 타격을 받고 집에 몸져 누워있었다. 그래서 그 조직의 구성원들은 과격한 행동을 하기로 결의했다.

연단을 세운 후에, 국가대회 대표단의 임명과 연설에 따른 필요한 일들이 완성되었다. 여러 명의 사람들이 연사로 부름받고 뚜렷한 설득력없이 연설을 하고 있을 때, 갑자기 사람들 사이에서 "링컨", "링컨", "링컨을 보내라!"는 외침이 들렸다. 군중들은 홀이 떠나가도록 그의 이름을 외쳤으며, 마침내 청중석에서 돌아설 때 그의 얼굴에는 강력한 의지의 표현이

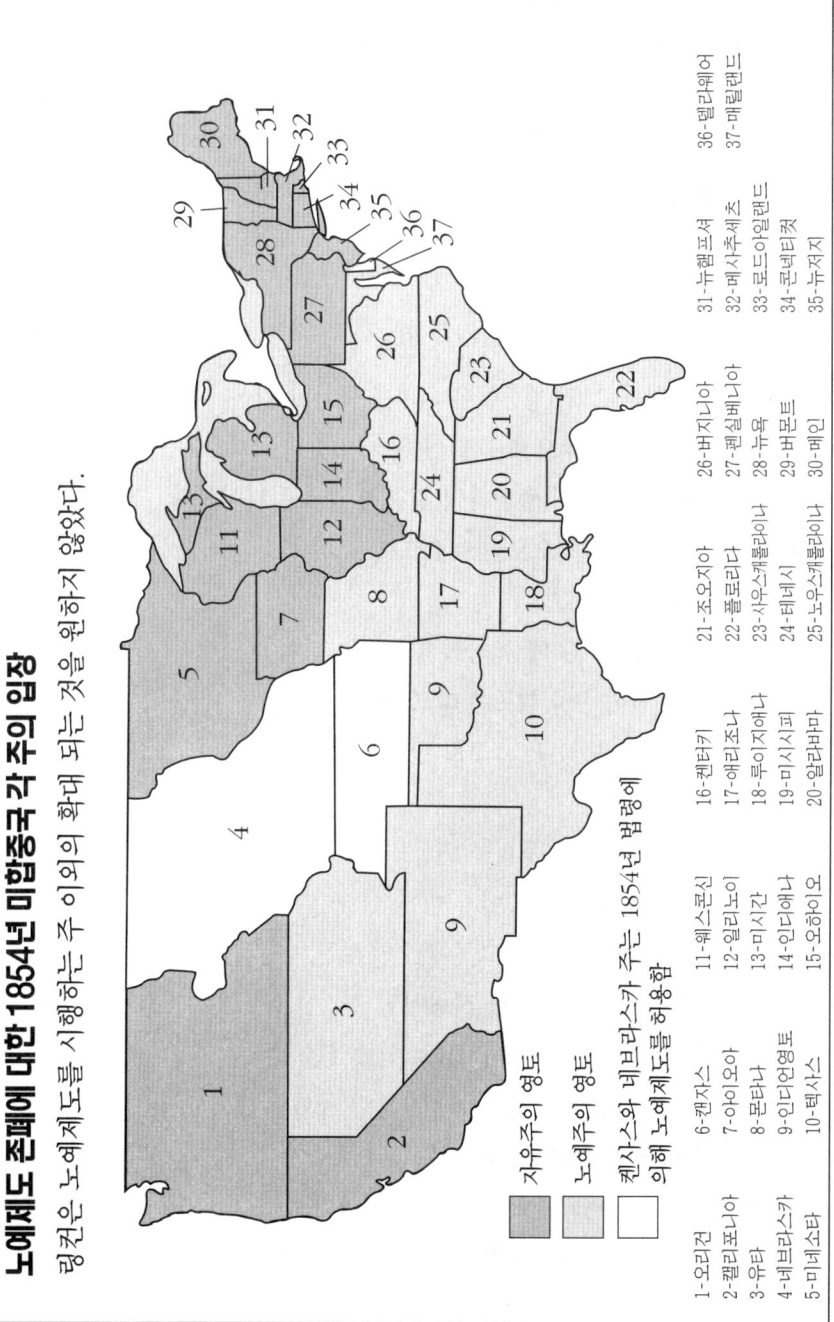

서려 있었다. 위대한 영혼의 감정이 보이지 않는 힘에 의해 움직였다. 서 있을 때도 그는 돋보였다. 그는 지금이 위기 즉, 자신의 정치생명의 분기점이라는 것을 깨달았다. 게다가 말하기 시작했을 때, 그는 어떤 위대한 목적을 위해 이 모임에서 불일치하는 요소들을 함께 잡아당기는 "강력한 혼합력"을 느꼈다. 그는 시간의 중요성과 낸시 행스 링컨이 어린시절에 그에게 가르쳐 주신 분의 도와주는 힘을 심오하게 이해함으로써 감동을 받았다.

그는 처음에 천천히 주저하면서 말을 꺼냈으나, 점차 힘을 더해갔으며 그리하여 마침내, 그의 청중들은 의자를 박차고 일어나 창백한 얼굴과 떨리는 입술로 무의식적으로 그를 향해 나아갔다. 그는 손을 히프에 대고 서 있던 넓은 연단에서 출발하여 천천히 앞으로 나아왔다. 그의 눈은 빛나고 그의 얼굴은 열정으로 하얘졌으며, 그의 목소리는 확신에 차서 힘차게 울려퍼졌다.

그가 계속 연설을 할 때, 청중들에게 그는 점차 격렬해지는 것처럼 여겨졌고, 그가 여전히 손을 히프에 대고 무대 앞 열 끝에 서 있을 무렵에는 영감받은 거인처럼 보였다. 스코트 판사가 말했다. "그 순간 그는 내가 본 가장 멋진 사람이다."

절정에 달해서 그는 "우리는 연합을 무시해서는 안되고 여러분도 그렇습니다."고 말했다. 청중들에게 미친 영향이 강렬했기 때문에 사람들은 즐거움의 눈물을 흘렸으며 그곳에 모인 모든 사람들은 한 사람처럼 느끼고 한 사람처럼 생각하며 한 사람처럼 결정하고 기도하게 되었다. 그는 그들 모두를 순수한 공화주의자들로 만들었던 것이다.

1856년 6월 17일 필라델피아에서 열린 공화당 대회에서, 유명한 탐험가인 육군 대령 준 후래몬트가 대통령 후보로 추대되었다. 부통령 후보로 링컨의 이름이 거론되었으며, 첫 번째 투표에서 그는 110표를 얻었다. 그러나 뉴저지 주의 판사 윌리암 데이톤(William L. Dayton)은 동부 주들의 세력을 규합하여 후래몬트의 러닝 메이트로 지명되었다.

링컨은 뉴저지 주에 살고 있는 친구인 존 반 다이크(John Van Dyke)에게 편지를 보내어 데이톤에 대한 축하의 말을 전했다. "데이톤 판사를 만나거든 내 존경을 전하고 그에게 내가 그를 나보다 더 그 자리의 적임자로 생각하고 있으며, 내가 힘 닿는 대로 그와 후래몬트 대령을 후원하겠다고 말해주시오."

1857년 봄에 드레드 스콧의 판결로 인해 노예제도에 대한 링컨의 관심은 더욱 깊어졌다. 그 판결에서 대법정은 흑인이 미국법정에서 고소할 수 없으며, 의회도 지방의회법도 그 지역 내에서의 노예제도를 금할 수 없다는 판결을 내렸다. 사실상 이 말은 "흑인은 백인이 존경해마지 않는 권리를 지니지 못한다."는 뜻이다. 이 판결은 북부에서의 폭동을 유발했다. 더글라스는 자신의 선거구민들을 진정시키기 위해 일리노이로 서둘러 왔다.

그는 이렇게 외쳤다. "누가 최고법정에 도전하는가? 두렵지도 않은가? 거부하게 되면 무정부 상태가 될 것이다."

링컨은 스프링필드에서 이 문제에 관한 연설로 그와 공정하게 맞섰다. "우리는 더글라스 판사만큼 아니 그 이상으로 사법부에 복종하며 존경합니다. 그러나 우리는 드레드 스콧 판결이 잘못이라고 믿습니다. 우리는 법정이 그 자체의 판결을 종종 기각해 버렸다는 것을 알고 있으며, 우리는 이 판결을 기각시키기 위해서 할 수 있는 모든 일을 할 것입니다. 우리는 그것에 대한 저항을 허락하지 않습니다."

1858년 초여름에 더글라스는 일리노이로 다시 돌아왔다. 이번에는 단지 자기의 정강을 변호하기만 하는 것이 아니라, 민주당 후보로서 상원의원에 재선되기를 바라서 돌아온 것이다. 그의 임무는 쉽지 않았다. 왜냐하면, 일리노이 주와 민주당원들은 그가 부캐넌 대통령 및 그의 당과 갑작스럽게 결별함으로써 분열되었기 때문이다.

민주당의 분열을 환호하던 공화당원들은 스프링필드에 있는 하원의 홀에서 전당대회를 개최하기 위해 모였다. 그들은 링컨의 기를 흔들고 그를 위해 환호한 다음, 만장일치로 그를 "미국의 상원에 보낼 일리노이 공화당의 첫 번째의 유일한 후보"로 지명했다. 그날 저녁, 후보 수락연설에서 링컨은 그의 유명한 "분열된 의원" 연설을 했다. 이 연설은 그의 장래 정치 경력의 기초가 되었다. 그 연설은 다음과 같이 시작되었다.

우리가 어디에 있고 우리가 어디로 가고 있는지를 미리 알 수 있다면, 우린 무엇을 해야 하고 그것을 어떻게 해야 하는지를 더 잘 판단할 수 있을 것입니다. 제가 노예제도에 대한 선동을 끝내겠다는 자신에 찬 약속과 공공연한 목적을 가지고 정치를 시작한 지 이제 5년이 되었습니다. 그 정책이 실행되고 있지만 그 선동은 중단되지 않았을 뿐만 아니라, 계속해서 증대되고 있습니다. 제 생각에, 위기가 나타났다가 사라질 때까지는 그 선동은 중단되지 않을 것 같습니다. "분열된 의회는 그 자체를 견딜 수 없습니다." 나는 이 정부가 영원히 반은 노예이고, 반은 자유인 상태를 견뎌낼 수 없다고 생각합니다. 나는 이 합중국이 해체되리라고 생각하지 않습니다. 나는 의회가 완전히 분열되리라고 생각하지 않습니다. 나는 분열이 중단되기를 기대합니다. 그것은 모든 사람이 하나가 되는 것을 의미합니다. 노예제도 반대자들은 미래에 그것이 확산되는 것을 포착하고, 대중들이 그것이 궁극적인 절명의 과정에 있기를 믿고 안심할 곳에 그것을 두어야 합니다. 아니면 그것이 각 주들에서 모두 합법화될 때까지 노예제도의 옹호자들은 옛날과 마찬가지로 앞으로도, 그리고 남부와 마찬가지로 북부에서도 그것을 계속 밀고 나갈 것입니다.

링컨의 지명과 그의 연설로 인해 더글라스와 링컨은 경쟁하는 입후보자가 되어 서로 맞서게 되었다. 그들은 각기 상대방의 장점과 능력을 존경했다. 그 당시 워싱턴에 있던 더글라스는 공화당 당원들에게 이렇게 말했다. "당신들은 매우 유능하고 매우 정직한 사람을 후보로 임명했다." 그는 존 포르네이(John W. Forney)에게 말했다. "나는 이제 포만감을 느낄 것이네. 링컨은 그가 속해 있는 당에서 유력한 사람이고 서부에서 가장 유능한 정치 연설가이네."
 상원의원인 더글라스는 예쁘고 교양을 갖춘 아내를 대동하고, 6월에 서쪽에서부터 시작했다. 시카고에서 60마일 떨어진 곳에서부터 밴드와 깃발과 페난트를 든 일리노이 센트럴 수행원들은 더글라스의 일당과 만나 그들을 호위하여 시카고로 데리고 갔다. 그가 그날 밤에 트레몬트 항스의 호숫가 거리의 발코니 위에 올라설 때 로켓들이 그 거리를 밝혔고 그 정치가는 한 시간 삼십 분간의 연설을 시작했다. 링컨은 그 거리를 메운 군중들 틈에 끼어서 더글라스가 자기를 "친절하고 상냥하며 지적인 신사요, 훌륭한 시민이고, 자랑스런 경쟁자"라고 말하는 소리를 들었다. 그는 또 더글라스가 다음과 같이 말하는 것도 들었다. "링컨 씨는 대담하고 분명하게 분파들의 전쟁, 한쪽이나 다른쪽이 진압되어 모든 주들이 자유 주가 되거나 노예 주가 될 때까지 계속해서 남부 대 북부의 전쟁, 노예 주 대 자유 주의 전쟁, 곧 섬멸전을 주창합니다."
 다음 날 밤에 링컨은 바로 그 트레몬트 하우스의 발코니에서 많은 사람들을 모아놓고 연설을 했다. 그는 자신이 들은 비난을 부인하고 "오늘밤 이후로 더글라스 판사의 연설이나 나의 연설을 듣든 듣지 못하든 간에" 노예제도라는 "중대한 문제"를 해결해야 할 필요성에 대해 조심스럽게 피력했다.
 링컨 대 더글라스의 상원의원 선거운동은 시카고에서부터 아래 쪽으로 이동했다. 가는 도시마다 그들은 수많은 군중들을 모아놓고 똑같은 연단에서 다른 시간대에 연설을 했다. 링컨의 전략은 더글라스의 흔적에 머물며 똑같은 자리에서 청중들에게 그의 질문에 답변을 하는 것이었다.
 멋진 의상을 차려입은 상원의원은 매력적인 아내와 비서들을 데리고 화려하게 장식된 개인 철도차를 타고 여행을 했다. 링컨은 아내 메리를 아이들이 있는 집에 남겨두고 혼자 다른 차를 타고 바로 그 뒤를 따라왔다. 그는 가죽으로 만든 실크 모자를 쓰고, 더러워진 옷을 입고, 카펫 가방을 들고 헨리 클레에의 집 나무로 만든 통을 들었다. 청동 기관포가 장착

된 평평한 자동차가 더글라스의 열차를 뒤따랐다. 의원의 차가 마을에 다다르자 그 기관포가 "작은 거인이 오고 있다는" 것을 주민들에게 알리기 위해 불을 뿜었다. "작은 거인이 나타나는 곳은 어디든지" 한 가지 보고가 있었다. "에이브가 나타나서 그에게 가시가 될 것이다."

그날 링컨이 행한 "심오한 핵심적인 진리"는 "노예제도는 나쁘며 나쁜 것으로 취급되어야 한다."는 것이다. 그러므로 더글라스가 이 문제를 공정하게 다룰 의사가 없음을 분명히하자, 링컨은 그를 공개적인 포럼으로 끌어낼 생각을 하고 그에게 그들이 똑같은 연단에서 똑같은 시기에 연설을 할 수 있도록 합동 연설회를 갖자고 제안했다. 그들 각각의 매니저들은 그것이 좋다고 느꼈다. 그러나 더글라스는 원치 않았다. 그는 주의 민주당 지도자들에게 이렇게 말했다.

"신사 여러분, 여러분들은 링컨 씨를 모릅니다. 저는 오래 전부터 그를 잘 알고 있습니다. 그리고 저는 쉬운 임무만을 갖게 되리라는 것도 아닙니다. 저는 여러분에게 단언합니다. 저는 토론회를 하기 위해서 에이브러햄 링컨만 아니라면 누구든지 만날 용의가 있다는 것을 ……", 그러나 더글라스는 승산이 있든 없든 간에 싸움을 피할 사람이 아니었다. 1858년 7월 29일에 링컨과 더글라스는 몬티셀로와 벨몬트 사이에 있는 도로에서 만나서 그 문제에 대해 상의했다. 그날 밤 토론을 위한 마지막 준비 작업은 브라이언트(F. E. Bryant)의 벨몬트 집에서 완결되었다. 상원의원과 더글라스 부인은 그곳에 있는 친구들 집에서 그날 밤을 보냈다. 스케줄에 따라 그들은 이미 연설을 마친 스프링필드와 시카고를 제외한 다른 선거구에서 한번 만나도록 되어 있었다. 지명된 때와 장소는 다음과 같다.

라 살레 군, 오타와. 1858년 8월 21일
스티븐슨 군 후리포트. 1858년 8월 27일
유니온 군 존스보로. 1858년 9월 15일
콜스 군 찰스톤. 1858년 9월 18일

녹스군 갈레스버그. 1858년 10월 7일

아담스 군 퀸시. 1858년 10월 13일

매디슨 군 앨톤. 1858년 10월 15일

  그들은 번갈아가면서 토론을 시작했다가 끝맺도록 준비했다. 더글라스는 오타와에서 한 시간 동안 연설을 했고, 링컨은 한 시간 반 동안 응답했으며, 그 후 더글라스는 삼십 분 동안 답변을 하도록 되어 있었다.

  후리포트에서는 링컨이 토론을 시작했고 한 시간 동안 연설을 하고 나서 더글라스가 한 시간 삼십 분 동안 대답을 했으며, 그 후 링컨은 삼십분 간 답변을 했다.

  그들은 이런 식으로 번갈아가면서 했다. 더글라스는 네 번 연설을 하고, 링컨은 세 번 연설을 한다는 조건이 붙어 있었다. 그러나 링컨은 동의했다. 토론회는 계획대로 실시되었다.

  미국 역사상 두 명의 지적인 위인들이 공식 포럼에서 당시의 중요한 현안 문제를 가지고 도시를 돌아다니면서, 토론을 벌인 적은 전에도 후에도 없는 일이었다. 사람들은 이 행사가 대단하다는 것을 감지하고 급행 열차와 마차와 짐차와 경마차, 달구지를 타거나 걸어와서 호텔들과 여인숙 그리고 가정집들이 사람들로 꽉찼다. 어떤 곳에서는 도시 밖에 천막들이 세워졌다. 오타와에서 열린 첫 번째 토론회 때에는 만 명의 사람들이 모였고, 후르포트에는 만오천 명이 모였으며 찰스톤에는 만이천 명이 모였고, 갈레스버그에는 이만 명이 모였다. 그러나 존스보로에 모인 사람들의 수는 천사백 명밖에 되지 않았다.

  밴드와 기수들의 기마행렬이 철도역사에서 그들이 연설할 연단으로 연사들을 호위해 가는 긴 행렬의 선두에 섰다. 더글라스의 후원자들은 대체로 화려한 옷을 입었다. 그러나 링컨은 한 곳에서만 여섯 필의 백마가 끄는 코네스토가 마차를 탔을 뿐이다.

  그 당시에는 확성기가 없었다. 그러나 더글라스는 멋진 목소리를 지녔고, 링컨은 우렁찬 소리로 연설을 했기 때문에 아주 먼 거리에서도 들을 수 있었다.

대체로 각각의 연사들은 서로를 존중했으며, 예의를 지켰으나 더글라스는 한두 번 자제력을 잃고 '비방자', '치사한 놈', '비겁자'라는 용어들을 사용했는데 반해, 링컨은 분노를 억제하면서 더글라스의 몇 가지 논증에 대해 '허위', '위조', '곡해', '거짓'이라는 단어들을 사용했을 뿐이다. 그러나 두 사람의 화법에는 뚜렷한 차이가 있었다. 더글라스는 그 청중들에게 대고 연설을 했는데 링컨은 앞에 있는 사람들뿐만 아니라 그 너머의 모든 주민을 상대로 연설을 했다.

개시 연설에서 더글라스는 링컨을 "그들이 착수한 모든 것을 놀라운 기술로 실행하는 특별한 사람들 가운데 한 사람"이라고 추켜세웠다. 그러나 그는 링컨이 과거에 술을 판매했을 뿐만 아니라, "그 마을의 어떤 소년보다도 더 많은 술을 마실 수 있었던" 식품 점원이었다고 묘사한 점에서 그에게 공평하지 못했다. 또 다른 경우에, 전통에 따라 첫 번째 개시연설에서 더글라스는 에이브의 희생을 익살스럽게 만들고자 했다. "존경하는 경쟁자를 바라볼 때 저는 '주여, 얼마나 오랫동안, 얼마나 오랫동안이옵니까?' 하고 말하는 성경 말씀이 생각납니다." 사람들은 피안 대소했다. 더글라스가 연설을 마치고 링컨이 연단에 섰을 때, 그는 "존경하는 경쟁자를 볼 때 저는 '악인은 그 날에 급히 끝나게 되리라.'는 성경구절이 생각납니다."고 응수했다. 이 말이 너무나 갑작스러웠기 때문에 사람들은 웃기보다는 숨을 헐떡거렸다.

그러나 대체로 이 토론회는 매우 진지했다. 그만큼 절박했던 것이다. 연사들은 상대방에게 급습을 가했다. 더글라스는 "대중 주권론"에 관한 주제를 가지고 끊임없이 도전했다. 그의 주장에 따르면, 각 주의 주민들은 노예제도를 폐지하거나 존속시킬 권리를 가지고 있다는 것이다. 그는 주민들이 자기 길을 가는 것에 대해 신경쓰지 않는다고 말했다. 다른 한편 그는 링컨의 "분열된 의원에 관한 연설"을 공격했으며 그러고 나서 계속해서 "인종들 간의 평등"을 옹호한다고 그를 비난했다.

"분열된 의원에 관한 연설"에 대한 더글라스의 공격에 대해 링컨은 이렇게 대답했다.

> 그는 제가 스프링필드에서 한 연설, 즉 "분열된 의원은 존속할 수 없다."는 말을 인용했습니다. 판사는 그것이 존속할 수 있다고 말하는 것일까요? 그가 그렇게 생각하는지 아닌지 저는 모르겠습니다. 판사는 지금 당장은 제 입장에 동의하지 않는 것 같지만, 저는 분열된 의원이 존속할 수 있다고 생각하는지 그에게 묻고 싶습니다.
>
> 만일 그가 그렇게 생각한다면, 그와 저 사이가 판사와 다소 고귀한 성품을 지닌 권세자 사이에 성실성의 문제가 제기되어야 할 것입니다.
>
> 자, 친구들이여 …… 저는 우리 정치 역사상 이런 노예제도가 연합의 끈이 되지 못했으며, 오히려 반대로 불화의 사과요, 의원 안에 있는 불화의 요소였는지에 관한 질문에 대한 대답은 여러분에게 맡기겠습니다. 여러분, 인간들의 마음의 도덕적인 구조가 이 세대 이후에도 계속 똑같은 도덕적 지적인 발전을 이룩하는 한, 그 제도가 현재와 같은 도발적인 위치에 서 있다면, 그것이 계속 불화의 요소가 되지 않을 것임을 생각해 보시기 바랍니다. 그렇다면 저는 이 문제에 관한 한 합중국은 그 자체로 분열된 의원이라고 말할 수 있을 것입니다.
>
> 자, 우리가 노예제도의 확산을 막고 워싱턴과 제퍼슨과 매디슨이 둔 곳에 그것을 둘 수 있다면 그것은 궁극적인 소멸의 과정에 있다고 생각하며, 대중들은 지난 8년간 그것이 궁극적인 소멸의 과정에 있음을 믿어왔습니다. 위기는 지나갈 것입니다. 그리고 노예제도는 그것이 존재하는 주에서 백 년간 홀로 남게 될 것입니다. 그러나 그것은 흑인과 백인 모두에게 가장 유익한 방식으로 살아남지는 못할 것입니다.

사회적인 평등을 옹호한다는 더글라스의 비난에 대한 응답으로, 링컨은 더글라스가 잘못 인용한 연설의 한 구절을 인용한 다음 이렇게 말했다.

신사 여러분, 저는 장황하게 인용하고 싶지는 않습니다. 그러나 이것은 제가 노예제도와 흑인에 대해 일찍이 말한 모든 것에 대한 진정한 윤곽입니다. 이것은 그 전부입니다. 그리고 제 주장을 흑인과의 완전한 사회적 정치적 평등이라는 생각으로 몰아가려고 하는 그의 시도는 허울 좋고 망상적인 언어의 배열에 불과합니다. 이렇게 함으로써 그 사람은 horse-chestnut을 chestnut-horse로 입증하고자 하는 것입니다.

저는 이 자리에서 이 주제에 관해 한 마디 하겠습니다. 저는 직접적으로든 간접적으로든 노예제도가 존재하는 주에서 그 제도를 방해할 의도를 갖고 있지 않다는 것입니다. 저는 그렇게 할 권리가 제게 없다고 생각하며, 그렇게 할 의사도 제게는 없습니다. 양자 사이에는 신체적인 차이가 있으며 그래서 제 생각에 그들은 완전한 평등의 기반 위에서 함께 사는 것이 영원히 불가능할지도 모르겠습니다. 그리고 양자 사이에 차이가 있음이 분명하므로 더글라스 판사와 마찬가지로 저도 우월한 지위를 차지하고 있는 제가 속한 종족을 옹호합니다. 저는 반대되는 말을 한 적이 없었습니다. 그러나, 저는 이 모든 사실에도 불구하고 흑인이 독립선언에 명시된 모든 천부적인 권리, 즉 생존권, 자유, 그리고 행복 추구권을 부여받지 못할 이유가 없다고 주장하는 바입니다. 저는 백인과 마찬가지로 흑인도 이런 권리들을 부여받았다고 믿습니다. 저는 여러 면에서 백인과 흑인이 동등하지 않다는 더글라스 판사의 의견에 동의합니다. 그들은 서로 피부색이 다르고 부여받은 도덕과 지력도 다르기 때문입니다.

그러나 다른 사람의 허락없이 자기가 번 빵을 먹을 권리에 있어서는 그도 저와 동등하며 더글라스 판사와도 동등하고 살아있는 모든 사람과도 동등합니다.

더글라스는 노예제도의 옳고 그름에 관한 논의를 교묘하게 피하려고 했다. 그는 "노예제도를 투표로 폐지하든 존속시키든" 자기는 그 일에 개의치 않는다고 말했다. 그러나 그는 드레드 스코트 판결문을 옹호했다. 그 판결문은 사실상 흑인은 "재산일 뿐"이며 아무런 권리도 없다는 것이었다. 그러나 에이브는 도덕적인 문제에서 그를 무자비하게 벽으로 몰아붙였다. 즉, 그는 이렇게 말했다.

더글라스 판사는 우리의 혁명 시대와 매년의 즐거운 귀환을 막는 대포를 억압하는 그의 능력의 범위로 돌아가고 있습니다. 그가 노예들을 소유하고 노예제도를 수립하고자 하는 사람들을 초대할 때, 그는 우리 주위에 드리워진 도덕적인 불을 끄고 있는 것입니다.

그가 "투표로 노예제도를 폐지하든 존속시키든 개의치 않겠다."—그것은 자치 정부의 신성한 권리이니까 —고 말할 때 제 생각에 그는 인간의 영혼을 관통하고 미국인의 이성의 빛과 자유에 대한 사랑을 근절시키고 있는 것입니다. 노예제도에 대한 논쟁은 온 인류사에 걸쳐 계속되고 있는 선과 악의 영원한 전반적인 투쟁의 한 국면일 뿐입니다.

후리포트에서 링컨은 더글라스에게 일련의 질문들을 제기할 때, 그의 가장 위대한 정치적인 성공 가운데 하나를 만들어 내었다. 그중에서 가장 중요한 것은 다음과 같다.

미국의 영토 안에 살고 있는 사람들이, 합적적인 방식으로 미국 시민들의 소망에 반하여 주 헌법의 형성 이전에 노예제도를 그 한계로부터 축출할 수 있습니까?

여러명의 정치 동료와 함께 링컨은 이 가장 중요한 질문을 더글라스에게 제기할 것을 제안했다. 그들은 그렇게 하지 말라고 충고했다. 왜냐하면 더글라스는 상원의원직을 얻기 위해 "그렇다"고 대답할 것이기 때문이다. 링컨은 남부인들이 재산인 노예들은 헌법 아래 영토로부터 추방될 수 없다는 최고법정의 드레드 스콧 판결을 옹호한다는 것을 알고 있었다. 그래서 링컨은 이렇게 말했다. "나는 더 큰 게임을 끝냈다. 1860년의 전쟁은 대단한 가치를 지녔다." 예상했던 대로 더글라스는 무조건 "그렇다"고 대답했다. 그러고 나서 그는 그 이유를 장황하게 설명했다. "노예제도는 지역 정치 규정으로 지지될 수 없다면 어느 곳에서든지 하루나 한 시간도 존재할 수 없으므로, 국민이 원하는 바에 따라 그것을 도입할 수도, 축출할 수도 있는 합법적인 수단을 그들은 지니고 있습니다. 이러한 정치 규정들은 지역 입법부에서만 수립될 수 있을 뿐입니다. 그리고 만일 국민이 노예제도를 반대한다면, 그들은 불쾌한 규정에 따라 결국 노예제도를 그들 한가운데로 도입하는 것을 막을 단체의 대표들을 선출할 것입니다. 반대로 만일 그들이 그 제도를 옹호한다면, 그들의 입법부는 노예제도의 확산을 지지할 것입니다. 그러므로 이런 추상적인 문제에 관한 최고법정의 결정이 어떻게 내려지든 상관없이 노예 지구나 자유 지구를 만들 국민의 권리는 네브라스카 법안에 의해 온전해지는 것입니다."

그렇게 대답함으로써, 더글라스는 일리노이 전역에서 대단한 호응을 얻었다. 왜냐하면 그 대답이 임시적인 척도로서는 훌륭하게 들렸기 때문이다. 그러나 남부에서 그에 대한 반대운동이 일어났기 때문에 주사위는 던져졌다. 그는 결코 대통령으로 당선될 수가 없었다.

이렇게 해서, "거인들의 싸움"은 일리노이 전역에서 불이 붙었다. 신문들은 그들의 연설을 기사화했으며 온 국가가 지대한 관심을 가지고 지켜보았다. 멀리에서 편지가 왔다. 한 편지는 동부의 유명한 정치가에게서 온 것인데 거기에는 이렇게 써 있었다. "당신네 주에서 더글라스에게 대답하고 있는 이 사람은 누구인가? 당신은 우리 나라 역사상 공식적인 질문에 대해 이보다 더 훌륭한 연설이 행해진 적이 없으며, 이 주제에 대한 그의 지식이 심오하고 그의 논리가 정연하고, 그의 화술이 모방할 수 없는 것임을 알고 있는가?" 이브닝 포스트지는 이렇게 기록하고 있다. "이 세대의 인물들 중에 선거운동을 하고 있는 링컨보다 더 급성장한 사람은 없었다."

링컨의 위대한 장점과 절도있는 습관들은 방종한 더글라스에 대한 강

점을 보여주었다. 에이브는 완행 열차를 타고 전역을 순회하였으며 항상 검소하게 살았다. 반면에 더글라스는 즐거운 일에 탐닉하면서, 아름답고 젊은 신부를 대동하고 급행 열차를 타고 다녔다.

앨톤에서의 마지막 토론에서 더글라스는 걱정이 되었으며 비록 그가 마지막까지 용감하게 싸웠지만, 그의 목소리는 유명한 더글라스의 "호통"을 상실했다. 마지막 연설에서 그는 국회에서의 링컨의 가련한 외모를 공격하려고 애썼지만, 그가 말을 마칠 때 쯤에는 그의 연설은 거의 속삭임이 되었다. 전과 같이 참신하고 냉정한 에이브는 낡은 린넨 먼지떨이를 한 구경꾼에게 건네주면서 익살스럽게 말했다. "제가 스티븐을 돌로 치는 동안 이것을 잡고 있으시오."

11월 2일 선거일에 링컨은 4085표차로 더글라스를 물리쳤지만, 할당제가 적용되던 그 당시에 일리노이에서 사실상 더글라스가 찬성표를 54퍼센트 얻고 링컨이 41퍼센트를 얻었다. 더글라스가 당선되고 링컨은 몹시 낙심했다. 그는 발가락을 다친 소년과 같은 심정이었으며, "상처가 너무 커서 웃을 수도, 울 수도 없었다."고 말했다.

그러나 그는 모든 것을 잃었다고 생각하지 않았다. "나는 최후까지 경주를 했다는 것이 즐겁다." 그는 헨리 (A. G.Henry)박사에게 이렇게 썼다. "그것은 제가 달리 생각할 수도 없었던 그 시대의 위대하고 영속적인 질문에 귀를 기울이게 만들어 주었습니다. 그리고 제가 지금은 시야에서 사라져서 잊혀지겠지만, 저는 제가 사라진 후 오랫동안 시민적인 자유주의를 위해 말하게 될 몇 가지 표징들을 만들었다고 믿습니다."

그러자 링컨은 "시야에서 사라지고 잊혀지지" 않았다. 인사와 격려의 편지가 합중국 전역에서 쏟아질 때, 선거운동의 결과는 거의 문제가 되지 않았다. 그에게 강연 초대가 쇄도했고, 수많은 공화당 잡지들은 그를 미국 차기 대통령감으로 추천했다.

그는 그가 관심을 가져주기를 기다리는 많은 법적인 사건들을 다루어야 할 필요가 있다고 느꼈기 때문에, 연설 초대를 대부분 거절했다. 그러나 그가 거부할 수 없는 초대도 있었다. 더글라스는 1859년 오하이오에서의 선거전에서 연설을 했었고 링컨은 대답하도록 요청을 받았다.

그는 많은 청중들 앞에서 두 번 연설을 했는데, 한번은 9월 16일 콜럼버스에서 했고 또 한번은 9월 17일 신시내티에서 했다. 콜럼버스에서 그는 더글라스의 연설에 대답했다. 그 연설문은 하퍼 잡지 9월호에 실렸으며, 다음과 같은 주장으로 시작되었다.

우리의 복잡한 정치 제도하에서는 연방정부의 권위와 지방자치의 권위 사이를 뚜렷하게 구분하는 것이 미국 정치인의 첫 번째 의무입니다.

그것은 "대중 주권"을 위한 더글라스의 가장 적합한 논증이었다. 그 당시에 온 국가가 그 연설에 관심을 기울였다. 그 연설을 반박하기 위해서 링컨은 이런 용어들과 다른 용어들을 사용했다.

더글라스 판사가 말하는 대중주권이란 무엇입니까? 원칙적으로 그것은 어떤 사람이 다른 사람을 노예로 삼기로 선택을 하면 다른 어느 누구도 그것에 반대할 권리가 없다는 말에 다름 아닙니다. 그가 원하는 바대로 그것을 정치에 적용하게 되면 이렇습니다. 집을 짓기 위해 두세 사람이 들어오기 시작한 새로운 영토에서 그들이 그들의 영토에서 노예제도를 축출하거나 그것을 수립하기로 결정한다면 사람들이 그에게 사람들, 후에 그 영토에 거주하게 될 무수히 많은 사람들, 혹은 초창기에 불과한 지역사회의 가족들의 구성원들, 만민의 어버이인 주의 가족의 공통의 우두머리에게 노예가 되도록 영향력을 행사한다 하더라도, 그들의 행동이 이런 사람들에게 영향을 미친다 하더라도 간섭할 힘이나 권리가 없다는 것입니다. 더글라스의 대중 주권론이 적용되면 이렇게 된다는 말입니다.

이 연설에서 링컨은 자주 인용되곤 하는 단락을 발언했다.

저는 그가 노예제도를 사실상 하찮게 여긴다고 생각합니다. 그는 천성이 그런 사람이므로 그의 등에 댄 채찍은 그를 상처나게 할 수 있어도 다른 사람의 등에 댄 채찍은 그를 상처나게 하지 않을 것입니다. 그것이 그 사람의 생김새이며, 그렇기 때문에 그는 노예문제를 이렇게 하찮게 여기는 것입니다.

더글라스 판사는 미국인들에게 이 정책을 강요하고자 할 때, 그가 이런 식으로 행동하는 동안 착한 사람들은 그렇게 하지 않는다는 것을 기억해야 합니다. 그는 이 나라에 민주주의자로 여겨지는 토마스 제퍼슨이라는 사람이 있었다는 것을 기억해야 합니다. 오늘날 그의 정책과 원리들이 민주주의자들 사이에 널리 유포되지는 않았지만 말입니다. 그러나 그 사람은 우리 친구 더글라스 판사가 행하는 것과는 달리 노예제도의 요소를 이렇게 하찮은 것으로 취급하지는 않았습니다.

이것을 성찰할 때, 우리는 그가 "하나님께서 공의롭다는 사실을 기억할 때 나는 내 조국이 염려스럽다."고 외친 것을 알고 있습니다. 우리는 그가 자신을 이런 식으로 표현할 때 그가 그것을 어떻게 생각했는지를 알고 있습니다. 이 나라에는 위험, 더글라스 판사의 중요한 대중주권론에 관한 질문에서 하나님의 진노하시는 공의의 위험이 있었습니다. 그는 인종을 노예화 하는 것에 가려진 하나님의 영원하신 공의에 대한 의심을 가지고 있었습니다. 그리고 여호와의 팔에 결연히 맞섰던 사람들—한 민족이 이런 식으로 전능하신 분에 직면할 때 이 민족의 모든 친구들은 하나님의 진노를 두려워할 것입니다.

여러분, 우리들 사이에 있는 이 요소에 관한 진정한 견해가 무엇인지에 관하여 제퍼슨과 더글라스 사이에서 선택하십시오."

남부의 상원의원 지도자들은 더글라스를 지역 위원회 위원장직에서 내쫓았다. 그는 11년간 그 자리에 있었다. 루이지애나의 상원의원인 벤자민은 남부를 배반했다는 이유로 상원에서 그를 비난했으며, 링컨이 결국 승리하리라고 예언했다.

"그러므로 무엇이든지 남에게 대접을 받고자 하는 대로 너희도
남을 대접하라 이것이 율법이요 선지자니라". (마7:12) 찬송 265장

노예제도에 대한 링컨의 사상

"기회가 온다면 이런 제도를 단호하게 쳐 없애버리겠다."
(뉴 올리안즈에서 처음 노예 경매의 참상을 목격하고)

"악한 무리들이 모이고, 교회를 방화하며 식품점을 약탈하고 인쇄기를 강물에 던져버리고 편집자들을 총으로 쏘고 목을 매달고 불에 태워죽이고도 무사하다면 이런 자들에게 의존하고 있는 정부는 오래 존속할 수 없습니다."
(노예폐지론자들의 유혈 폭동후 스프링필드의 청년 토론회에서 행한 연설)

"자, 친구들이여 …… 저는 우리 정치 역사상 이런 노예제도가 연합의 끈이 되지 못했으며, 오히려 반대로 불화의 사과요, 의원 안에 있는 불화의 요소였는지에 관한 질문에 대한 대답은 여러분에게 맡기겠습니다.."
(더글라스와 상원의원 선거에서 노예제도 존폐에 대한 서로의 의견을 제시하며)

"나는 내 평생에 이 문서에 서명하는 것보다 더 확실하게 옳은 일을 하고 있다고 느낀 적은 없었소."
(노예 해방 선언문에 서명하면서)

9
16대 대통령 링컨

점차로 링컨은 미국 전역에서 공화당의 지도자라는 인식이 굳어져갔다. 그는 정치 동료들에게 편지를 쓰고 일리노이, 인디애나, 아이오와, 오하이오, 위스콘신, 그리고 캔사스에서 여러 차례 모습을 드러냈다. 그의 전도는 유망했다. 1860년 2월 16일에 Chicago Pressand Tribune지는 작은 신문사들과 연합하여 링컨을 차기 대통령감이라고 노골적으로 표현하기까지 했다.

1859년 가을, 링컨은 브루클린에 있는 플리마우스 교회에서 열린 문화 프로그램에서 강연해 달라는 초대를 받았다. 그 교회에는 헨리 와드 비쳐 목사가 시무하고 있었다. 강연 일자는 1860년 2월 27일로 잡혔다. 그는 자신이 다른 연설을 준비할 시간이 없을 경우, 그들이 정치적인 연설도 받아들이겠다는 조건부로 수락했다.

뉴욕에 도착한 그는 공화당 청년 조직이 그가 오는 것을 막으려고 했었다는 것을 알았다. 뉴욕 쿠퍼 유니온에서 그는 연설할 준비를 이미 마쳤다. 에스터의 저택에서 그는 방문객들을 만나서 연설을 했으며 신문들은 그의 연설을 대서특필 했다. Tribune지는 그를 "국민들의 사람, 자유 노동의 옹호자"라고 불렀다.

그 날 오후 눈보라가 쳐서 교통이 혼잡했다. 그러나 1500명이나 되는 사람들이 모여들었으며, 대부분 25센트의 입장료를 내었다. Tribune지는 이렇게 말했다. "클레이와 웹스터 시대 이후로 뉴욕 시의 지적이고 도덕적으로 교양있는 사람들이 이렇게 많이 모인 적은 없었다." 청중들 속에는 호레이스 그릴리와 헨리 와드 비쳐 같은 유명 인사들도 있었다. 데이빗 더들리 휠드가 연사를 연단까지 호위했다. Evening post지의 편집장이요 "Thanatopsis"의 저자인 윌리암 쿨른 브라이언트(William Cullen Bryant)가 사회를 보았다. 그는 청중들에게 연사의 몇 가지 업적에 대해 특히 일리노이에서 상원의원 투표에서 더글라스를 압도적으로 물리쳤다고 말했다. 그리고 나서 그는 다음과 같은 말로 말을 맺었다. "친구들이여, 저는 여러분들의 지대한 관심을 얻기 위해서 일리노이의 링컨의 이름만을 말하기로 하겠습니다."

키 큰 일리노이의 변호사가 일어서서 떨리는 손으로 원고를 들고 앞으로 나왔다. 청중들은 박수갈채를 보냈다. 정중하게 사회자에게 말한 후에 링컨은 들고 나온 원고를 읽기 시작했다. 그가 종이를 넘길 때 눈에 보이지 않게 한 장이 바닥에 떨어졌다. 잠시 후 그는 그 부분을 읽을 차례가 되었다. 그는 무언가 잘못되었다는 것을 알아차렸다. 잠시 그는 당황해서 그 자리에 서 있었다. 그리고 나서 그는 원고를 제쳐두고 긴 팔을 내뻗고 청중들을 쳐다보았다. 그는 갑자기 딴 사람이 된 것 같았다. 그의 눈은 반짝거리고 그의 목소리는 우렁찼으며, 그의 얼굴은 빛나서 모인 사람들을 밝혀주는 것 같았다.

그가 한 시간 반 동안 청중들에게 연설할 때 마치 눈에 보이지 않는 영향력이 작용하는 것 같았다. 그의 화술과 전달 방식은 매우 단순했다. 그는 익숙해 있던 성경의 단순함을 본받았다. 그는 사상의 심오함과 논리의 정연함 그리고 그의 경쟁자들이 지니지 못한 명쾌한 웅변술을 유감없이 발휘했다. 그가 남부인들을 회유하는 말을 했을 때, 청중은 그를 사랑하고 믿게 되었다.

그는 또 존 브라운이 하퍼의 나룻배에서 했던 것과 같은 반란의 경향들을 공화당에서 제거했다.

그러나 그는 노예제도를 악한 것이며 그것을 옳다고 말하는 사람들과 공통된 기반을 추구하는 것은 어리석은 짓이라고 선언했다. 그는 다음과 같은 고귀한 말로 연설을 마쳤다. "옳은 것을 힘으로 만드는 신앙을 가지며, 그 신앙으로 끝까지 우리가 이해한 우리의 의무를 다하도록 합시다."

청중은 곧 격렬하게 박수갈채를 보냈다. 환호하는 사람, 소리지르는 사람도 있었고, 모자를 공중에 던지고 손수건을 흔드는 사람도 있었다. 그들은 연사와 악수하고 어떻게 해서 그런 웅변술을 익히게 되었는지 묻기 위해 그에게 모여들었다. 한 기자는 "그는 사도 바울 이후로 가장 위대한 인물이다."라고 말했으며 서둘러서 "이전에는 그가 뉴욕의 첫 번째 연설에서 청중들에게 남긴 인상만큼 큰 인상을 남긴 사람이 없었다."고 기록했다. 뉴욕의 4대 신문들은 그의 연설문 전문을 개재했다. 편집장들은 아낌없이 그에게 찬사를 보냈다. Chicago Tribune지는 그 연설을 팜플렛 형식으로 전달했다.

다음 날 아침 일찍 뉴욕 중앙 철로 사장인 에라스투스 코닝(Erastus Corning)이 링컨을 에스터 저택에 초대했다. "링컨 씨" 그가 말했다. "저는 일리노이에서 당신이 매번 재판에 이기셨다는 것을 이해합니다." 웃으면서 링컨이 대답했다. "아, 그렇지 않습니다, 코닝 씨. 그것은 진실이 아닙니다. 그러나 사건 의뢰인의 주장이 옳다는 확신이 서지 않으면 사건을 맡지 않는 것이 제 규칙입니다." 그 다음에 그가 질문을 했다. "링컨 씨, 연봉 일만 달러를 드리는 뉴욕 중앙 철로의 고문이 되어달라는 제안을 수락하시겠습니까?" 링컨은 이 호의에 찬 제안을 정중하게 거절하였으며, 집으로 돌아온 후에 편지를 보내 최종적으로 다시 한 번 그 제안을 거절했다.

링컨은 뉴 햄프셔 주의 엑스터에서 학교에 다니고 있는 아들 로버트를 방문했으며 프로비덴스, 하르트포트, 콩고드, 맨체스터, 도버, 뉴해븐, 메리디안, 노르비치 그리고 비리지포트에서 자기 당을 위해 연설을 했다.

지친 그는 필라델피아, 리딩, 그리고 피츠버그에서 연설을 해달라는 요청을 거절했다.

맨체스터에서 링컨은 차기 대통령으로 소개되었다. 구두공들이 파업을 하고 있던 하르트포트에서 그는 이렇게 선언했다.

저는 노동자들이 원할 때 파업을 할 수 있고 그들이 어떤 상황하에서든 일해야 할 의무가 없고 당신들을 일에 매어두지 않는 그런 노동체계가 뉴 잉글랜드에 유포되어 있는 것을 보니 기쁘기 그지없습니다. 저는 노동자가 원할 때 중단시키는 그런 노동체계를 좋아하며 그런 체계가 널리 유포되기를 바랍니다. 저는 사람들이 부자가 되는 것을 방해하는 법을 믿지 않습니다. 그 법은 선한 것이 아니라 악한 것입니다. 그러므로 우리가 자본에 대해 전쟁을 선포할 수는 없지만, 우리는 아무리 비천한 사람일지라도 다른 모든 사람들과 같이 부자가 될 수 있는 동등한 기회를 허용하고 싶습니다. 인생의 경주에서 대체로 그렇듯이 한 사람이 가난해지기 시작할 때, 그는 자유로운 사회에서 자신이 조건을 더 낫게 만들 수 있다는 것을 압니다. 그는 또 평생동안 고정된 노동의 조건이 없다는 것도 알고 있습니다.

3월 11일에 그는 브루클린에서 헨리 와드 비쳐의 설교를 듣고 기도회에 참석하기 위해서 제임스 브리그스(James A. Briggs)와 함께 갔다. 그러고 나서 뉴욕에 있는 에드윈 채핀(Edwin H. Chapin)이 시무하는 보편 구원론파 교회에서 예배를 드렸다. 다음 날 시카고행 기차를 타고 가서 이틀 후에 그는 건강한 몸과 마음을 가지고 스프링필드의 집에 도착했다. 링컨이 경탄할 만한 동부 여행을 마치고 돌아오자마자 스프링필드에서 공화당 모임이 소집되었고 밀턴 헤이(Milton Hay)는 지역 클럽을 대신해서 그에게 이렇게 말했다.

이 군의 각처에 살고 있는 당신의 친애하는 시민들 상당수가 당신을 공화당 차기 대통령 후보로 내세우고 싶다고 말했습니다. 당신 주변에는 굳센 관심과 자존심을 가지고 당신이 애매모호한 위치에서 분명한 곳으로 올라가는 것을 지켜본 사람들이 있습니다. 이 자리에는 당신의 길에 놓인 장애물들을 알고 있는 사람들도 있습니다. 우리 역사에는 능력과 인내와 성실성으로 획득될 수 있는 것의 예가 많이 있습니다.

그러나 이처럼 비천하게 출발하였다가 자랑스런 구별을 받을 만한 길을 획득한 사람들의 긴 명단 중 링컨이라는 이름 앞에 나오는 사람은 없습니다.

일리노이 공화당 대회가 1860년 5월 9일 데카터에서 거행되어 시카고에서 개최될 공화당 전당대회를 준비했다. 링컨은 나중에 나타났으며 연단 위의 자리로 초대될 때 열렬한 환영을 받았다. 곧 의장은 마콘 지역의 늙은 민주당 지지자가 기부를 하고 싶어한다고 고지했다. "그것을 받으시오." 대표들이 환호했다. 이윽고 박수갈채를 받으면서 링컨의 사촌 늙은 존 행스와 다른 사람이 두 개의 긴 가로대를 어깨에 메고 행진을 했다. 그 가로대에는 "1830년 생가몬 바닥에서 링컨과 존 행스가 만든 3000마일이나 되는 두 개의 철도"라는 명패가 붙어있었다. 군중은 박수갈채를 보내며 외쳐대었다.

"신사 여러분" 링컨이 큰 외침에 응답하여 말했다. "저는 여러분들이 이것들에 대해 알고 싶어하리라고 생각합니다. 사실은 존 행스와 제가 생가몬에 있는 철도를 만들었습니다. 이 철도가 우리가 만든 것인지 아닌지는 모르지만 이것만은 알고 있습니다. 그 당시에 제가 철도를 만들었으며, 저는 지금 이것들보다 더 나은 철도를 만들었다고 생각합니다." 링컨이 자리에 앉자 다시 박수갈채가 터져나왔다. 이렇게 해서 링컨은 "가로목을 베는 후보"라는 별명을 얻었다. 그것은 그의 비천한 출신과 노동자와의 친밀성을 상징했다.

공화당 전당대회는 1860년 5월 16일 수요일에 시카고의 "임시 대회장"

에서 열렸다. 그 곳에는 나무로 만든 만 개의 좌석이 놓여있었다. 그리고 그들은 다음 날 연단을 세웠다. 이 모든 일은 대통령 후보 지명을 위해 행해진 것이다. 이 무대 뒤에서는 유능한 사절들이 쉴새없이 일했다. 제8 순회법정 판사 데이빗 데이비스(David Davis)와 상원의원장 노르만 저드(Norman Judd)가 링컨을 인도했다. 링컨은 스프링필드 주 남부에서 후보 연설을 하기 위해 기다렸다.

첫 번째 투표에서는 윌리암 스워드(Willam H. Seward)가 173.5표를 얻었고 링컨이 102표를 얻었으며 카메론이 50.5표, 체이스가 49표, 베이츠가 48표를 얻었고, 고장의 명사들이 나머지 표를 얻었다. 두 번째 투표에서 스워드는 184.5표를 얻고 링컨은 181표를 얻었다. 펜실베니아에서는 링컨이 역전했으며 다른 대표들은 링컨의 편에 합류했다.

세 번째 투표에서 링컨은 231.5표로 올라갔고 스워드는 180표로 떨어졌다. 세 번째 투표 결과 링컨의 후보 지명이 확실시되자 오하이오의 카터씨가 일어나서, 오하이오는 링컨에게 또다시 네 표를 던진다고 고지했다. 그 후 여러 가지 변화가 있었으며, 마침내 제4차 투표에서 공식 발표에 따르면 링컨이 354표를 얻게 되었다. 뉴욕의 에바트 씨의 발의에 따라 지명 투표는 격렬한 흥분 가운데 무기명으로 이루어졌다. 의장은 "일리노이의 링컨이 공화당의 미국 대통령 후보로 선출되었다."고 선언했다.

"유력신사들이 서로 껴안고 울다가 웃고 서로의 얼굴에 흘러내린 눈물을 보고 깔깔대었다."고 샌드버그는 말했다. "로간 판사는 테이블에 일어서서 팔을 휘두르고 소리를 지르고 새로운 실크 모자를 격렬하게 흔들다가 다른 사람의 머리를 쳤다. 임시 대회장 안팎에서의 박수갈채가 쏟아졌다. 모자와 손수건 그리고 우산들이 공중에 던져지고 취주악단이 연주하고, 대포가 터지고 종이 울리고 기차와 강의 배들이 경적을 울렸다."

대표인 나단 크냅(Nathan Knapp)이 링컨에게 전보를 쳤다. "우리는 해냈소 …… 하나님께 영광을." 제시 휄(Jesse Fell)도 전보를 쳤다. "흥분으로 가득찬 도시 …… 진심으로 당신께 축하를 드립니다." 의장인 저드도 전보를 쳐서 정확한 득표수를 말해주고 이 지명전이 무기명으로 이루어졌다고 말하고 이렇게 덧붙였다. "시카고로 오지 마시오." 링컨은 위대한 순간이 그에게 다가왔음을 알았다. 그는 많은 전보를 읽고 지지자들과 악수를 했으며, 집으로 와서 메리에게 그 사실을 말해주었다. 금요일 밤은 스프링필드에서는 기쁜 시간이었다. 모닥불이 켜지고 밴드가 연주되고 기쁨에 찬 군중들이 링컨에게 축하하기 위해서 링컨의 집으로 왔다.

시카고에서 있었던 공화당 전당대회는 개인적으로 링컨에게 그의 후보 지명을 알리기 위해 스프링필드로 가도록 위원회에 명했다. 그들이 상례를 따르고 있는 동안 링컨이 전혀 술을 입에 대지 않는다는 것을 알고, 그의 집에 술이 없을 것이라고 생각한 스프링필드의 많은 시민들은 그에게 와서 몇몇 위원들에게 청량제, 포도주나 다른 술을 제공해야 하지 않겠느냐고 제안했다.

"우리 집에는 술이 없습니다."고 링컨이 말했다. "우리가 장만하겠다."고 방문객들이 말했다. "신사 여러분," 링컨이 대답했다. "저는 제 자신이 하고 싶지 않은 일을 당신들에게 하라고 할 수는 없습니다." 그러나 후보 지명으로 스프링필드가 명예로워졌다고 여긴 몇몇 민주당 시민들이 링컨의 집으로 몇 박스의 포도주를 보냈지만, 그는 친절에 감사한다고 말하면서 그것들을 돌려보냈다.

공보 위원회의 일과 관련한 공식적인 의식이 끝난 후 링컨은 그토록 중요하고 흥미있는 인터뷰에 대한 적절한 결론으로서 위원들에게 무언가 마실 것을 제공하는 것이 예의라고 생각했다.

그래서 문을 열고 하녀의 이름을 불렀다. 하녀가 부름을 받고 달려오자 링컨은 그녀에게 귓속말로 말했다.

잠시 후 그 하녀가 몇 개의 유리 잔과 큰 주전자가 담긴 커다란 쟁반을 들고 다시 나타나서, 그것을 중앙 테이블에 올려놓았다. 링컨은 일어나서 유력한 인사들 앞에서 엄숙하게 연설을 했다.

신사 여러분, 우리는 제가 늘 사용하고 제 가족에게도 권장하는 건강에 아주 좋은 음료로 서로의 건강을 지켜야 하겠습니다. 저는 지금과 같은 경우에 그것을 빼놓을 수가 없습니다. 이것은 샘에서 길어온 순수한 물입니다.

냉수 잔을 들고 그는 그것을 입술에 갖다대고 그들에 대한 최고의 존경을 표했다. 국가의 유력 인사들에게서 축하와 후원 약속이 쏟아졌다. 사람들은 그런 솔직함과 성실함과 웅변술을 지닌 사람이 미국 정부의 수뇌가 될 날에 대한 밝은 기대로 감격했다. 조슈아 기딩스(Joshua Giddings)는 다음과 같은 내용의 글을 썼다.

친애하는 링컨 씨, 당신은 지명되었습니다. 당신은 당선될 것입니다. 당신이 당선되고 나면 수많은 사람들이 당신 주변에 모여들어 당신이 제공한 봉사에 대한 상을 받았다고 말할 것입니다. 저도 당신에게 주장할 것이 있습니다. 저는 당신의 지명을 위해 일하지 않았으며 다른 사람의 지명을 위해 일하지 않았습니다. 저는 원칙의 수립을 위해 애썼으며, 사람들이 제게 와서 당신에 대한 제 의견을 물었을 때 저는 이렇게 말했습니다. "링컨은 정직한 사람이라."고 말입니다. 제가 제 봉사에 대한 보답으로 당신에게 요구하는 모든 것은 당신의 통치를 통해 제 진술이 사실이었음을 보여달라는 것입니다.

기딩스의 대통령 지명자는 "정직한 나이든 에이브" "가로목을 베는 사람"으로 널리 알려졌다. 그의 공화당 경쟁자였던 스워드와 체이스, 그리고 다른 사람들은 그를 지지하며 그를 후원하는 연설을 했다. 브라이언, 휘티어 그리고 스테드맨 같은 시인들은 그를 "진실한 대표"라고 부르고 그를 기리는 시들을 썼다. 수많은 사람들에 의해 그의 전기가 집필되어 배포되었다. 그의 우편물이 너무나 많아서 그는 존 니콜레이(John G. Nicolay)를 비서로 고용했다. 전국 각지에서 대표들이 그를 만나러 왔지만, 그는 여행을 하거나 강연을 하거나 심지어 그 당시의 현안 문제에 관한 글을 쓰지도 않았다. 테네시의 윌리엄 스피어(William S. Speer)에게 보낸 비밀 편지에서 그는 자신의 견해를 피력했다.

당시의 13번째 편지는 잘 받아보았습니다. 저는 각 주들의 노예들이나 노예제도에 대해 간섭하는 모든 의도를 포기한다고 공식적으로 발표하도록 제안한 당신의 동기에 대해서는 감사를 드립니다. 그러나 제 생각에 그것은 옳은 일이 아닙니다. 저는 이미 이런 일을 많이 했으며 여러 번 했습니다. 그것이 출판되기도 하고 많은 독자들에게 공개되었습니다. 제가 이미 공식적으로 말한 것을 읽지 않고 주의하지 않은 사람들은 그것을 다시 되풀이해도 읽거나 주의하지 않을 것입니다. 그들이 모세와 선지자들의 말을 듣지 않는다면 죽은 자 가운데서 부활하신 분의 말이라 하더라도 그들은 듣지 않을 것입니다.

11월 6일 대통령 선거일은 미국 역사상 유례가 없는 국가적인 선거였다. 최종적인 대통령 후보는 네 명이었다. 링컨과 더글라스, 브렉켄리지와 벨이 후보였다. 링컨의 세 경쟁자들은 각기 다른 파벌들의 대표들이었다. 그러므로 그들은 가망없이 분열되어 있었던 것이다. 선거일에 링컨은 임시 사무실, 즉 주의 수도에 그가 임시로 만들어 놓은 곳들을 둘러보았다.

사람들이 모여있었고 어떤 사람이 그에게 문을 닫으라고 제안했다. 그는 사람들이 들어오지 못하도록 문을 닫은 적이 없었으며, 지금 그 일을 시작할 생각도 없다고 말했다. 한밤중에 전달된 전보들은 링컨의 승리를 암시했다. 뉴욕에서 있었던 대중들의 투표는 이 문제를 결정했다. 마지막 투표 결과는 다음과 같았다. 링컨 180표, 브렉켄리지 72표, 벨 39표, 그리고 더글라스 12표였다. 링컨은 주위에 있던 사람들과 악수를 나눈 다음, 집으로 가서 침실로 들어가 링컨 부인이 잠을 자고 있는 것을 발견했다. 부드럽게 그는 그녀의 어깨를 만지면서 속삭였다. "메리, 메리, 우리가 당선되었소."

사람들의 환호는 그칠 줄 몰랐다. 그들은 모자를 벗어던지고 링컨을 위해 환호를 했다. 그리고 주의회 의사당 주위로 모여들면서 목쉰 소리로 소리를 질렀다. 모닥불이 켜지고 사람들이 휘파람을 불고 종이 울리고 군중들이 소리지르고 "나는 공화당에 가담한 것이 얼마나 기쁜지 모른다."는 노래를 부르면서 새벽녘까지 거리를 행진했다. 다른 도시들에서도 "정직한 에이브, 평범한 사람"이 대통령이 되었다는 사실을 기뻐했다.

그러나 남부에서는 링컨의 당선이 무서운 위협이자 무시무시한 예언이요, 어떤 곳에서는 국가적인 무서운 선동의 계기가 되었다. 링컨은 항상 노예제도를 도덕적인 악이라는 입장을 견지하면서도 노예들을 소유하는 것이 헌법으로 보장되었다는 의견을 지녔지만, 결코 노예제도의 확장을 방지하는 것 이상으로 포괄적인 정치 프로그램을 공시한 적은 없었다. 어떤 신문들은 그의 말을 오용하고 잘못 전달했다. 남부의 오도된 많은 지도자들은 링컨의 취임식과 같은 수치와 타락에 복종하지 않겠다고 맹세했다.

미시간의 상원의원인 자카리아 켄들러(Zachariah Chandler)에게 보내는 편지에서 링컨은 투표 결과에 대한 만족을 이렇게 표현했다. "저는 올 가을 선거가 순조롭게 끝나서 기쁩니다. 그리고 저는 본래의 사악함과 악한 영향 아래에서 좋은 결과를 방해하려고 하는 나쁜 짓을 하지 않았습니다. 저는 퇴보하지 않을 만큼 '확고하게 서기를' 바라며, 국가의 이념을 파괴할 만큼 빠르게 전진하지 않기를 희망합니다.

"내가 여호와를 항상 내 앞에 모심이여 그가 내 우편에 계시므로 내가 요동치 아니하리로다". (시16:8) 찬송 442장

10
워싱턴으로 가는 길

에이브러햄 링컨은 1860년 11월 6일 미합중국의 대통령으로 당선되었지만, 1861년 3월 4일 취임을 할 때까지는 국가적인 일들에 직접적인 영향력을 행사할 수가 없었다. 그는 부통령 당선자 핸니벌 햄린(Hannibal Hamlin)과 잠시 회견을 하기 위해 시카고를 여행하고 콜스 군에 있는 계모와 아버지의 묘소에 참배하기 위해 방문한 것을 제외하고는 이 기간 동안 줄곧 스프링필드에서 보냈다. 이 기간은 매우 바빴으며 여러 면에서 그 때까지의 그의 생애 중에서 가장 어려운 시기였다.

거의 매일 스프링필드로 가는 기차에는 대통령 당선자를 만나러 오는 수많은 사람들이 타고 있었다. 대부분이 그를 만나서 그에게 하나님께서 행운을 가져다 주시기를 바란다고 말하고 싶어하는 지지자들이었다. 많은 무리들이 그와 악수하고 "우리가 공화당에 가담한 것이 어찌 아니 기쁘랴"는 노래를 부르면서 떠나갔다. 그러나 그를 괴롭히고 그의 인내를 시험하는 자들도 있었다. 그들은 자신들이 링컨이 대통령 후보로 지명되어 당선될 수 있도록 도왔다고 주장하면서 그들 자신이나 친구들을 우체국 직원, 사무원, 비서 그리고 다른 직위에 임명해 달라고 청탁했다.

워싱턴의 어느 지도자들은 노예 주들을 포함한 노예 문제에 관한 타협안을 마련하기 위해 애쓰고 있었다. 그러나 대통령 당선자는 미래를 내다보고 개인적으로 상원의원들과 하위의원들에게 편지를 써 보냈다.

"노예제도의 확대와 관련한 타협안은 어떤 것이라도 받아들이지 않을 것입니다. 그순간 당신은 쇠퇴하고 우리의 모든 노동력은 상실되며 조만간 끝장날 수밖에 없습니다."

링컨에게는 내각을 구성하는 중요한 임무가 맡겨져 있었다. 그래서 국가의 대단히 중요한 지도자들이 그와 협의하기 위해 스프링필드로 소집되었다. 판사, 영사, 장관들과 다른 고위 관리들이 임명 대상으로 고려되었다. 물론 최종적인 결정은 그가 대통령이 될 때까지 기다려야 했다.

그의 취임 연설 문안은 엄격한 사고와 성찰과 하나님의 도움을 필요로 했기 때문에 그는 오후 몇 시간 동안 주의회 의사당 건너편 위층에 문을 잠가놓고 있었으며 그 곳에서 그는 헌법책과 1850년에 헨리 클레이가 쓴 화합에 관한 연설문, 그리고 1832년의 연방법 시행 거부에 관한 앤드류 잭슨의 포고문과 웹스터의 "헤인에게 보내는 대답"을 가지고 최초의 취임 연설문 초안을 준비했다. 아무도 때가 될 때까지 그 내용을 알 수 없도록 비밀리에 20부를 인쇄했다.

링컨이 가장 부담스럽게 생각한 일은, 남부의 주들이 이미 연방에서 이탈을 시작하고 있다는 사실이었다. 남부 캐롤라이나는 12월 20일에 분리법안을 통과시켰고, 1월 9일에는 미시시피가, 1월 10일에는 플로리다가 11월 11일에는 알라바마가, 1월 19일에는 조오지아가, 1월 6일에는 루이지애나가, 2월 1일에는 텍사스가 그 법안을 통과시켰다.

이런 놀라운 사실 외에도 미국 군수 공장으로부터 남부의 탄약고로 많은 무기들이 실려가고 있다는 믿을 만한 보고가 있었다. 게다가 대통령 당선자가 취임선서를 할 때까지 살아남지 못하리라는 많은 위협이 있었다. 오랜 친구인 길레스피 판사가 링컨의 집에서 밤을 보냈다. 국가의 어려운 상황을 논의하다가 링컨이 갑자기 몸을 일으켰다.

"길레스피" 그가 말했다. "나는 지금부터 취임식을 거행할 때까지 두달 가까운 기간을 내 인생에서 기꺼이 빼버리고 싶네."

"왜지?" 길레스피가 물었다.

"매 순간마다 내가 헤쳐나가야 할 어려움들은 가중되고 있고 현 정부는 그 문제들을 해결하기 위해서 아무 일도 하지 않고 있기 때문이지. 이 무서운 책임을 담당하도록 부름받은 나는 그 일이 내게 닥쳐올 때, 그것을 피하거나 경감시키기 위해 아무 일도 하지 못하고 그냥 여기에 남아 있도록 강요받기 때문이지. 매일 매일 상황이 더 어려워지고 있고 내 입장은 점점 더 난처해지고 있네. 나는 하나님의 아들이 쓴 잔을 자신에게서 지나가게 해달라고 헛되이 기도했다는 겟세마네 이야기를 내 무릎위에 올려놓고 읽었지. 난 지금 겟세마네 동산에 있고 내 쓴 잔이 가득차서 넘치고 있다네."

길레스피 판사는 그에게 이 집의 주인이자 이 나라의 선택된 통치자라고 말했다. "조," 그가 떠나면서 말했다. "나는 몽고메리 군에서의 재판때 자네가 맡은 사건의 변호사가 공식 연설을 통해 전체적인 사건을 포기했던 일을 잊지 못할 것이네. 나는 자네가 그에게 신호를 보내는 것을 보았지만 자넨 그를 중단시킬 수가 없었지. 나와 부캐넌 대통령이 그런 입장이라네. 그는 이 사건을 포기하고 있고 나는 그를 중단시킬 수가 없다네. 잘 자게."

2월 6일 밤 7시에서 12시 사이에 700명의 사람들이 링컨 가의 공식 리셉션장에 참석했다. 대통령 당선자는 문가에 서서 사람들에게 인사를 했다. 멋진 외모와 놀라운 화술을 지닌 링컨 부인은 사저에서 지지자들을 만났다. 그 파티는 링컨이 집을 떠나기에 앞서 거행한 이별 파티였다. 다음 날 그들은 체네리곤에 방을 얻었다. 그들의 집은 이미 다른 사람에게 임대되었고, 그들은 대부분의 가구들을 은밀하게 팔았다.

링컨은 서류들을 정리하고 남은 것은 다 버리고 트렁크와 상자들에 개인적인 짐들을 꾸리고 직접 그것들을 끈으로 묶고 그것들에 주소를 적었다. "링컨, 워싱턴 시, 백악관."

그에게 작별 인사를 하러온 많은 사람들 중에는 호두밭에서 입는 작업복을 입은 늙은 농부가 있었다. 그는 동이 트자마자 말을 타고 수 마일을 달려왔다. 그 늙은 신사는 얼굴이 주름 투성이었으며, 거의 앞을 못 보았다. 그는 암스트롱의 가까운 친구였으며 링컨이 더프 암스트롱을 위해 해준 일에 대해 알고 있었다. 그는 링컨에게 와서 가까이서 링컨을 바라보고 얼굴을 한참 뜯어본 후에 울음을 터뜨리고 중얼거렸다. "이 분이 바로 그 사람이야." 그리고 더프 암스트롱의 사건을 언급한 다음 대통령 당선자와 악수를 나누고 연거푸 엄숙하게 "링컨 씨, 하나님께서 당신을 보호해 주시기를"이라고 말했다.

전에 링컨은 한나 암스트롱의 아들의 살인혐의를 벗겨준 바 있었고 그녀는 그 이후에 링컨의 바지를 수선해 주고 올드 뉴 살렘에서 그를 위해 며칠간 음식을 해주었었다. 그런 그녀가 지금 그에게 다시 만날 수 있겠느냐고 물었다. 링컨은 "한나, 그들이 나를 죽인다 해도 나는 결코 죽지 않을 것입니다."라고 말했다.

스프링필드에서 그는 마지막으로 오랫동안 공유했던 사무실로 헤른돈을 찾아갔다. 잠시 방문한 후에 링컨은 "빌리, 우리가 함께 일한지 얼마나 되었지?" 하고 물었다. "16년이 넘었습니다." 헤른돈이 대답했다.

"그리고 우리는 그 기간 동안 언성을 높인 적이 없었지?" 그러고 나서 책들을 한 아름 안고 그들 두 사람은 천천히 계단을 내려갔다. 문 밖에서 그들은 발길을 멈추고 링컨은 "링컨과 헤른돈"이라고 새겨져 있는 간판을 아쉬운 듯이 쳐다보았다. "그것을 그냥 매달아 두게." 그가 말했다.

"대통령 당선자 링컨과 헤른돈의 사무실에 아무런 변화도 생기지 않았음을 고객들이 납득하도록 말일세. 살아있는 한 난 언젠가 돌아와서 우리가 하나도 변치 않은 것처럼 변호사 일을 계속하게 될 걸세."

1861년 2월 11일 월요일 아침 8시 5분 대통령 당선자 링컨은 스프링필드에 있는 대서부 철도의 대합실을 떠나 그에게 작별 인사를 하러 모인 친구들과 주민들 사이를 통과하여 천천히 발걸음을 옮겼다. 특별열차의

플랫폼으로 올라가고 그와 가까이 지내던 수많은 동료 시민들의 얼굴을 내려다 본 후에, 그는 높이 서서 모자를 벗고 몇 초 동안 조용히 서 있었다. 그리고 나서 그는 갑자기 감정이 격해져서 입술을 씰룩이면서 눈물을 흘렸다.

친구들이여, 아무도 이 이별의 슬픔을 느낄 수 없을 것입니다. 이 곳에서 이 친절한 사람들 덕분에 나는 모든 것을 얻었습니다. 나는 어릴 때부터 나이를 먹을 때까지 여기서 25년을 살았고 여기서 내 아이들이 태어났고 한 아이가 여기에 묻혔습니다. 나는 워싱턴에서의 일보다 더 큰 일을 가지고 언제 돌아올지 그리고 과연 돌아오게 될 것인지 알지 못한 채 떠납니다. 항상 곁에 계시는 하나님의 도움이 없이는 저는 결코 성공할 수 없습니다. 그분의 도움을 받을 때 저는 실패하지 않을 것입니다. 저와 함께 가시면서 당신들과 함께 머무실 수 있고 모든 곳에서 유익이 되실 그분을 믿으면서, 모든 것이 잘 되리라는 소망을 갖도록 합시다. 여러분들이 저를 위해 기도해주시기를 바라듯이, 그분이 당신들을 지켜주시기를 바라면서 아쉬운 작별을 합니다.

링컨이 "하나님의 도움이 계시면 실패하지 않을 것"이라고 말하자 우뢰와 같은 박수갈채가 쏟아졌으며 그가 아쉬운 목소리로 기도를 당부하자 청중은 "하겠습니다! 기꺼이 하겠습니다!"라고 응답했다. 그 연설문이 나라 전역에 전보로 보내지자, 반대자들은 냉소하였지만 대부분의 사람들은 감동을 받았다. 그는 가장 심오한 확신 가운데 하나, 즉 기도함으로써 구하는 자들에게 도움이 임한다는 믿음에 호소한 것이다.

"새 대통령은" 그들은 서로 말을 주고 받았다. "평범한 사람들처럼 인생과 싸웠을 뿐만 아니라 자신들처럼 하나님을 믿고 선한 사람들에게 기도를 부탁하는 것을 부끄러워하지 않는다." 스프링필드를 떠나면서, 링컨은 한 지지자가 준 깃발을 들고 더욱 힘과 용기를 얻었다. 실크로 된 접힌 부분에는 여호수아 1장의 글들이 새겨져 있었다

마음을 강하게 하고 담대히 하라. 두려워 말며 놀라지 말라. 네가 어디로 가든지 네 하나님 여호와가 너와 함께 하느니라. 너의 평생에 너를 능히 당할 자 없으리니 내가 모세와 함께 있던 것같이 너와 함께 있을 것임이라."

이 선물을 받고 감사하면서, 그는 사람들에게 그가 하나님으로부터 이루어야 할 사명을 받은 것으로 생각한다고 말하고 다시 기도해 달라고 요청했다. 워싱턴으로의 여행은 승리에 차고 여러 면에서 즐거운 12일간의 여행이었다. 링컨은 워싱턴으로 직행하는 대신 여러 곳에서 멈춰 인디애나, 오하이오, 펜실베니아, 뉴욕, 그리고 뉴저지를 돌아가는 길에 짧게 연설을 하기로 동의했다. 대통령 특별 열차의 차장 조수인 토마스 로스는 시발점인 일리노이를 통과하여 동쪽으로 여행하는 과정을 다음과 같이 사실적으로 묘사했다.

가는 곳곳마다 사람들이 열광했다. 마을을 지날 때마다 우리는 사람들의 즐거운 함성을 듣고 손수건을 흔들고 모자를 높이 집어던지는 모습을 보았다. 우리가 멈추는 곳은 어디든지 링컨 씨와 악수하러 사람들이 모여들었다.

물론 그와 악수할 수 있는 사람은 두세 명밖에 안되었지만 말이다. 군중은 전 주민이 참석한 것처럼 여겼다. 여자들과 아이들이 있었고 청년들이 있었으며 백발이 성성한 노인도 있었다.

백발을 날리면서 환호하는 사람들의 무리에 가담하여 그의 뒤에 대고 '잘 가시게, 에이브. 헌법을 수호하게, 그럼 우린 자네에게 매달릴 걸세.' 라고 외치는 이 노인들을 보는 것은 그에게 격려가 되었다. 나는 이 모든 사람들이 어디서 왔는지 알지 못한다. 그들은 마을과 읍내만이 아니라 곳곳에서 대통령의 기차가 간 트랙을 따라왔다. 도처에서 사람들이 모여든 것이다. 역의 철로에서 나는 기차를 떠나 스프링필드로 돌아왔다. 그 날은 내 생애에서 가장 위대한 날이었다.

오후 5시에 대통령 일행은 인디애나폴리스에 도착했는데, 그 곳에서는 모르톤 지사가 환영해 주었으며, 링컨은 짤막한 연설에서 자신을 "위대한 주의 의의……도구에 불과하다."고 말했다.

52회 생일을 맞이하여 대통령 당선자는 오하이오 주의 신시내티에 도착했다. 그는 여섯 필의 말이 이끄는 마차 안으로 들어갔으며, 그를 기념하는 행렬에 올라탔다. 밴드가 연주되고 군사들이 행진하고 말과 마차를 탄 사람들이 그를 따르고, 걸어서 그를 따르는 사람들도 있었다. 시장이 링컨을 소개하고 그는 연설을 했다. "강 건너의 켄터키 주 사람들에게 우리는 워싱턴과 제퍼슨과 메디슨이 당신들을 대했던 것처럼 대할 생각이며, 결코 우리를 버리지 않으신 하나님의 섭리 아래 우리는 다시 모든 파벌들을 잊고 형제가 될 것이라고 말하겠습니다." 계속해서 그는 "내 가족쇄, 즉 압제와 억압의 무게에 짓눌려 지내는 사람들을 볼 때 그들에게 더 무거운 짐을 쌓아올림으로써 그들의 삶을 더 고달프게 하는 것은 나의 성격에 맞지 않습니다. 나는 멍에를 부수기 위해 어떤 것을 덧붙이기보다는 오히려 온 힘을 다해 그 멍에를 들어올릴 것입니다."
　2월 14일 피츠버그에서 그는 아낌없는 환영을 해준 데 대해 윌슨 시장과 시민들에게 감사하고 때가 되면, 현재의 혼란스러운 국가적 상황에 대해 말하겠다고 말했다.
　대통령 특별 기차가 프리덤의 작은 마을에 멈추자, 군중들 사이에서 한 광부가 소리쳤다. "에이브, 사람들은 당신이 미국에서 가장 키가 크다고 말하더군요. 하지만 저는 당신이 저보다 더 크다고 생각하지 않아요." 링컨이 대답했다. "이리 와서 재 봅시다." 먼지가 잔뜩 묻은 작업복차림의 그 광부는 군중들 사이를 비집고 들어가서 대통령 당선자와 등을 맞대고 섰다. 그랬더니 그들은 키가 똑같았다. 군중은 즐거워했지만, 어떤 기자들은 그것을 예의에 어긋난다고 생각했다.
　기차가 뉴욕 주의 웨스트필드에 도착하고 사람들이 주위에 모여들자 링컨이 말했다. "이 곳에는 나와 편지를 주고 받는 사람이 있어요. 그리고 그녀가 여기에 있다면 그녀를 만나보고 싶습니다." "그 사람이 누구죠? 그녀의 이름을 말씀해 주세요." 무리들 사이에서 한 사람이 말했다. "그녀의 이름은 그레이스 베델입니다." 링컨이 "그녀는 제가 수염이 있다면 더 낫게 보일 것 같다고 편지에 썼습니다."고 말할 때 11살 난 그레이스가 사람들 손에 이끌려 연단으로 나오고 있었다. 링컨은 그 어린 소녀를 내려다보면서 "봐라, 그레이스, 너를 위해 수염을 길렀단다." 그러고 나서 그는 그녀에게 입을 맞추었으며 사람들은 웃었다.
　2월 18일에 그들은 뉴욕 시에 도착했으며 링컨은 경찰들이 이끄는 30대의 마차 행렬에 올라탔다. 참사관에는 500명의 경찰들이 호기심이 나서 모여든 사람들을 조사하고 있었다. 그날 저녁 그는 분리 주들의 의회가 알라바마 주 몽고메리에서 소집되고 주로 미국의 헌법에 근거한 임시 헌법을 채택했으며, 농장으로 은퇴했던 웨스트포인트 대학 출신의 제퍼슨 데이비스가 남부 대통령으로 추대되었고, 알렉산더 스티븐이 부통령이 되었다는 슬픈 소식을 들었다. 다음 날 아침 시청에서 시장과 참사관들과 신문 기자들로 둘러싸인 링컨은 이렇게 말했다.
 "우리가 인내심을 갖고 있고 자신을 억제하며, 우리가 흥분하지 않는다면 우리는 우주를 창조하신 전능하신 하나님께서 우리 나라의 다른 어려움들처럼 이 문제도 이 위대하고 지적인 사람들을 도구로 하여 처리하시리라고 믿습니다. 이런 사실에 의지하여 저는 이렇게 환대해 주신 여러분들께 다시 한 번 감사를 드립니다."
 링컨이 필라델피아에 도착한 것은 2월 21일이었다. 그 날은 조오지 워싱턴의 생일 바로 전날이었다. 어둡고 추운 거리를 지나면서 그는 수많은 방문객들이 악수하기 위해 기다리는 콘티넨탈 호텔로 가야만 했다. 방안으로 들어선 후에 곧이어 그는 전갈을 받고 수행원들 중의 한 사람인 노르만 저드의 방으로 갔다. 거기에서 그는 시카고의 이전 보안관 대리인이며 현재 사립 탐정의 우두머리인 알렌 핑커톤 씨를 소개받았다. 그는 이렇게 말했다. "우리는 링컨 씨를 만나려고 왔습니다. 그리고 당신을 살해할 음모가 상존해 있음을 알려드립니다. 모레 발티모어를 지나는 길에 그 시도가 있을 것입니다. 제가 여기 온 것은 암살단의 의표를 찌르는데 도움을 드리고 싶어서입니다."
 링컨은 분리주의자들이 불과 폭탄으로 다리를 파괴하고 기차를 폭파하려고 한다는 소문의 진상을 찾아내기 위해 그가 필라델피아와 윌밍톤과 발티모어 철도에 고용되었다는 말을 그에게서 들었다. 그는 남부인의 액센트를 사용했으며 존 후친슨과 같은 포즈를 취하고 그런 사실을 은폐하기 위해 중개사 사무실을 열었다. 그리고 나서 그는 분리주의자들이 자주 찾는 바눔 호텔의 바에 밤마다 모습을 드러냈다. 그는 곧 다리를 파괴하고 기차를 폭파하는 것보다 훨씬 더 위험한 일 즉, 대통령 당선자의 생명이 위태롭다는 것을 알게 되었다.
 술이 취해 꼬부라진 소리로 그들은 링컨이 2월 23일 토요일에 발티모어를 통과할 때 암살할 계획이라는 말을 했다. 그를 암살할 사람은 이미 정해졌다. 그들은 다른 계획도 갖고 있었지만, 주요 계획은 오는 토요일, 링컨이 12:30분 해리스버그에서 출발한 기차를 타고 발티모어에 도착하여 군중들이 좁은 통로로 모여들 때를 택하자는 것이었다.

링컨은 대기실에 마련된 환영회장으로 걸어 들어갈 것이다. 모반자들은 군중들 틈에 끼일 것이다. 링컨이 통로로 들어서기 직전에 다른 암살자들이 통로 밖의 거리에서 소동을 벌여 주 경찰의 관심을 그쪽으로 돌린다. 그 순간 암살자는 대통령 당선자에게 다가가서 그를 찌르거나 총으로 쏘아 죽인다는 계략이었다. 20명의 사람들이 연루되었다. 그들의 우두머리는 사이프리아노 페르난디나였다. 그는 바눔 호텔의 수석 이발사이며 무정부적인 성향을 지닌 이탈리아인 이주자였다. 그는 두 명의 암살자들을 거느렸는데 한 사람은 자기 일당이 링컨을 발티모어에서 관에 집어넣을 것이 확실하다고 호언장담했다.

핑커톤이 발티모어의 음모에 관한 개략적인 설명을 마치자 저드와 링컨은 어떻게 하면 좋겠느냐고 물었다. 핑커톤은 시계를 들여다보고 오후9시가 조금 못된 것을 보고는 이렇게 대답했다. "오늘 밤 10:50분에 이곳에서 발티모어행 마지막 기차가 있다. 저는 링컨 씨께서 그 기차를 타셔야 한다고 생각합니다." "저도 그렇습니다." 저드가 말했다.

링컨은 생각에 잠긴 얼굴로 앉아 있었다. "안돼요." 그가 마침내 말했다. "나는 그 의견에 찬성할 수 없어요. 내일 워싱턴의 생일에 나는 독립기념관에서 개최되는 기를 들어올리는 의식에 참석하고 그리고 나서 해리스버그로 가야 합니다." 그리고 저드를 향해 말했다. "당신들 두 사람이 발티모어에 공개적으로 가는 것이 정말 위험하다고 생각한다면, 나는 내일 저녁 해리스버그에서 조용히 사람들을 피하겠어요. 그리고 나서는 나 자신을 당신들에게 맡기리다."

핑커톤을 떠나보내고 자기 방으로 향해 가다가 링컨은 그의 수행원 중의 한 사람인 워드 라몬을 만났다. 라몬은 스워드 상원의원의 아들 프레데릭 스워드를 소개하고 링컨에게 그의 아버지가 보낸 편지를 전해주었다. 링컨은 그 편지를 천천히 여러 차례 읽었다. 그 편지 내용은 콜롬비아 군사 지역을 통괄하는 스코트 장군과 스토운 육군 대령이 발티모어에서 그 도시를 통과하는 그를 암살하려는 음모가 있다는 정보를 입수했다는 것이다. "여행 계획을 변경하면 위험은 쉽게 피할 수 있을 것이다." 그 편지에는 그렇게 적혀 있었다.

이 주제에 대해 짤막하게 논의하고 난 후에 링컨은 탐정의 보고에 대해 스워드와 상의를 했다. "링컨 씨, 제가 전해드린 소식은 거의 정확한 것입니다." 링컨이 대답했다. "난 그 문제를 신중히 생각하고 올바르게 결정을 내리도록 하겠네. 그리고 자네에게는 내일 알려주지." 워싱턴의 생일인 다음 날 아침 7시에 링컨은 독립기념관에서 34개의 별이 있는 새로운 기(34번째 별은 캔사스의 자유주를 상징함)를 올리고 짤막하게 연설했다. 그는 이렇게 말했다.

저는 지혜와 애국심과 우리가 살고 있는 제도들을 만들어낸 원칙에 대한 헌신이 함께 모여 있는 이 자리에 서게 된 것을 영광으로 생각하는 바입니다. 여러분들은 우리의 분열된 나라에 평화를 다시 수립할 임무가 제 손에 있음을 친절하게 알려 주셨습니다. 여러분, 저의 모든 정치적인 성향들은 이 홀에서 싹터서 세계를 향해 보내진 감정들로부터 나온 것입니다. 저는 이곳에 모여 독립선언문을 기초하고 채택한 사람들이 당한 위험과 고초에 대해 종종 생각하곤 했습니다. 저는 독립을 획득한 관리들과 군인들이 겪은 어려움들에 대해 생각해 왔습니다. 저는 우리 합중국을 그토록 오랫동안 함께 지켜온 위대한 원칙이 무엇인지 자문해 보았습니다. 독립선언문에서 우리 나라의 백성들에게 자유를 가져다 주었을 뿐만 아니라, 미래의 온 세상 사람들에게 희망을 준 것은 단순한 분리의 문제가 아니었습니다. 그것은 적절한 때가 되면 모든 사람들의 어깨에서 무거운 짐들이 내려지고, 모든 사람들이 동등한 기회를 얻게 된다는 약속이었습니다.

이것이 바로 독립선언문에 구현된 정서입니다.

친애하는 여러분, 이것을 기초로 하여 우리 나라가 구출될 수 있습니까? 그럴수도 있고 또 제가 우리 나라를 구하는 데 일조를 할 수 있다면, 저는 세상에서 가장 행복한 사람일 것입니다. 그러나 우리 나라가 이 원칙에 입각해서도 구출될 수 없다면, 그것은 진실로 무서운 일이 될 것입니다. 우리 나라가 이 원칙을 포기하지 않고는 구출될 수 없다면, 저는 그것에 굴복하느니 차라리 총에 맞아죽는 편이 낫다고 말하겠습니다. 현재의 사건의 추이를 살펴볼때 피를 흘리고 싸울 필요는 없습니다.

그럴 필요성은 존재하지 않습니다. 저는 그런 과정을 옹호하지 않으며 정부에 대항해서 무력이 사용되지 않는 한 정부는 무력을 사용하지 않을 것입니다.

친애하는 시민 여러분, 저는 전혀 준비가 안된 상태에서 이 자리에 섰습니다. 저는 다만 기를 올리는 일만 하면 된다고 생각했습니다. 그러므로 제가 경솔하게 말했을지도 모르겠습니다("아니오, 아니오" 라는 외침이 들림). 그러나 저는 앞으로 제가 어떻게 살아갈 것인지, 그리고 전능하신 하나님을 기쁘시게 하기 위해서라면 죽음도 불사하겠다는 사실만 말했습니다. 몇마디 안되는 말로 제게 부여된 임무를 시작하겠습니다.

기를 올린 후, 링컨은 친구들에게 그날 오후 해리스버그에서 열리는 펜실베니아 주 의회에 참석하여 연설을 한 후에 그들이 좋다고 생각하는때에 워싱턴으로 가기로 결심했다고 은밀히 말했다. 그날 저녁 6시에 링컨은 공식적인 일을 핑계삼아 만찬회 석상에서 일어났다. 방으로 가서 그는 만찬회 의상을 외출복으로 갈아입고 코트를 입고 주머니에 부드러운 펠트 모자를 넣고 팔에 숄을 걸치고 뒷문으로 빠져나갔다. 그와 라몬은 마차안으로 들어가서 어둠을 가르고 해리스버그에서 2마일 가량 떨어진 곳에서 대기하고 있던 특별 열차를 향해 달려갔다.

역장이 그들을 위해 마련해 준 "특별 열차"는 희미한 헤드라이트 외에는 불도 켜지 않고 달려 11시경에 100마일이나 떨어진 필라델피아로 갔다. 그곳에서 그들이 탄 워싱턴행 야간 열차는 "중요한 수하물"을 실어 날라야 한다는 철도청 책임자의 지시에 따라 정지했다.

책임자인 켄니와 탐정 핑커톤은 펜실베니아 역에서 이들과 만나고 링컨과 라몬을 인도하여 P.W.& B. 역으로 갔다. 그 곳에서 그들은 뉴욕발 워싱턴행 열차의 마지막 침대차를 특별히 예약했다. 이 침대들은 핑커톤의 부하들 중의 한 사람이 병약한 남동생을 위해 예약한 것이었다. 그러나 그 병자는 다른 형제가 수행했다. 방해받지 않고 편안한 밤을 지낸 후에, 링컨은 다음 날 아침 6시에 워싱턴에 도착했다. 그는 스워드 와 위시번를 만났으며, 취임할 때까지 머물 윌라드 호텔에서 특별한 옷으로 갈아입었다.

링컨은 윌라드 호텔에서 스워드와 아침 식사를 했으며, 11시에 두 사람은 백악관을 방문하여 부캐넌 대통령과 잠시 환담을 나누고 각료들과 악수를 했다. 오후에 그는 스티븐 더글라스 주재하에 일리노이 주 출신의 하원의원들을 만났다. 후에 윌라드 호텔의 응접실에서 그는 그 호텔에서 개최된 "평화 회의"에 모인 21개 주 대표들을 맞이했다. 짧은 인터뷰 동안 남부의 한 대표는 링컨에게 이렇게 말했다. "지금 모든 것은 당신에게 달려있습니다." 그러자 링컨은 이렇게 대답했다. "저는 그 말에 동의할 수가 없습니다. 제 진로는 간선 도로만큼 평범합니다. 그것은 헌법에 명시된 대로입니다. 저는 가야 할 길을 가고 있는 것입니다. 이제 우리 모두 논쟁을 중단하고 헌법과 법에 복종하는 실습을 해야 할 때라고 저는 생각합니다. 그렇다고 생각하지 않습니까?" 링컨이 워싱턴에서 첫날 저녁을 보내는 동안 그는 부캐넌 각료들의 방문을 받았고 그에게 사적으로 몇 마디 말을 할 기회를 찾고 있던 스코트 장군 및 몇몇 사람들과 면담을 가졌다.

토요일 밤 링컨 가의 사람들을 태운 기차가 도착하고 링컨 부인과 세명의 소년들은 남편이자 아버지와 함께 워싱턴에서의 첫 번째 아침식사를 했다. 대통령 당선자는 주일 아침에 백악관 근처의 성 요한 교회에 스워드와 함께 갔다.

취임식 전 주는 분열된 국가의 운명을 이끌어갈 4년간의 임기를 시작하기 전에 처리해야 할 많은 임무들과 책임들로 눈코 뜰새 없이 바빴다. 친지들과의 약속, 전략적인 입지를 차지하려는 사람들과의 약속, 다양한 요구들을 지닌 많은 사람들과의 약속은 링컨처럼 강한 사람에게도 정신적으로나 신체적으로나 감정적으로 에너지가 엄청나게 소모되는 일이었다.

그러나 무엇보다도 그의 미래 각료를 구성할 사람들을 둘러싼 많은 갈등들이 그를 몹시 피곤하게 했다. 그 주간 동안 그는 국가의 많은 지도층 인사들, 특히 공화당의 대표적인 인물들에게서 조언을 구했다.

그들이 그에게 오지 않으면 그가 그들을 직접 찾아갔다. 대부분 그에게 발탁된 것을 즐거워했지만, 그와의 약속을 한사코 거부하는 사람들도 있었고 지명자 한두 명이 야기한 갈등 때문에 만남이 지연되기도 했다.

링컨은 성실한 사람들의 말을 인내심을 가지고 주의깊게 경청했다. 그러고 나서 그는 취임식 전날 저녁 스프링필드를 떠나기 전에 자신이 마음 속으로 생각해둔 사람들과 동일한 인물들이 선택되었음을 깨닫게 되었다. 그가 인준해 달라고 상원으로 보낸 최종적인 각료 명단은 다음과 같다.

국무장관 : 뉴욕의 윌리암 스워드
재무장관 : 오하이오의 살몬 채스
국방장관 : 펜실베니아의 시몬 카메론
해군 참모총장 : 콘넥티컷의 기디언 웨일즈
법무장관 : 미조리의 에드워드 베이츠
내무장관 : 인디애나의 케이럽 스미드
우정장관 : 매릴랜드의 몽고메리 블레어

"대저 의인은 일곱 번 넘어질지라도 다시 일어나려니와 악인은 재앙으로 인하여 엎드러지느니라". (잠24:16) 찬송 383장

11
대통령 취임선서

18 61년 3월 4일 정오에 부캐넌 대통령이 윌라드 호텔로 링컨을 찾아왔다. 곧이어 두 사람은 팔짱을 끼고 양 옆에 사람들이 늘어서 있는 거리를 통과하여 열려있는 마차안으로 들어갔다. 부캐넌의 고상한 외모, 해쓱한 얼굴, 완전 백발의 머리는 링컨의 큰 체구와 검은 머리카락, 날카로운 얼굴과 대조를 이루었다. 펜실베니아 도로를 따라 움직이는 행렬은 푸른색 스카프를 매고 흰색 로제트를 매달고 끝을 도금한 푸른색 막대기로 푸른색과 흰색 안장방석을 운반하는 마샬 메이저 프렌치 대장의 지휘하에 이루어졌다.

대통령을 태운 특별 마차에서 부캐넌과 링컨은 앞을 보고 나란히 앉았다. 마차 앞에서는 웨스트포인트 출신의 군인들이 행진을 하고 도로 옆에서는 기병대대가 행진을 했으며 콜롬비아 지역의 보병 연대와 라이플 명사수들이 뒤를 따랐다 그 뒤를 이어 법관과 성직자 대표들과 외국의 장관들과 외교관들, 그리고 의원들과 평화회의 대표들과 관청장들과 주지사, 육군과 해군 장성들, 독립전쟁과 1812년 전투에 참가했던 용사들이 마차에 타고 있었고 여러 단체장들과 시민들이 걸어서 그 뒤를 따랐다 행렬의 맨 뒤에는 네 마리의 흰 젖소들이 이끄는 공화당을 상징하는 퍼레이드가 따랐다.
　퍼레이드 위에는 흰색 프록을 입은 34명의 어여쁜 처녀들이 있었는데, 이 처녀들은 합중국의 각 주에서 뽑은 미녀들이었다.
　그 날 도처에, 심지어 집의 꼭대기에도 경찰과 무장한 군인들과 권총사수들이 있었다. 스코트 장군은 취임식을 안전하게 마쳐야 할 임무를 띠고 있었다. 그리고 취임식은 안전하게 끝났다.
　목적지에 다다라서 부캐넌 대통령과 링컨은 팔짱을 끼고 그를 보호하기 위해 세운 긴 터널을 통과하여 국회의사당으로 들어가서 상원의원들, 외교관들, 유명 인사들이 가득 차 있는 상원의원실로 발걸음을 옮겼다. 여기서부터는 캡과 가운을 입은 대법원 판사들이 국가의 가장 위대한 인물들이 국회의사당의 동쪽 현관으로 이동하여 특별히 이 날의 행사를 위해 세운 연단에 가서 앉을 때 길을 인도했다.
　새로운 검은 양복에 검은 구두와 새로 산 높은 실크 모자를 쓴 링컨이 좌석 앞에서 발걸음을 멈추고 모자를 걸 장소를 두리번거리며 찾았다. 그 모습을 본 스티븐 더글라스가 재빨리 앞으로 나와서 링컨에게서 모자를 받아들고 행사가 진행되는 동안 줄곧 그것을 들고 있었다. "내가 대통령이 될 수 없다면" 그는 낮은 소리로 말했다. "적어도 그의 모자는 들 수 있겠지." 이렇게 간단한 형태로 그들의 긴 경주는 마지막을 장식했다.
　순서에 따라 링컨은 자리에서 일어나서 앞으로 나갔으며 그의 친구이자 상원의원인 오레곤 주의 베이커는 그의 곁으로 가서 은구슬처럼 또랑또랑한 소리로 말했다. "친애하는 국민 여러분, 저는 미국 대통령 당선자 링컨을 소개합니다." 만 명 이상이나 되는 군중이 박수갈채를 보내고 나서 이 위대하고 친절한 사람이 코트 안주머니에서 취임 연설문을 꺼내 연설하는 것을 열심히 지켜보았다. "친애하는 미합중국 국민 여러분," 그는 30분간 진심어린 목소리로 그들에게 연설을 했다.
　그는 그들에게 말했다. 공화당 정부가 정권을 잡은 것에 대해 남부 주들이 우려하고 있는 것 같은데 사실상 그럴 필요가 없으며 그뿐만 아니라 그를 당선시켜 준 사람들도 헌법에 의하지 않고는 그들이 하는 일에 간섭하지 않을 것이라고 했다. 이 말은 각 주의 시민들은 몇몇 주들의 모든 특권과 면세의 자격을 인정하는 것임을 의미한다는 것이었다. 그는 조용하면서도 힘차게 합중국의 존속에 대해 열변을 토했으며, 소수의 분리는 법적으로 허용될 수 없다고 말했다. 그는 결정하는 것은 다수이므로 서둘거나 너무 성급하게 굴지 말고 "국민의 최종적인 정의를 참고 믿으라"고 말했다.

"지력과 애국심과 기독교, 그리고 아직 이 복받은 나라를 버리지 않고, 현재 우리의 모든 어려움들을 최선의 방법으로 해결하기를 아직도 바라고 계신 하나님에 대한 확고한 믿음을 버리지 맙시다." 그러나 그 사이에 그는 자신에게 부여된 권력을 사용하고 "정부에 속한 재산과 장소들을 지키고 차지하고 소유하는 것"을 자신의 "기본적인 임무"로 생각한다고 말했다. "저에게 불만을 품은 국민 여러분, 내란이라는 중대한 문제는 제 손이 아니라, 여러분 자신들의 손에 있습니다. 정부는 여러분을 습격하지 않을 것입니다. 여러분은 정부를 파괴하지 않겠다고 하나님께 서약을 하지 않지만, 저는 이 나라를 지키고 보호하고 방어하겠다고 가장 엄숙한 서약을 할 것입니다." 그리고 나서 그는 "성경의 아름다움을 담은 산문"으로 가득찬 훌륭하고 화해적인 단락으로 끝맺었다.

저는 폐쇄적인 것을 싫어합니다. 우리는 적이 아니라 친구들입니다. 우리는 적이어서는 안됩니다. 긴장이 아무리 고조되었다 해도, 그것이 우리의 사랑의 끈을 끊도록 해서는 안됩니다.

모든 전쟁터와 애국자의 무덤에서부터 살아있는 모든 심령과 노변, 이 광활한 나라 곳곳으로 뻗어있는 신비한 기억의 현들이 다시 접촉할 때, 우리의 착한 천사의 본성에 의해 연합의 합창으로 터져나올 것입니다.

그 다음 주위를 돌아보고 나서 그는 "저는 지금 선서할 준비가 되어있습니다."라고 말했다. 늙고 초췌하고 주름투성이인 대법원장 테니가 앞으로 나와서 떨리는 손으로 제16대 대통령이 선서를 할 수 있도록 성경을 펼쳐놓았다. 링컨은 성경 위에 왼손을 올려놓고 오른손을 치켜들고 재판장의 말을 따라 선서를 복창했다.

"나는 미국 대통령직을 성실히 수행할 것이며, 최선을 다해 미국 헌법을 지키고 보호하며 보존할 것을 엄숙히 선서하는 바입니다. 하나님께서 나를 도와 주시기를!"

사람들 사이에서 박수갈채가 쏟아지고 경사진 곳에 서있던 포병들은 미국 제16대 대통령을 위해 축포를 쏘았다. 취임식은 끝났다. 넓은 연단에 있던 사람들은 일어나서 대통령과 그의 수행원들이 의원실로 돌아갈 때 기립해 있었다. 행렬은 전과 똑같은 순서로 이루어졌고 그러고 나서 마차를 타고 펜실베니아 길을 돌아 링컨과 아들 토마스와 낸시 행스 링컨은 백악관으로 갔다. 그 곳에서 그는 가족과 다시 합쳤다.

낮의 여러 가지 행사들을 마친 후 그 날 밤 늦게 에이브는 조용히 침대에 누워 통나무집 다락방에서 백악관에 있는 안락한 침대에 이르기까지의 기억들을 되새겨 보았다.

"비판을 받지 아니하려거든 비판하지 말라". (마7:1) 찬송 377

12
남북전쟁

미국의 신임 대통령이 이처럼 산더미같이 쌓여있는 문제들-인권의 위기, 불확실성, 분열된 국가-에 직면해 있었던 적은 결코 없었다. 그러나 처음 며칠 동안 이권을 추구하는 사람들이 그의 귀중한 시간과 정력을 요구했다. 관리가 되고자 하는 사람들과 그들을 후원하는 상원의원들과, 대표들과 지사들은 비밀 면담을 하기 위해 애쓰면서 백악관 안팎에서 진을 치고 그를 기다렸다.

그가 써주어야 할 메모도 무수히 많았다. 예를 들어, 그는 법무장관 베이츠에게 "웨이드 의원에게 오하이오 북쪽 지역 변호사들의 명단을 보내오라고 하시오."라는 메모를 보내고 또 국무장관 스워드에게 칼 슈르츠에 관해 "당신이 슈르츠 씨에게 충분한 면담을 해주시기를 바라오." 혹은 우정장관 블레어에게 우체국장 임명에 관한 메모를 써 보냈다.

각료들의 그칠 줄 모르는 정력을 적절하게 통제하는 것과, 가정 문제들을 해결해달라는 요구들 등과 같은 문제들이 산적해 있었다. 그러나 즉각적이고도 지속적인 관심을 요하는 문제는 국가 분열의 문제였다.

취임식 다음 날 찰스톤 항구 섬터 요새의 지휘관인 육군 소령 로버트 앤더슨이 현재 남은 식량으로는 4주밖에 견딜 수 없다는 내용의 편지를 보내왔다. 1월 9일 찰스톤의 남부 동맹이 서부의 장성에게 발포를 했으며, 요새에 식량을 공급하려고 할 때 뒤를 추격했다는 것이다. 지금 그들은 요새를 철수시키기를 요구하고 있었던 것이다.

링컨 대통령은 군당국, 의원, 각료들과 섬터 요새에 군대는 지원하지 말고 식량 보급만 하면 어떻겠느냐고 물었다. 그들의 대답은 제각각이었다. 그렇게 하자고 말하는 사람도 있었고 그러면 안된다고 말하는 사람도 있었다. 그러나 섬터 요새에서 이미 발포가 있었으므로, 전쟁이 불가피하다는 데에는 이의가 없었다.

대통령은 의원들과 스코트 장관과 다른 사람들과 계속 협의를 했다. 그러고 나서 4월 6일 그는 찰스톤에 있는 피킨스 장군에게 편지로 섬터 요새에 "식량만"의 지급이 이루어질 것이라고 통보했다. 섬터 요새의 남부 동맹 사령관인 뷰르가르드 장군은 남부 동맹의 전쟁 대책위에 평화적으로든 무력으로든, 식량이 공급되리라는 통보를 받았다고 전보를 쳤다.

제퍼슨 데이비스는 링컨이 피킨스 장군에게 보낸 메시지를 숙고하기 위해 몽고메리로 자문들을 불러모으고 말했다. "이 요새에서의 발포는 그 어떤 내란보다도 더 큰 내란을 개시할 것이며, 나는 여러분들의 충고를 들을 필요를 느끼지 않습니다. 여러분들이 원하는 것은 해봐야 긁어 부스럼만 만드는 것이고, 지금 조용한 지역들을 쑥밭을 만들어 우리를 죽음의 구렁텅이로 몰아넣을 뿐이니까요." 그러나 데이비스 대통령과 그의 자문들은 요새의 항복을 받아내라고 뷰르가르드 장군에게 지시했다. 공격 시기와 방법은 뷰르가르드 장군의 재량에 맡겼던 것이다.

4월 11일 뷰르가르드는 두 명의 전령들에게 메모를 주어서 배에 태워 앤더슨 소령에게 보냈다. 그는 앤더슨 소령이 웨스트 포인트에 재학하던 시절에 그에게 포술을 가르쳤던 은사였다. 그는 요새를 철수하라고 앤더슨 소령에게 요구했다.

앤더슨 소령은 답장을 써보냈다. "그것은 제 명예심과 정부에 대한 제 의무 때문에 제가 응할 수 없는 요구입니다." 앤더슨 소령은 뷰르가르드의 부하들에게 메모를 건네주면서 "신사 여러분, 당신들이 우리를 조각내지 않는다 하더라도 우리는 수일 내에 굶어 죽게 될 것이오."

그날 밤 자정을 넘어 뷰르가르드 측 부하들 네 명이 항복하라고, 요구한 시간을 넘기지 않는다면 "쓸데없이 피를 흘리는 일"은 없을 것이라는 내용의 편지를 가지고 배를 타고 요새로 왔다. 앤더슨은 장교들과 상의를 한 끝에 그날 아침 3:15분에 답장을 보냈다. "당신과 마찬가지로 쓸데없이 피를 흘리고 싶지 않은 저는 적절하고 필요한 수송 수단을 제공해 준다면, 15일 정오에 섬터 요새를 철수시키겠으며, 이 섬터나 우리나라 국기에 대해 적의에 찬 행동은 하지 않고, 그 때까지 우리 정부로부터 통제 지시나 추가 식량을 받지 못한다면 당신에게 공격을 가하지 않을 것입니다." 5분 내에 그들은 앤더슨에게 답장을 건네주고 그에게 "뷰르가르드 장군의 직권으로, 남부 동맹 주들의 임시 부대에게 명령을 내리는 우리는 그가 지금부터 한 시간 내에 섬터 요새에 대한 포문을 열것임을 당신에게 통지하게 되는 영광을 지니게 되었다."고 통지했다. 배에 올라타는 그 네 사람들에게 앤더슨 소령은 "우리가 지상에서 다시 만나지 못한다면 천국에서 만나기를 바라오."라고 말했다.

1861년 4월 12일 새벽 4:30분 뷰르가르드 장군이 공격을 명하자, 찰스톤 항구 건너편에서 불빛이 번쩍이고 대포 소리가 요란했다. 둘러싸고 있던 함포들은 박격포와 곡사포를 풀고, 남부 동맹의 사수들은 34시간 동안 섬터 요새에 총탄을 퍼부었다. 마침내 성조기가 총에 맞아 땅에 떨어지고 돼지고기 외에는 식량이 남지 않았으며, 문들이 부서지고 요새벽이 심하게 파손되고, 탄약고가 화염에 둘러싸이게 되자, 앤더슨 소령은 백기를 들고 철회 조건을 수락하고 요새에서 나갔다. 14일 일요일 오후에 그는 부하들을 이끌고 배를 타고 뉴욕으로 향했다.

그들의 손실은 그들 자신의 포탄이 사고로 터지는 바람에 죽은 한 사람 뿐이었다. 섬터 요새를 마지막으로 바라보았을 때, 그들은 새로운 남부 동맹 깃발이 펄럭이고 있는 것을 보았다. 앤더슨 소령은 트렁크 속에 그가 지킨 깃발을 갖고 있었다. 그는 불에 타고 총에 맞은 이 깃발을 지키고 싶어했고, 무덤에 묻힐때 무덤에 넣어주기를 바랐다.

전보가 발송되고 섬터 요새가 공격을 받았다는 전황이 보고 되었다. 북부의 주들 사이에서는 "수모를 만회하자!"라든가 "국가의 명예를 회복하자!"라는 외침이 쏟아져 나왔다. 그 주일은 잔인한 날이었다.

사람들은 섬터 요새와 장차 일어날 전쟁에 관한 이야기 외에는 아무 말도 하지 않았다. 대통령 방문자들은 많았다. 상원의원들과 하원의원들은 지역 주민들이 정부와 대통령을 옹호한다고 말했다. 각료 회의가 소집되고 포고문의 틀이 만들어졌다.

분리 주들은 힘이 너무 막강하여 정부의 정상적인 절차로는 "진압이 안된다"고 선언되었다.

대통령은 "남부 동맹을 진압하고 법이 적절하게 실행되도록 연합의 여러 주들에서 7만 5천 명의 군사들을" 소집할 것을 포고하는 선언문을 발표했다.

주일 저녁에 북쪽 주의 민주당 지도자인 스티븐 더글라스는 대통령을 방문했다. 위기에 관해서 논의한 진심어린 방문 후에, 링컨은 더글라스에게 다음 날 앞으로 삼 개월 간 국가를 위해 복무할 7만 5천 명의 민병대를 소집하기 위해 발송할 계획인 포고문을 읽어주었다.

포고문을 다 읽고나자, 더글라스는 의자에서 일어나서 말했다. "대통령 각하, 저도 이 문서에 들어있는 모든 말에 동의하는 바입니다. 다만 저라면 7만 5천 명을 소집하는 대신 2십만 명을 소집할 것입니다.

저와 마찬가지로 당신도 이자들(폭도들)의 부정직한 목적을 알지 못합니다." 그리고 나서 그는 대통령에게 벽에 걸려있는 지도를 보자고 요청했다. 그는 다음에 있을 전투 때에 강화해야 할 중요한 요충지들을 일일이 지적했다. 버지니아 주의 몬로 요새, 포토맥에 있는 하퍼즈 페리, 미시시피의 카이로 그리고 워싱턴이었다. 그 두사람은 이 전쟁에서 국가를 지킬수 있는 확고한 방식에 대해 자세히 논의하고 그 날 밤 그 이전 어느때

보다도 더 우정어리고 단합된 목적을 확인하고 헤어졌다.

민병대 7만 5천 명의 소집 포고령은 다음 날에 이루어지고 그것과 더불어 "그 날로부터 20일 이내에 그들 각각의 거처로 분산되어 평화롭게 은퇴하기 위해" 공공의 평화를 어지럽히는 사람들을 무찌르라는 명령이 하달되었다. 그가 요구한 숫자는 즉각 충원되었다. 등록하려는 사람들이 엄청났기 때문에 호레이스 그릴리는 50만 명이 요구되었다면, 그 정도의 숫자도 가능했을 것이라고 생각했다. 은행과 회사 그리고 개인들이 돈과 식량과 물품들을 제공했다.

그러나 슬프게도 남부인들은 섬터 요새에서 먼저 공격을 가하고 전쟁을 일으킨 장본인은 링컨이라고 비난하고 나섰다. 그의 모병은 그들의 분노를 자극하고 단합된 행동을 야기시켰을 뿐이었다.

버지니아 주 의회가 임시 법안을 통과시키고 버지니아 군대는 하퍼스 페리에서 출병했다. 그 곳에서는 그들이 행진할 때, 연합 수비대는 수백만 달러 어치의 무기와 탄약을 샀다. 마찬가지로 노포크의 연합 네이비야드는 폐지되고 그들이 그 곳을 공격하려고 생각할 때 약 3천만 달러 가량의 연방 정부 재산이 파괴되었다.

대통령에게 그런 작전을 펴지 말라고 경고했던 더글라스는, 연합 지원자들을 모으면서 서부 버지니아와 오하이오와 일리노이를 지나 강연 여행을 했다. 시카고에서 더글라스는 많은 군중들을 앞에 놓고 이렇게 말했다. "국기 주변에 모이는 것은 하나님 앞에서의 모든 미국 시민의 의무입니다." 그것은 마지막 연설이었다. 지치고 기진맥진한 그는 열병으로 쓰러지고 미시간 호수가 내려다보이는 오큰왈드 영지로 은퇴했다.

그는 6월 3일에 죽었다. 그의 아들들을 위한 그의 유언은 "그들에게 법을 지키고 미국 헌법을 지지하도록 사람들에게 말하라."는 것이었다. 링컨은 백악관에 조기를 내걸고 연합의 모든 사람들이 그의 죽음을 애도했다.

삽시간에 아칸소와 북 캐롤라이나와 테네시가 이미 분리되어 나간 주들에 합류했다. 남부 동맹은 행동을 용이하게 하기 위해 수도를 몽고메리에서 버지니아 주의 리치몬드로 옮겼다. 이곳은 워싱턴에서 남쪽으로 190마일밖에 떨어져있지 않았다.

링컨 대통령은 천성적으로 호전적인 사람이 아니었고, 또 다시 피를 흘리지 않고 문제가 해결되기를 바랐지만, 폭도들의 의도가 지금 명백히 드러났다. 그래서 그는 연합을 구출하기 위해 가능한 모든 힘과 정력을 기울여 행동 개시에 나섬으로써 대담하고 정력적으로 행동했다. 각료들에게 그는 "합중국을 구하는 일은 우리 모두의 최고의 기술과 영향력과 현명함을 요구할 것입니다. 만일 우리가 성공한다면, 우리 모두에게 영광이 있을 것입니다."라고 말했다.

짧은 시간 내에 그는 정규군을 확충하고, 3십만 명 이상의 민병대를 소집했으며, 남쪽 요새들을 봉쇄시켰다. 3550마일에 달하는 해안로를 지키기에 충분할 정도의 군함과 상선과 포함과 군인들을 배치시켰다. "반역적인 편지 왕래를 금하기 위해" 우체국을 폐쇄했고 남부 지지자들이 활동하는 지역의 인신보호 영장의 발부를 정지시키고 전쟁 수행을 위해 기금을 보낼 것을 명했다. 남부가 국가를 상대로 전쟁을 한 것은 결정적인 실수였다. 그들에게는 장군과 군인들이 있었지만 유능한 행정력과 도덕적인 힘을 갖춘 링컨에 필적할 만한 지도자가 없었다.

그러나 처음에 연합의 군사 업무는 고통스러울 정도로 느리게 진행되었다.

여전히 남부의 신문들은 워싱턴 포위를 외치고 있었다. 제퍼슨 데이비스가 지도자가 되리라는 소문이 나 있었고 1만 5천 명의 남부 동맹군이 이미 알렉산드리아 근처에 집결해 있었다.

포토맥을 건너 앨링턴의 고지대에서 남부군이 피운 모닥불 불빛을 워싱턴에서도 볼 수 있었다.

이 곳이나 다른 곳에서 장차 무슨 일이 일어날지 누가 알겠는가? 새 대통령에게는 해결해야 할 문제들이 산적해 있었다.

워싱턴을 향해 출발한 연합군 최초 연대는 매사추세추의 제6연대였다. 그들이 4월 19일 발티모어에서 기차를 갈아탈 때 그들은 일단의 분리주의자들의 습격을 받았다. 4명의 신병이 죽고 17명이 부상을 당했다. 12명의 시민도 죽었다. 먼지를 뒤집어쓴 채 낙심한 그들은 5시에 워싱턴에 도착했으며 침묵하고 있는 많은 군중들 사이를 뚫고 수도로 행진했다.

다음 날 아침 일찍 발티모어의 한 사절이 링컨을 방문하여 군사들이 발티모어를 통과하지 않게 해달라고 요청했다. 그러자 링컨은 "군사들이 이 도시를 통과하지 않게 해달라는 당신의 청을 들어준다면 당신은 내일 여기에 와서 아무도 그 주변을 행진하지 않게 해달라고 요구할 것입니다."라고 대답했다.

대통령의 말이 옳았다. 왜냐하면 일요일과 월요일에도 또 다시 위원들이 그를 찾아와서 매릴랜드 토양이 남부로 진격하는 군사들의 발에 의해 더럽혀져서는 안된다고 항의했기 때문이다. 그러자 링컨은 이렇게 대답했다. "우리에게는 군대가 있어야 합니다. 그리고 그들이 매릴랜드 아래로 기어가거나 위로 날아갈 수 없으므로 당연히 그 곳을 지나와야 합니다." 그들은 발티모어에서 해리스버그와 필라델피아로 이어지는 철로의 가로대를 파괴함으로써 보복을 했다. 일을 더 어렵게 만들기 위해서 그들은 워싱턴에서 북쪽으로 연결된 전선을 끊어버렸다.

뉴욕에서 출발한 제7연대는 워싱턴에 도착할 시간이 지났는데도 오지 않았으며, 어디쯤 오고 있다는 소식도 없었다. 시간은 점차 지나고 일 주일 이상이나 지났는데도 소식이 없자, 사람들 사이에 긴장감마저 돌았지만, 링컨은 침착하게 태연히 앉아 있었다. 그리고 나서 어느 날 그의 비서인 헤이는 그가 놀라서 외치는 소리를 들었다. "그들이 왜 오지 않지? 왜 안오는 걸까?"

25일 화요일에 날카로운 기관차 소리에 온 도시가 즐거워 했다. 많은 사람들이 역에 모여 뉴욕 제7연대가 기차에서 내려서 펜실비니아 가를 지나 백악관으로 행진하는 것을 보면서 즐거워했다. 다리 공사와 탈선 때문에 도착이 늦어졌다는 것이다. 워싱턴에는 이제 1만 7천 명의 군사들이 있고 아직 더 오고 있었다. 수도는 지켜질 것이며 대통령은 전쟁을 수행하는 일에 관심을 기울일 수 있게 되었다.

링컨을 시험하는 가장 큰 몇 가지 문제들은 각료들 때문에 일어났다. 그들은 주로 대통령의 정치적인 경쟁자들 중에서 선출되었으며 비록 그들이 유능한 사람들이긴 했지만 그들은 모두 야심이 많았다. 어떤 사람들은 요셉의 형들처럼 대통령을 시기했다. 그들은 자신들의 훈련과 경험이 링컨보다 더 낫다고 믿고 있었다. 그리고 그가 모든 각료들과 전문 분야에서 충분한 자격을 갖춘 사람들과 상의를 할 때, 그가 아무 것도 모른다는 잘못된 생각을 하는 사람들도 있었다.

국무장관 스워드는 행정부가 큰 위기에 닥쳤을 때 정부를 이끌어갈 책임은 그에게 있다고 여겼다. 그리고 그는 그런 자기 생각을 숨기려고도 하지 않았다. 링컨의 인내심과 확고부동함을 보고 스워드는 곧 링컨이 대통령이며, 모든 각료들의 충고를 받아들인 다음 결국에는 최선이라고 생각되는 결정을 내린다는 것을 깨달았던 것이다. 마지막 무렵에 그는 "링컨은 내가 아는 가장 유능한 사람이었다."고 말했다.

그러나 재무장관 살몬 채스는 항상 링컨 대신 자기가 대통령이었어야 한다는 견해를 갖고 있었으며, 그런 입장을 불러일으키고 때때로 정치적인 술수를 쓰곤 했다. 그러나 그는 돈을 끌어모으는 방법을 아는 유능한 장관이었다. 링컨은 전쟁이 끝날 때까지 그를 통제했으며 그 다음에 그를 대법원장에 임명했다.

국방장관인 시몬 카메론은 군수물자를 밀매했다는 스캔들에 휘말리게 되어 그 자리에 임명된 7개월 후에는 러시아 대사로 임명을 받았다. 링컨은 그 대신 에드윈 스텐톤을 임명했는데 그는 이전 부캐넌 내각에서 법무장관을 지낸 인물이었다. 사람들은 이 사람을 임명한 것에 대해 의아해했다. 왜냐하면 그는 확고한 민주당 사람이었고 맥코믹에서의 추수 기계 사건 때 링컨을 무시했던 사람이었기 때문이다. 링컨이 대통령직에 오른

지 처음 몇 달 동안 에드윈 스탠톤만큼 신랄하게 그를 비난한 사람도 없었다. 그는 자신이 대통령을 정말 어리석은 자라고 부르고 진짜 고릴라라고 부른 것을 뉘우쳤다. 불런 전투가 끝난 후 스탠톤은 이 "파국"을 "정부의 우둔함"으로 돌리고 "모든 사람이" 곧 "제프 데이비스에게 관심을 갖게 될" 것이라고 말했다.

그러나 1862년 1월 링컨이 취임한 지 9개월이 지난 후 스탠톤은 국방장관에 기용되었다. 강력한 사람이 요구되는 상황이었고 개인적인 취향은 무시하고 오직 능력만 추구하는 링컨은 스탠톤에게서 국방성의 엄청난 책임을 맡기에 필요한 자질들을 보았던 것이다.

스탠톤은 링컨을 멸시한 사소한 잘못만 제외하고는 매사에 자신만만했음을 인정했다. 그는 이 임무에 대한 요청을 국가를 구하라는 개인적인 의무로 여겼다. 그는 자신이 맡은 임무에 모든 재능과 정력을 다 쏟았다.

링컨의 친구들이 그에게 스탠톤은 계속 골칫거리가 될 것이며 국방성 전체를 가지고 도망칠 것이라고 경고했을 때, 링컨은 놀라움을 표시하지 않고 말했다. "우리는 내가 알고 있는 한 감리교회 목사를 다루듯이 그렇게 그를 다루어야 합니다. 그 목사는 기도와 훈계에 열심이어서 사람들이 그를 눕히려면 그의 주머니에 벽돌을 넣어야 한다고 합니다. 우리는 스탠톤도 그런 식으로 도와주어야 합니다. 그러나 나는 우리가 처음 얼마동안 그를 도약시킬 수 있을 것이라고 생각합니다."

스탠톤의 지휘 아래 전쟁은 템포가 달라졌다. 이것은 그가 임무를 맡은 직후에 일어난 다음의 사건들에서 예시되었다. 스탠톤은 중포 명령이 무시되어 왔음을 발견했다. 그는 자신이 직접 워싱톤 무기고에서 중포를 끌어내어 하퍼스 페리로 가는 자동차에 싣는 것을 도와주었다. 다음 날 무기고 책임자는 전날 중포들을 보낸 것은 적절하지 못했으며, 그것들을 즉각 내려놓겠다고 보고했다. 스탠톤은 조롱에 차서 그를 바라보았다. "그 중포들은 지금 하퍼스 페리에 있다." 그가 소리쳤다. "그리고 당신은 더 이상 미국 정부를 위해 일할 자격이 없다." 링컨은 스탠톤의 일처리 방식이 마음에 들었다. 그는 스탠톤의 태도에 계속 인내와 관용을 보였다. 그는 스탠톤의 위대한 정력이 중단되지 않고 전쟁의 수행에 수용될 수만 있다면, 자존심까지도 내던질 자세가 되어있는 것 같았다. 이 두 위인은 밤낮 함께 일하게 되었다. 그리고 그들 사이에 친밀함이 싹텄으며 그들이 그 위대한 일을 수행하는 과정에서 그들 두 사람의 진심이 통했던 것이다.

한 번은 오웬 러브조이가 서부인들의 대표를 이끌고 대통령에게 국가의 통일 정신을 촉진하기 위해서는, 동서의 군사들을 뒤섞어야 한다고 촉구하기 위해 워싱턴으로 왔다. 링컨은 그 계획을 좋다고 생각하고 스탠톤에게 특정 연대의 이동을 제안하는 메모를 써보냈다. 그가 그것을 스탠톤에게 제출하자 그는 그것을 실행 불가능하다는 이유로 그 제안을 거부했을 뿐만 아니라 다음과 같은 설명도 덧붙였다. "링컨이 이런 명령을 했다면 그는 어리석은 자다." 백악관으로 돌아와서 러브조이는 대통령에게 대화 내용을 그대로 전했다. "그렇다면" 링컨이 말했다. "난 그런 사람임이 분명합니다. 스탠톤이 거의 언제나 옳거든요."

링컨은 국방장관이 씨름해야 했던 중대한 문제들을 이해하고 그에 대해 이렇게 말했다. "스탠톤은 갈등의 파도가 치는 바위입니다. 그는 화가 난 물이 이 땅을 침식시키고 압도하지 못하도록 싸우고 있는 것입니다. 나는 그가 어떻게 살아남는지-그가 조각조각 찢기지 않는 이유를 모릅니다. 그가 없으면 나는 파멸할 것입니다."

링컨 대통령이 각료로 적당한 사람들을 찾아내기가 어려웠다면, 연합군의 사령관을 찾아내는 일은 훨씬 더 어려웠다. 윈필드 스코트 장군은 너무 늙고 병약하여 장기간 임무를 수행할 수가 없었다. 버지니아의 위대한 인물 로버트 리는 그 당시 가장 유능한 군인이자 세련된 성품의 소유자이며, 오랜 전부터 노예제도를 반대하고 연합을 지지한 그리스도인 신자였다. 대통령과 국방장관과 퇴역 장군은 그가 군사의 전권을 맡아주기를 원했다. 그들이 그를 부르러 사람을 보내자 4월 18일 목요일 아침 그는 말을 타고 워싱턴으로 왔다. 거기에서 그는 스코트 장군과 그의 친구 프랜시스 블레어 경과 면담을 했다. 그들은 링컨 대통령이 그에게 군사령관의 임무를 맡기고 싶어한다는 말을 전했다. 리는 몇 가지 질문을 했다. 그리고 잠시 관심을 보이는 것 같았으나, 마침내 거부하고 조용히 말을 타고 위엄있는 자기 집을 뒤로 하고 앨링턴 고지대로 갔다. 후에 그는 이렇게 말했다. "나는 비록 내가 분리에 반대하지만 내 고향 주를 멸시하면서까지 칼을 들고 싶지 않다는 것을 조심스럽고 예의바르게 진술하면서⋯⋯ 그 제안을 거절했다." 스코트 장군은 링컨이 사령관을 잃은 것은 군사 5만 명을 잃은 것과 같다고 생각했다.

첫 번째 전투는 전문적인 야전 사령관이 얼마나 필요한지를 보여주었다. 북측은 우수한 해상력을 갖고 있었고 봉쇄망도 거의 완벽했다. 그러나 처음 몇 차례의 육상전에서 북측은 결정적인 승리를 거두지 못했다. 아니 패한 적이 더 많았다.

1861년 7월 21일 일요일에 있었던 불런 전투는 남부 동맹의 충원군들이 그들에 대항해서 돌격해오기까지는 북측에 유리하게 전개되는 것 같았다. 지치고 훈련도 받지 못한 연합군측 3만 명의 오합지졸들은 대부분 휴대 식기들과 잡낭을 옆에 던져놓고 공포에 질려 퇴각했다.

다음 날 아침 동이 터올 때부터 하루종일 진흙투성이에 비를 흠뻑 맞은 군인들의 끊임없는 행렬이 롱브리지를 비틀거리며 통과하여 펜실베니아 가로 올라가서 수도로 가거나 자기 집으로 갔다. 약 3천 명 가량의 사람들은 돌아오지 못했다. 화요일에 생존자들은 앨링톤 고지대에 재집결했지만 여론이 들고 일어났다. 스코트 장군은 훈련을 제대로 받지 못한 군인들을 전쟁에 내보낸 것에 대해 사과하고 호레이스 그릴리는 링컨에게 편지를 보냈다. "이 날은 제가 일곱 번째로 잠못 이룬 밤이었습니다. 우리가 당장 그들의 조건에 따라 폭도들과 평화 협정을 맺는것이 최선의 방법이라면 그것을 마다하지 마십시오."

밤에 잠을 못 이루는 사람은 그릴리만이 아니었다. 그 지역의 많은 가정들이 불면증으로 시달렸다. 기도하면서 밤을 세운 사람도 있었다.

백악관으로 널리 알려진 대통령 관저를 차지하고 있는 미국의 제일인자에게는 더 무거운 짐이 지워졌다. 웅변가요 강연자인 제임스 머던은 손님의 자격으로 백악관에서 삼 주간 동안 링컨과 함께 머물렀다. 그는 이렇게 말했다.

불런 전투가 일어난 직 후, 어느 날 밤 나는 초조해서 잠을 잘 수가 없었다. 나는 내가 공식적인 자리에서 취해야 할 부분을 반복하고 있었다. 시간은 한밤중이었다. 내가 대통령이 잠들어 있는 방에서 낮은 소리를 들은 것은 거의 새벽녘이었다. 문은 반쯤 열려 있었다. 나는 대통령이 창문을 열어놓고 그 옆에 무릎을 꿇고 앉아 있는 것을 보았다. 불빛이 희미했고 그는 내게 등을 돌리고 있었다. 잠시 동안 나는 놀라고 신기해서 가만히 있었다. 그러고 나서 그는 슬픔에 찬 애원의 소리를 외쳐대었다. "오, 지혜를 달라고 밤중에 기도하던 솔로몬의 기도를 들어주신 하나님이시여, 제 기도를 들어주소서. 저는 이 백성을 인도할 수 없나이다. 당신의 도움이 없이는 이 국가를 이끌 수 없나이다. 저는 불쌍하고 나약하며 죄많은 인간이옵니다. 지혜를 달라고 외치던 솔로몬의 기도를 들어주신 하나님, 제 기도를 들으시고 이 나라를 구원하소서."

대통령은 군사정책에 관한 일지를 쓰고 군대를 재정비하고 증원하며, 전쟁터에 나가있는 장교들과 병사들의 사기를 진작시키는 임무를 착수했다. 그는 군사들을 모으고 그들에게 "앞으로 더 좋은 날이 올 것이라"는 내용의 연설을 했다 그는 자주 앨링턴의 진지를 찾아가곤 했는데, 그는 마차를 버리고 걸어서 행렬을 따라가면서 병사들과 악수를 하고 진심으로 "하나님께서 축복해 주시기를, 하나님께서 여러분을 축복해 주시기를" 하고 말했다. 그는 국회도서관에서 군사학 서적을 빌려 보고 그가 블랙 하욱 전쟁에서 대위로 싸웠던 시기에 배운 군사학에 관한 지식을 보충했다.

불런 전투로 시작된 남북 전쟁은 수많은 사상자를 낳았다.

전쟁에서의 계속된 패배가 연합을 괴롭혔고 북쪽의 여론들은 평화를 요구했다. 많은 사람들이 노예제도의 폐지가 아니라 연합을 지키기 위해 싸우려고 했다. 그러나 노예제도의 폐지를 전쟁의 최고의 목표라고 촉구하는 이들도 있었다. 링컨은 다른 주들이 또 분리해 나가는 것을 막기 위해 극단적인 노예폐지론자들을 저지하지 않으면 안되었다. 질투가 그의 내각을 불안하게 했고 탐욕이 그 슬픈 대가에 불을 붙였고 장교들 사이의 마찰이 전쟁터에서의 능률을 크게 저하시켰다.

가장 유능한 군장교들이 남부 동맹 군사들을 이끌고 있었다. 로버트 리 장군과 "차돌같은" 잭슨, 그의 "오른팔"이자 대담한 보병 장교 조오지 에드워드 피켓, 그리고 아주 귀중한 기병대 장교이며 "군대의 눈동자"로 알려진 젭 스튜어트가 남부 동맹에 있었다. 이토록 많은 유능한 장교들을 잃은 링컨 대통령은 지도력을 시험하지 않으면 안되었다. 그는 주요 군대가 승리해 주기를 바라면서 야전 사령관들을 임명하고 재배치하고 이동시켰다. 그 사이에 많은 반대가 있었고, 대통령과 백성들은 깊은 우려를 표명했다.
　1861년 8월 그는 범국가적인 금식과 기도의 날을 선포했다.
　링컨은 여러 면에서 행복한 가정 생활을 영위했다. 그러나 때로 그것은 여러 가지 문제들과 슬픔을 안겨주었다. 링컨 부인은 돈을 쓰는 것을 좋아했으며 그런 그녀를 충족시키던 때도 있었다. 그의 장자인 로버트는 하버드 대학에서 과정을 마치는 데 상당히 어려움을 겪었다. 어린 두 소년은 백악관 주위에서 못된 장난을 많이 쳤다. 말이 짧은 테드는 장난을 너무 좋아했고 공부에는 관심이 없었으며, 12살이 될 때까지 글을 읽거나 쓸 줄 몰랐다. 윌리는 명랑하고 사랑스러운 아이이며, 아버지를 놀라울 정도로 많이 닮았다. 그는 열심히 공부했으며 머리도 좋았고 8살에 읽기와 쓰기를 곧잘 했다. 그는 주일학교에서 배운 성경의 긴 구절들을 암기하기를 좋아하는 착한 소년이었다. 게다가 그는 부모님께 나중에 커서 목사가 되겠다고 말했다. 대통령과 링컨 부인은 윌리를 깊이 사랑했을 뿐만 아니라, 그가 다른 어느 누구보다도 하나님과 링컨이라는 이름을 명예롭게 하리라고 여겼다.
　1862년 2월 백악관에 아주 슬픈 일이 생겼다. 테드와 윌리는 줄곧 선물을 받아왔다. 윌리는 특히 조랑말을 좋아했다. 그와 테드는 매일 그것을 타곤 했다. 날씨가 갑자기 변해서 밖에서 놀던 아이들이 심한 감기에 걸려 열이 많이 났다. 테드는 심하지 않아 곧 걸어다닐 수 있게 되었지만, 윌리는 첫날부터 너무 심해서 링컨은 걱정이 되어 기회있을 때마다 방문객과 각료들을 제쳐두고 가보곤 했다.
　밤중에 그는 링컨 부인과 교대로 윌리의 침대 머리맡에 앉아서 지키는 일만 했다. 백악관에서의 리셉션들이 취소되고, 아버지와 어머니가 침대 머리맡에서 밤새도록 간호를 했는데도, 며칠간 그는 깨어나지 못하고 헛소리만 했다. 그후 2월 20일 오후 5시 윌리가 죽었을 때, 대통령은 슬픔에 북받쳐서 말했다. "내 불쌍한 아들, 그는 이 세상에서 살기에는 너무 착했지⋯⋯ 그래서 그는 하나님이 그를 집으로 부르셨어. 나는 그 애가 천국에 있는 편이 더 낫다는 것을 알지만, 우린 그를 무척 사랑했어. 그가 죽은 것은 가혹한 일이야."

소년 위로 머리를 숙이고 서서 대통령은 간호사에게 말했다. "이건 내 평생에 가장 큰 시련이오, 왜 이런 일이 있지요? 왜 이런 일이 있단 말입니까?" 간호사는 자신의 경험에 비추어 보건대 그리스도께서 위로해 주실 것임을 안다고 안심시켰다. 그는 그녀의 상황에 대해 물었다. 그녀는 자신이 과부이며 남편과 두 아들이 하늘 나라에 있고 이 모든 일에서 하나님의 손길을 보았으며, 자신이 시련을 겪기 전에는 하나님을 결코 사랑하지 않았었노라고 말했다. "어떻게 그런 일이 일어났나요?" 링컨이 물었다. "하나님을 믿고 그가 모든 것을 원만히 해주시리라는 생각이 들어서죠." 그녀가 대답했다. "당신은 첫 번째 상실에 완전히 순종했나요?" 그가 물었다. "아뇨". 그녀가 대답했다. "완전히 그렇게 하지는 못했어요. 계속해서 타격이 가해진 후에야 복종할 수 있었고 복종했지요. 그리고 매우 행복했어요." 그가 말했다. "당신에게서 그런 말을 듣게 되어 기쁩니다. 당신의 경험은 제 시련을 극복하는 데 도움이 될 것입니다."

이렇게 하나님은 확고한 슬픔의 공유로 링컨의 영혼을 일구셨다. 그리스도인들이 자신을 위해 기도하고 있다는 말을 들은 그는 "저는 그들이 저를 위해 기도해 주기를 원합니다. 저는 그들의 기도가 필요합니다."라고 말했다.

장례식장으로 가는 도중에 한 멋진 여인이 그에게 동정을 표했다. 그는 그녀에게 감사하면서 말했다. "전 제 슬픔을 가지고 하나님께 갈것입니다." 후에 그녀는 믿음에 관해 그에게 말하고 그에게 하나님을 믿을 수 있겠느냐고 물었다. 그 질문에 대해 그는 이렇게 대답했다. "저는 할 수 있다고 생각하며, 믿으려고 시도할 것입니다. 저는 당신이 말하는 어린아이와 같은 믿음을 갖고 싶으며, 그 분이 제게 그런 믿음을 주시리라고 믿습니다."

그러고 나서 그는 그를 가슴에 안고 어린시절의 슬픔을 위로해주던 어머니에 대해서 말했다. "저도 어머니의 기도를 기억합니다. 그리고 그 기도가 항상 저를 따라다녔습니다. 그 기도는 평생 동안 저를 붙어다녔습니다." 장례식이 끝난 지 몇 시간 후 링컨이 말했다.

저는 예수 그리스도 안에 있는 하나님의 귀한 사랑과 예수님으로 말미암아 우리가 우리 아버지이신 하나님께 가까이 있다는 것을 전에는 결코 지금처럼 깊이 깨닫지 못했습니다.

뉴욕 삼위일체 교회 목사인 프란시스 빈톤 박사는 그 때 워싱턴에 와 있었는데 링컨 여사에 의해 백악관으로 초대되었다.

그는 목회자의 위로에 찬 심령으로 대통령에게 직설적으로 말했다. "당신 아들은 살아 있습니다."

"살아 있다구요?" 링컨은 소리지르며 빈톤 박사의 목을 얼싸안고 머리를 그의 가슴에 묻고 엉엉 울었다. "살아 있다!" 그리고 나서 빈톤 박사는 말했다. "하나님이 당신의 아들을 그의 고귀한 나라, 당신 자신의 실존보다 더욱 확실하게 실재하는 실존으로 부르신 것입니다. 그도 요셉처럼 육신의 아버지의 집을 구원하기 위해 하나님의 선하신 섭리 가운데 간 것일지도 모릅니다. 그것은 당신과 당신 가족의 궁극적인 행복을 위한 하나님의 계획의 일부입니다."

그리고 나서 빈톤 박사는 링컨에게 그것을 주제로 한 설교를 가지고 있다고 말했다. 링컨은 그에게 가능한한 빨리 그 설교의 사본을 보내달라고 요청하고 그에게 위로해준 데 대해 거듭 감사했다. 링컨은 그 설교를 받고 여러 번 읽었으며, 자신이 개인적으로 사용하기 위해 사본을 하나 만들었다.

이 무렵 그는 아침 일찍 성경을 읽고 기도하는 시간을 정해놓았다. 새로운 위엄이 링컨의 얼굴에 자리잡고 하나님에 대한 보다 깊은 믿음이 그의 영혼에서 자랐으며, 그는 기독교적인 것들에 대해 더 큰 관심을 갖게 되었을 뿐만 아니라, 그것들을 군인들과도 공유하고 싶었다. 그는 그들을 위해 특별 예배를 마련했으며, 후에는 그들에게 군복무와 충돌되지 않는 한 맹세를 피하고 안식일을 지키라고 요구했다.

　전투가 가장 치열하게 전개되고 오래 전부터 전방에서 온 소식들이 매우 불안하던 어느 날 밤, 인자한 줄리아 워드호웨는 승리에 대한 꿈(혹은 환상)을 가졌다. 꿈에 나타난 영감을 보고 그녀는 깨어서「공화국 전쟁가」라는 유명한 찬송가를 작사했다. 이 노래는 나팔소리처럼 대통령의 마음을 감동시켰고, 그가 가장 즐겨부르는 행진가가 되었다.

　　내 눈이 주님이 오시는 영광을 보았네.
　　진노의 포도들이 저장되어 있는 포도원을 짓밟아 뭉개고 있구나.
　　무서울 정도로 날쌘 그의 칼이 치명적인 번개를 늦추었네.
　　그의 진리가 행진하고 있구나.
　　나는 보았네. 수백 개의 진에서 피어오르는 감시의 불속에 계신 그분을.
　　그들은 저녁 이슬과 습기속에 그를 위한 제단을 세웠구나.
　　나는 희미하게 펄럭이는 등불로 그의 의로우신 선고를 읽을 수 있다네.
　　그의 날이 행진하고 있구나.
　　백합의 아름다움 속에서 그리스도께서 바다를 건너오시는구나.
　　그대와 나를 변화시킨 그의 가슴 속에 영광을 가지고
　　하나님께서 행진하는 동안 사람들을 거룩하게 하기 위해 죽으셨듯이,
　　사람들을 자유롭게 하기 위해 우리도 죽자꾸나.

　링컨이 윌리의 죽음을 애도하고 있는 동안 남부 동맹은 노포크의 해군 병영에서 침몰된 메리막을 들어올렸으며, 그것을 역사상 최초의 철전함으로 개조하기 위한 위원회를 조직했다. 그것이 있으면 그들은 봉쇄를 뚫을 수 있을 것이다.

　그런 정보를 입수한 링컨과 해군 장교들은 워싱턴에서 메리막에 필적

할 만한 쇠로된 군함을 만들 수 있을지 논의했다. 마침내 존 에릭슨 해군 대령은 그 당시의 무기로는 날려버릴 수 없는 배를 만들 계획을 링컨 대통령으로부터 승인받았다. 그 배는 달그렌 제독이 고안한 두 개의 무거운 포가 장착된 회전식 망대를 갖추었고, 그 배의 이름을 모니터라 부르기로 했다.

건조 위원회는 확신을 갖고, 링컨 대통령의 지휘하에 에릭슨 대령이 감독을 맡게 될 것이며, 계약자들이 최단 시일내에 그 일을 완성해야 한다는 것을 이해하고 부쉬넬, 코닝, 윈슬로우 그리고 뉴욕의 그리스발드와 계약을 체결했다. 워든 대령은 배가 완성되자마자 자발적으로 모니터의 명령권을 떠맡았다.

1862년 3월 8일 토요일 오후, 주조된 쇠달구를 달고 3인치짜리 쇠판을 덮은 메리막이 햄프톤 거리에 나타나서 연합군측 두 대의 전함, 곧 콩그레스와 컴버랜드에 대포를 쏘았다. 하나는 파괴되고 다른 하나는 무력하게 되었다. 그래서 또 다른 전함 미네소타가 달려나갔지만, 그 배 역시 다음 날 아침에 희생될 것이 뻔했다.

깜짝 놀란 워싱턴의 해군 장교들은 링컨 대통령을 만났다. 그들은 메리막이 연합군측의 다른 배들을 일요일 아침이면 가라앉힐 것이라고 예측하면서 이렇게 말했다. "그 기선이 있는 포토맥에서 닻을 끊고 백 파운드의 포탄들을 이 곳으로 쏘거나 수도의 벽들을 무너뜨리는 일을 누가 막을 수 있습니까?"

"전능하신 하나님." 대통령이 대답했다. "전능하신 하나님께서 그것을 막아주실 것이오,. 이것은 하나님의 싸움이며 때가 되면 그분이 이 싸움을 승리로 이끌어주실 것이오. 당신들은 우리의 작은 모니터와 그 함대 사령관을 고려하지 않는 것 같군요. 모니터는 지금 햄프톤 거리에 있을 것입니다. 그 전함은 팔일 전에 뉴욕을 떠났습니다. 그 전함은 전능하신 하나님의 투석기에 있는 작은 돌이 되어 메리막 블레셋의 앞부분을칠 것입니다."

더 대화를 나눈 후에 그 곳에 모였던 사람들은 자리에서 일어나서 재무성의 서쪽 입구로 말없이 걸어갔다. 여기서 해군 부총장이 말했다. "여러분들은 일찍이 우리 링컨 대통령처럼 신실한 사람을 본 적이 있습니까? 얼마나 신실하십니까! 그는 내게 자기 신앙의 일부를 나누어준 것처럼 보입니다. 저는 모니터를 믿지 않았습니다. 그러나 그것은 절망의 구렁텅이에서 우리를 건져내 줄 선한 천사로 입증될 것입니다."

모니터는 사람들의 기대를 충족시켜 주었다. 토요일 밤 그 군함은 뉴포트 뉴우스로 거슬러 올라가서 다음 날 새벽 2시에 좌초 위기에 놓인 미네소타 옆에 대었다. 이것은 워든 대령에게 토요일에 있었던 일을 보고하면서, 다음 날 아침에 메리막과 싸워야 할 것이라고 통지한 밴 브런트 대령에게 새로운 용기를 주었다. 동틀녘에 메리막은 일을 마무리짓기 위해 미네소타를 향해 돌진했다. 모니터는 그 배를 정면으로 맞이했다. 다윗이 골리앗과 싸웠듯이 모니터에 있는 두 개의 대포가 메리막의 열 개의 대포와 충돌하게 된 것이다.

모니터는 메리막 옆으로 이동했으며 그 배에 발사했다. 그러자 메리막에서도 응사가 있었고, 그리고 나서 네 시간 동안 모니터는 메리막 주위를 돌면서 격렬한 싸움을 벌였고, 중요한 지점들에 대포를 쏘았기 때문에 마침내 메리막의 몇 개의 철판들은 모니터의 공격에 휘어졌다. 그 후 메리막은 퇴각하여 노포크로 돌아갔다. 남부 항구들의 봉쇄는 효과적이었다. 이 전투는 철갑선들의 유용성을 입증했으며, 이렇게 해서 미래의 조선술과 해군의 안녕의 방향을 결정했다.

노예제도의 문제는 전쟁으로 이어진 가장 중요한 관심사, 즉 수백만의 사람들이 관심을 가진 문제였다.

대통령직에 오른 후, 링컨은 노예제도를 이미 존재하는 주들에만 허용하고 그것이 여러 지역으로 확대되는 것을 금한다는 선거 공약에 제약을 받았었다. 그러나 10개의 주들이 불법적으로 분리했으며, 미국 정부의 보호로부터 떨어져 나갔을 뿐만 아니라 연합측에 총부리를 겨누었다. 그들은 군사 임무를 수행하면서 연합측과 싸움을 벌이는 동안 삼백만의 노예들을 노동력으로 활용하고 있었다. 그래서 도덕적으로 악한 노예제도는 링컨이 보호하겠다고 서약했던 연합군측을 패배시키는 간접적인 무기로 사용되기에 이르렀다. 전시의 한 가지 조처로서 대통령은 이런 폭도들의 주에 있는 노예들을 해방시킬 권한을 갖고 있었다.

호레이스 그릴리, 필립스 브룩스, 그리고 북부의 다른 지도자들은 대중매체와 연단과 설교 강단을 이용해서 대통령에게 노예제도를 폐지하도록 촉구했다. 사절단들이 백악관으로 모여들어 노예제도를 폐지할 것을 건의했다. 대통령은 그들 각 사람에게 그도 노예제도를 혐오하지만, 연합군이 남부 경계를 이루는 켄터키와 미조리와 테네시, 매릴랜드와 델라웨어 주들의 지원을 받고 있는 이 때 노예제도의 폐지를 전쟁의 주된목적으로 삼는 것이 "현명하거나 용감한 일로" 생각되지 않는다고 설명했다. 그는 자신의 주된 목적은 연합을 구하는 일이라고 말했다.

점진적이며 명예로운 해방을 이룩하기 위한 하나의 조처로서, 그는 경계 주들의 대표들과 자주 대화를 나누면서 노예해방에 어떤 형태로든 동참해 줄 것을 열렬히 촉구했다. 그는 이 주들에게 간절히 호소했다.

저는 논쟁하는 것이 아닙니다. 저는 다만 여러분들에게 스스로 자문해 보라고 간청하는 것입니다. 여러분들은 시대의 표징에 눈을 감아버리고 싶어도 감을 수 없습니다. 저는 가능하다면 개인적이고 당파적인 정치를 넘어서 그 표징들을 조용히 성찰해 보라고 간청하는 바입니다. 이 제안은 어느 누구에게도 비난의 화살을 던지지 않는 공통된 목적에 대한 공통된 주의를 만들어 낼 것입니다.

이것은 바리새인처럼 행동하는 것이 아닙니다. 이것이 의도하는 변화는 어떤 것을 쪼개거나 파괴하지 않고, 하늘의 이슬처럼 부드럽게 올 것입니다. 여러분, 이것을 포용하지 않으시렵니까? 과거에 단 한번의 시도로 그 일이 제대로 행해지지 않았기 때문에, 지금 하나님의 섭리 가운데 그것을 행하는 것이 여러분들의 고귀한 특권이 된 것입니다. 앞으로 창창한 미래를 당신이 그것을 무시한 것을 슬퍼하면서 보내는 일이 없도록 하십시오.

그 사이 연합군측에 대항하는 전쟁의 물결은 계속되었다. 미국 대사들은 링컨에게 결정적인 승리를 거두어 유럽의 정치가들에게 감명을 주고, 노예 해방을 바라는 수많은 사람들이 감사를 할 때에만 유럽이 남부 동맹을 인정하지 않을 것이라고 경고했다. 사절들과 개인들은 해방의 방향에서 움직여 줄 것을 계속 촉구하고 있었다. 한 개 이상의 "해방 단체"가 뉴욕에서 조직되었다.

마침내 1862년 중엽 명상과 기도로 며칠을 보낸 후 링컨은 유보적인 태도를 철회하기로 결심했다. 그는 일기에 "나는 그것을 하겠다고 하나님과 약속했다."고 썼으며 즉각 국방성으로 갔다. 그 곳에 있는 자그마한 개인 사무실에서 그는 "특별한 사항"을 기록하기 시작했다. 다음 날 그리고 그 후 몇 주 동안 그는 계속해서 썼다가 지우고 또 다시 쓰곤 했다.

그후 7월22일에 대통령은 각료들을 불러서 이렇게 말했다. "저는 해방의 적절함에 관하여 이야기했던 사람들의 말을 고려했으며, 이 선언문을 발표하기로 마음을 굳혔습니다. 그리고 저는 행해진 것에 대해 논의하기 위해서가 아니라, 제가 쓴 것을 듣고 문체와 형식에 대해 충고해 달라고 여러분들을 초대한 것입니다. 저는 이 모든 것을 곰곰이 생각했으며, 저 자신과 하나님께 이 일을 이루겠다고 약속했습니다."

선언문이 낭독되었으며, 그 문제가 장황하게 논의되고 스워드 장관의 제안에 따라 군사적인 성공이 이룩되기까지는 선언문 발표를 유보하기로 결정했다. 대통령도 순순히 동조했으며, 기다리는 동안 그는 그 문서의 형식과 내용을 다듬고 마무리지었다. 그는 이 문서가 지시적인 것처럼 들리지 않기를 바랐으며, 그렇게 되지 않게 해달라고 기도했다.

그후 대통령은 경계주들에게 노예를 해방시키도록 계속 촉구했으며, 이렇게 해서 양측은 자유 영역의 범위를 확대하고 가치있는 모범을 만들었다. 그는 이 주들의 대표들과 자주 회합을 가졌으며, 그들에게 어떤 형태로든 해방에 동참할 것을 촉구했다.

의회는 콜롬비아 지역에서의 노예제도를 폐지하는 법안을 통과시켰고, 대통령은 그 법안에 서명을 했다. 그 기준은 그 지역의 충실한 노예주들에게 백만달러를 보상한다는 것이었다.

그리고 하이티나 리베리아로 가고 싶어하는 흑인들을 수송할 목적으로 십만 달러를 따로 떼어놓았다. 다시 그는 경계주들에게 노예들을 사서 해방시켜 주는 계획에 동참해 줄 것을 촉구했다.

1862년 9월 17일 앤티탐 전투에서 그동안 학수고대해 왔던 연합군측의 승리가 있었다. 리 장군의 군대가 격퇴되어 매릴랜드로 퇴각했다. 링컨은 즉각 선언문 작성하는 일을 마치고 9월 22일 월요일에 그 일을 고려하도록 각료를 소집했다.

이상하게도 대통령은 아르테무스 워드에게서 온 익살스런 부분을 읽음으로써 이 모임을 시작했다. 그러고 나서 그는 책을 덮고 "엄숙한 어조"로 말했다. "신사 여러분, 저는 이 전쟁과 노예제도의 관계에 대해 많이 생각했습니다. 저는 사람들에게 아무 말도 하지 않았지만, 저 자신과 창조주 하나님께 약속을 했습니다. 폭군들은 지금 내몰려지고 저는 그 약속을 이루고 있는 것입니다.

12월 1일에 소집된 위회에 보낸 메시지에서 그는 이렇게 말했다.

조용한 과거의 교의는 폭풍이 이는 현재에는 부적절합니다. 상황은 매우 어려워졌으며, 우리는 이 상황과 더불어 올라가야 합니다. 우리의 상황이 새롭듯이 우리도 새롭게 생각하고 새롭게 행동해야 합니다. 우리는 우리 자신을 해방해야 합니다. 우리는 역사를 피할 수 없습니다. 의회와 행정부를 떠맡은 우리는 우리 자신이 보잘 것 없음에도 불구하고 기억될 것입니다.

1863년 신년 축제 때 백악관에서 훌륭한 리셉션이 열렸다. "팽팽하게 펼친 스커트를 멋지게 차려입은 숙녀들과 프록코트를 입은 신사들과 푸른색과 황금빛이 도는 제복을 입은 관리들이 대통령과 링컨 여사에게 인사를 하러 백악관 실내를 가득 채웠다. 세 시간 동안 그는 수많은 사람들과 만나 악수를 했다. 그 사이 국무장관 스워드와 그의 아들 프레드릭은 선언문의 마지막 수정문을 대통령에게 보이려고 이 층에서 기다리고 있었다.

링컨이 마지막 손님에게 잘 가라고 인사를 하고, 집무실이 있는 이층으로 올라가서 공식적인 해방 선언문이 그의 서명을 기다리고 있는 책상으로 곧장 갔다. 그는 펜을 집어들고 그 문서 위에 그것을 올려놓았다. 그 때 그의 손이 떨리기 시작했다. 그런 사실에 놀라면서 그는 그 펜을 다시 제자리에 꽂아두었다. 잠시 후 그는 수백 명의 사람들과 자신이 세 시간 동안 악수했던 일을 상기하면서 미소지었다. 스워드에게 그는 말했다. "내 이름이 역사에 남는다면 이 행동 때문일 것이며 내 영혼이 그 속에 담겨 있소. 내가 서명할 때 내 손이 떨렸다면 그 문서를 검토하는 사람들은 모두 '그가 망설였다.' 고 말할것이오."

그는 한번 더 펜을 들고 말했다. "나는 내 평생에 이 문서에 서명하는 것보다 더 확실하게 옳은일을 하고 있다고 느낀 적은 없었소." 그러고 나서 천천히 그러면서도 단호하게 그는 "링컨"이라고 썼다. 두 부의 서류에 서명한 다음 그는 올려다 보고 미소지으며 "이루어질 것" 이라고 말했다.

군중들이 모여 서명 소식을 기다리던 보스톤의 트라몬트 사원에서 이전에 노예였던 프레데릭 더글라스가 마지막 순간에 대해 이렇게 말했다. "8시, 9시, 10시가 지나도록 아무 말이 없었다. 기대에 찬 군중들 위로 눈에 보이는 그림자가 떨어지는 것 같았다. 환자들은 확신에 찬 말로 그 그림자를 떨쳐버리려고 했지만 헛된 일이었다. 마침내 환자가 기진맥진하고 의심이 고통이 되었을 때, 자신이 들은 소식으로 인해 얼굴이 밝아진 한 남자가 군중들 사이로 서둘러 와서 모든 사람들의 마음을 감동시킬만한 어조로 외쳤다. '때가 오고 있다, 마지막 때가 되었다!' 엄청난 흥분이 군중을 사로잡을 때 한 흑인 목사가 일어나서 찬송을 선창했다.

애굽의 어두운 바다 너머에서 커다란 나팔소리를 들으라. 여호와께서 승리하시고 그의 백성들이 해방되었도다.

선언문이 발표되었고 다음 날 아침 신문에 그것이 실렸다. 그 선언문은 사실상 1863년 1월 1일 반란 상태에 있던 남부에서 노예 상태에 있던 모든 사람들이 해방을 맞이하고, 정부는 그들의 자유를 인정하고 유지할것임을 선언했다. 노예제도가 연합측에 남아있는 주들을 교란해서는 안되었다. 다음 날 밤 그를 위해 세레나데를 부른 열광적인 시민들에게 그는 "저는 실수하지 않기 위해 하나님만 믿을 것입니다."라고 말했다.

몇몇 지역들에서, 심지어 북쪽에서조차 선언문에 대한 시끄러운 반대가 있었다. 어떤 사람들은 그가 닥쳐올 한파를 견디낼 수 있을지 궁금해 했다. 링컨은 "저는 천천히 걷는 사람이지만 결코 뒤로 돌아가는 일은 없습니다."라고 대답했다.

그러고 나서 그는 선언문을 전달하고 보상적인 해방 계획을 제안했다. 그는 이 계획에 따른 평화적인 해방은 "싸움을 종식시키고 연합을 영원히 구할 것이며, 노예제도 없이는 반역이 결코 존재했을 수도 없고 노예제도와 더불어 그것은 존속하지 못할 것이며 이 계획에 따른 해방은 결코 피를 흘릴 수 없다"고 주장했다. 그는 그것을 수용할 것을 열렬히 호소한 다음 끝으로 이렇게 말했다.

우리는 지구의 마지막 최고의 소망을 고귀하게 지키거나 헛되이 잃게 될 기로에 놓여 있습니다.

다른 수단들이 성공하면 이것은 실패할 수 없습니다. 그 길은 분명하고 평화스럽고 자비로우며 공의롭습니다. 그 길을 따른다면 이 세상은 박수갈채를 보내고 하나님께서도 영원히 복을 내리실 것입니다.

그러나 보상적인 해방에 관한 그의 계획은 의회를 설득하지 못했다. 분리 주들에는 312만 515명의 노예들이 있었고, 경계 주들에는 83만 2천 명이 있었다. 노예 한 사람당 4백 달러로 칠 때 노예 주들에게 보상해주려면 15억 7602만 6천달러가 있어야 했다. 장사속에 밝은 의원들에게 그 액수는 너무 많고 너무 관대하게 들렸다. 그러나 그들은 결국 그보다 더 많은 돈을 지불하게 될 것이다.

해방 선언은 많은 지역들에서 기쁨과 소망을 가져왔을 뿐만 아니라, 그것은 "인간의 자유를 위한 위대한 타격"이었다. 그것은 전쟁에 새로운 도덕적인 의미를 부여함으로써 전쟁의 목적을 변화시켰다. 그것은 남부 주들의 경제를 약화시켰고 영국과 프랑스는 연합측에 유리하게 영향력을 행사하기로 결정했으며 아르크덕 맥시밀리안 치하에 급조된 맥시코의 괴뢰 정부를 파멸시켰다.

그 사이에도 전쟁은 계속되었고, 링컨은 장군 물색을 계속했다. 맥클레란 자리를 번사이드 장군이 대신 차지했다. 번사이드가 프레데릭스버그 전투에서 대파하자 대통령은 그 자리를 조셉 후커 장군에게 넘겼다.

그 후 5월 2-4일까지 내란의 중대한 전투중의 하나인 챈셀러빌 전투가 있었다. 후커 장군은 연합군 13만 명을 이끌고 남부동맹의 로버트 리 장군이 이끄는 6만 명의 군사들과 대치했다.

후커 장군은 그렇게 많은 군사력을 제대로 통솔하지 못해서 전투 마지막에 남부 동맹이 유리해졌다. 그러나 연합군 제11군단의 측면공격으로 한밤중에 남부 동맹의 한부분에서는 공포가 일어났다. 그리고 "돌벽같은" 잭슨은 자기 부하들이 쏜 총에 맞아 부상을 입고 말았다. 그날 밤 야전 병원에서 잭슨의 왼팔은 어깨 바로 밑에서 절단되었다. 다음 날 아침 부상당한 장군은 앰뷸런스에 실려 친구, 챈들러의 농가로 수송되었다. 그는 조용하고 안전한 진영에서 아내와 함께 지냈다. 며칠 동안 그의 상태는 호전되는듯 했으나, 폐렴에 걸려 5월 10일 일요일에 임종을 맞이했다. 임종에 앞서 이 위대한 그리스도인 장군은 축복 기도 때처럼 "우리로 이 강을 건너 나무들의 그늘 아래에서 안식하게 하소서."라고 기도했다.
　리 장군은 그의 가장 유능한 부하들 중의 한 사람을 잃은 것이다. "나는 그를 대신할 방법을 알지 못한다."고 말했다. "그는 내 오른팔이었다."

"사람이 마음으로 자기의 길을 계획할지라도 그 걸음을 인도하는 자는 여호와시니라". (잠16:9) 찬송 384장

로버트 리

(Rober Edward Lee / 1807-1870 / 군인 학자)

1807년 버지니아 주 스트랫퍼드에서 출생한 로버트 리는 웨스트 포인트를 1829년 졸업하였으며 1847년 영토 문제로 멕시코와의 전쟁이 발발하자 전쟁에 참전하고 1852년 웨스트 포인트 교장에 취임함. 1861년 노예제도 반대론자인 그는 고향인 버지니아가 남부 동맹에 가입하자 남부군으로 참전하였다. 1862년 남군 사령관이 되어 많은 전과를 세우고 1865년 총사령관이 되어 남부의 영웅이 되었으나 그해 남부 동맹에 패색이 짙어지자 4월에 북부 총사령관인 그랜트에 항복 선언함. 전쟁이 끝나고 그는 1865년에서 1870년 생을 마감할때까지 워싱턴 대학의 학장이 되어 학문과 후진 양성에 정진한 훌륭한 학자이자, 노련한 전술가로써 남북전쟁에서 위대한 족적을 남겼다.

율리시즈 그랜트

(Ulysses Simson Grant / 1822-1885 / 군인, 대통령)

1822년 오하이와 주에서 출생한 율리시즈 그랜트는 1843년 웨스트 포인트를 졸업한 후 멕시코 전쟁에 참전함. 1854년 퇴역후 피혁마 구상을 경영하기도 하였다. 남북전쟁이 일어나자 참전하여 많은 전공을 세워 1863년 링컨 대통령에 의해 총사령관에 임명됨. 1865년 4월 버지니아의 아포머톡스에서 남부 동맹군을 무찔러 4년간의 전쟁을 끝냄. 그후 정계에 들어 간 그는 1868년 공화당 대통령 후보에 지명되어 18대 대통령에 당선 되었으며 1872년 재선에 성공하였슴, 1885년 뉴욕에서 사망하였다.

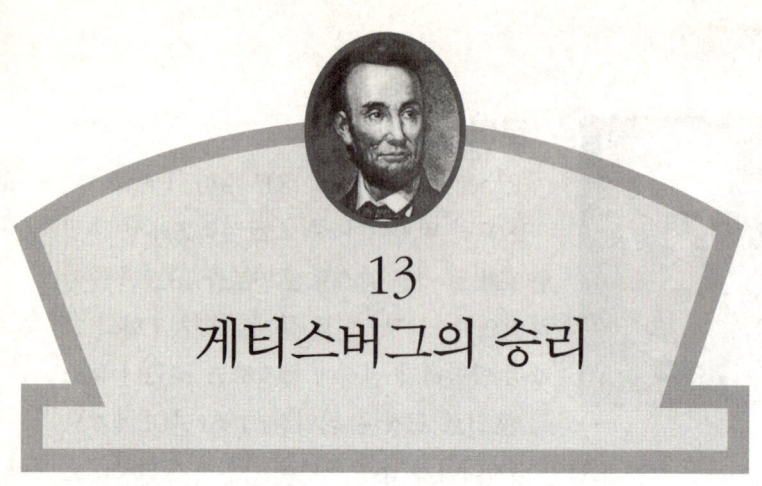

13
게티스버그의 승리

남북 전쟁의 모든 전투는 리 장군이 군사들을 북쪽으로 이동시켜 펜실베니아를 침공하기 시작한 1863년 6월 초까지 노예의 토양에서 행해졌다. 링컨 대통령은 6개월 간 복무할 군사들을 10만 명 모집하라는 명령을 내렸다.

24일과 25일에 포토맥을 건넌 리는 27일에 펜실베니아에 있는 샴버스버그에 도착했다. 그는 7만 3천 명의 군사를 통솔했는데, 대부분 그들은 전투 때마다 승리에 승리를 거둔 노련한 군사들이었다. 한 군인은 그들에게 싸움을 걸어오는 적군을 만났으면 좋겠다고 말할 정도였다. 그 군사들은 두려움과 걱정을 몰랐지만 북쪽 주들에 대한 공격을 가하는 데있어서 불길한 소식이 있었다.

매우 중대한 일들이 일어난 것이다. 남부 동맹의 군사들을 따라 가던 용감한 한 여인이 창문을 열고 소리쳤다. "홍해를 향해가는 파라오 군사들을 보라." 또 다른 여인은 "별이 깃발을 장식한다."는 노래를 불렀다. 리 장군은 모자를 벗었다. 링컨 대통령은 8만 8천 명이나 되는 포토맥군사령관 자리에 미드 장군을 앉혔다. 그리고 나서 "싸우라"는 지시를 내려 그를 북쪽 게티스버그를 향해 이동시켰다.

통신망들이 위험해지고 있다는 것을 깨달은 리는 앞서 보낸 몇 부대들이 말려들어 연합측 군사들과 총기 밀매를 하자 게티스버그로 돌아갔다. 연합군측의 정찰병들이 게티스버그가 남부 동맹의 공격을 받게 될 것이라고 보고하자, 미드는 세메트리 리지에 있는 요새로 주력 부대를 급히 이동시켰다. 다른 분대들은 컬프스 힐과 라운드톱 힐의 진들을 지켰다.

정렬은 인상적이었다. 양측의 이해관계는 첨예했다. 양측 장군들은 훌륭한 사람이자 위대한 군인이었다. 리와 그의 군사들은 승리에 승리를 거두곤 했다. 미드는 새로 임명받은 사령관이었다. 그는 이 전쟁을 그와 그의 부하들이 가정과 아내와 아이들과 헛간과 소와 밭을 침략자들에게서 지키기 위해 싸우는 것으로 여겼다.

광란에 가까운 깊은 우려가 주변 지역을 감쌌다. 모두들 공포에 싸여 무슨 일이 일어날지 아무도 예측할 수 없을 때, 링컨 대통령은 이 문제를 해결하기 위해 하나님께 나아갔다.

엄청난 사건들에 짓눌린 나는 내 방으로 갔다. 그리고 방문을 잠그고 전능하신 하나님 앞에 무릎을 꿇고 게티스버그의 전투에서 승리하게 해달라고 기도했다. 나는 그분께 이 전쟁이 하나님의 전쟁이며, 우리가 하나님의 뜻을 따르고 있지만, 우리는 또다시 프레데렉스버그나 첸셀러빌과 같은 일을 겪을 수 없다고 말했다.

그리고 나서 나는 하나님께서 게티스버그에서 우리의 젊은이들을 지켜주신다면 나도 그 분을 지지할 것임을 전능하신 하나님 앞에서 엄숙히 서약했다. 그리고 그 후에 나는 어떻게 해서 곧 내 심령이 편안해졌는지를 알지 못하며 설명할 수도 없다. 하나님께서 이 모든 일을 친히 떠맡으시고 게티스버그에서 모든 일이 잘 될 것이라는 느낌이 왔다.

리와 그의 부하들은 7월 1일 오후 일찍 게티스버그에 도착해서 미드군대의 좌측을 공격했다. 그 결과 용감하고 유능한 존 레이놀즈 육군 소장을 포함하여 엄청나게 많은 사람들이 부상을 당했다.

이 때에 부상을 당한 레이놀즈 소장은 죽어가면서 "앞으로! 하나님을 위해서 앞으로!"라고 명령을 내렸다. 그 싸움은 치열했으며 연합군측의 손실이 컸다. 미드장군은 낙심에 차서 이상하게 저항할 수 없는 느낌에 사로잡혀 예비대를 소집하기로 결심했다.

둘째 날, 남부 동맹은 군대를 재정비하기 위해 싸움을 잠시 중지했다. 덕분에 연합군은 군대를 충원할 시간을 번 것이다. 예비 부대에 속한 많은 군사들과 대포들이 세메트리 리지와 컬프스 힐과 리틀라운드 톱의 진으로 옮겨졌다. 리는 전진 부대의 세 전열을 공격했다. 세메트리 리지는 두번 습격 당했고 컬프스 힐은 빼앗겼다가 재탈환되었으며, 보병과 포병들은 리틀라운드 톱을 구출하기 위해 서둘러서 진으로 갔다. 둘째 날에는 용사들의 물결이 모든 전선에 줄을 이었지만, 연합군의 대열은 재탈환되어 저녁에는 미드가 링컨에게 적이 "모든 곳에서 격퇴되었다."는 메시지를 보낼 수 있었다.

1863년 7월 3일 셋째 날에 리는 미드의 중심지인 세메트리 리지를 총공격하지 않으면 안되었다. 리와 롱 스트리트는 이러한 대규모 공격의 총지휘관으로 조오지 에드워드 피켓 육군 소장을 임명했다. 그는 말을 타고 달리면서 연합군 중심을 공격하기 위해 선발된 1만 5천 명의 부하들을 지휘할 때 다갈색의 긴 머리카락을 휘날리는 키 크고 용감하며 전도가 유망한 보병 장교였다.

공격을 감행하기에 앞서, 피켓은 롱 스트리트에게 그가 살아남게 되면 결혼하게 될 처녀에게 보내는 편지를 건네주었다. 그 편지에는 이렇게 적혀있었다. "늙은 피터(롱 스트리트)의 끄덕임이 죽음과 이별을 의미하고 하나님께서 당신을 축복하기를" 동료 장교가 위스키 한 병을 꺼냈다. "나와 함께 한 잔 하세. 한 시간도 못되서 자넨 지옥이나 영광에 있게 될테니까." 피켓은 이렇게 대답했다. "아니, 난 그러지 않겠다고 어린 소녀와 약속했소."

정면 공격 때 피켓과 그의 부하 1만 5천 명이 반 마일 앞으로 전진하자 연합군측 포병들은 라이플 총탄을 쏟아부었으며 연발총에서 불을 뿜어대었다. 연발총은 이 당시 연합군의 비밀 무기였다. 거의 8분의 7마일을 그들은 정면으로 햇빛을 받으며 행진했기 때문에 돌벽과 흙벽의 뒤에 숨어 있던 연합군 사격수들의 표적이 되었다. 장교들이 말에서 떨어지면 다른 사람들이 올라탔고 보병의 대열이 무너지면 다른 사람들이 그 대열에 들어갔다. 공격에 나선 군사들 중 절반 가량만 세메트리 리지를 덮고 있는 연합군 진영에 도착했다. 그리고 총검 돌격이 가해졌다. 벽위에서 접전이 벌어질 때 잠시 동안 남부 동맹의 깃발이 요새 위에서 나부꼈다. 그러나 남부 동맹 군사들이 절반 이상이나 쓰러지자 종대가 흔들리고 사실상 전멸하였다. 소수만이 죽음을 피하거나 포로로 잡혔을 뿐이다.

미드는 하얗게 질린 얼굴을 들고 격퇴했다는 소식을 듣고서 소리쳤다. "하나님, 감사합니다." 리는 "이 날은 우리에게 슬픈 날이었다. 하지만 우리는 항상 승리를 기대할 수 없다."고 말했다.

지금까지 미국인들은 이 삼일 간의 전투만큼 큰 고난을 겪은 적이 없었다. 16만의 병사들이 이 치열한 싸움에 가담했으며, 이 싸움은 서부 햄프셔에서 있었던 가장 큰 인명손실을 가져왔다. 1만 8천 명 가량의 남부 동맹 군사들이 전사했거나 부상을 당했고 1만 3천 명이 실종되었다. 그들 중 대부분은 포로가 되었다. 연합군의 손실은 2만 3천 명이었다. 그중에서 16,543명이 죽거나 부상을 당했다. 이것은 전쟁의 악한 결실이었다.

그날 밤 비가 쏟아지자 리는 남쪽으로 퇴각하라는 명령을 내렸다. 미드는 "우리 땅에서 침략들을 몰아내준 것"에 대해 군사들에게 감사한다는 내용의 축하 지시를 내렸다.

그 사이 미시시피 강에서 3마일이나 되는 U자형 커브가 내려다보이는 높은 절벽에 위치한 빅스버그는 휴전 깃발을 보냈으며 7월 4일 3만 1600명의 남부 동맹군은 그랜트 장군에게 항복했다.

두 주 후 뱅스 장군은 허드슨 항구를 접수했다. 그 곳은 미시시피 강에서 약간 더 남쪽에 위치해 있는 곳으로, 이 때 그 강물은 이미 연합군이 점령한 뉴 올리안즈로 이어지는 모든 길을 흐르고 있었다.

연합을 사랑하는 다른 수많은 미국인들과 마찬가지로 링컨도 게티스버그와 빅스버그에서의 승리를 기뻐했다. 그는 각료들에게 "저는 결국 이 일이 잘되리라는 것을 알았소. 하나님께서 제게 그렇게 하겠다고 말씀하셨거든요."라고 말했다. 그 소식이 북쪽 지역의 수많은 도시들에 퍼지자 많은 사람들이 모여 즐거워하고 횃불 행진을 하고 노래를 부르며 연설을 하고 감사의 기도를 드리면서 종을 쳤다. 전쟁의 조류가 확실하게 승리쪽으로 돌아섰으므로 사람들은 즐거워했다. 7월 15일에 대통령의 감사 선언이 발표되었다

전능하신 하나님께서 고통당하는 사람들의 탄원과 기도에 귀를 기울여 주시고 연합군의 육군과 해군이 육지와 바다에서 승리를 거둔 것은 연합이 유지되고 그들의 헌법이 수호되며 그들의 평화와 번영이 영원히 회복되리라는 확신의 합리적인 근거들을 제공하는 것입니다. 우리는 마땅히 이 승리와 슬픔들에서 전능하신 아버지의 임재하심과 그의 손의 권능을 인식하고 고백해야 합니다.

그 곳에서 전쟁의 화염이 거의 사라졌을 때 게티스버그의 시민인 데이빗 윌스 경이 펜실베니아 주지사인 앤드류 커튼 경에게 편지를 보내 전쟁터가 되었던 한 구획의 땅을 사서 군인들의 국립묘지로 사용하면 어떻겠느냐는 제안을 했다. 커튼 주지사는 그 제안을 수락했을 뿐만 아니라, 게티스버그 전투에 가담했던 충성스런 주지사들에게 편지를 띄워 이 운동에 동참할 것을 요청했다. 위원회가 임명되고 윌스 씨가 제안한 땅이 매입되고 1863년 10월 23일 이 땅들을 봉헌하기 위한 예배 준비가 진행되었다.

상원의원이었고 메사추세추 주지사였으며 하버드 대학교 총장이었던 에드워드 에버렛 경이 봉헌사를 낭독하도록 초대되었다. 그는 10월 23일까지 필요한 준비를 마치기에는 "역부족"이라고 대답했다. 그래서 그에게

준비 기간을 주기 위해 봉헌 날짜를 11월 19일로 거의 한 달가량 연기되었다. 그 후에 미국 대통령과 각료들과 게티스버그에서 기념할 만한 승리를 거둔 조오지 미드 육군 소장과 장교들과 군인들, 그리고 윈필드 스코트와 해군 대장 차알스 스튜어트와 육군과 해군의 대표들과 양원의원들에게 초대장이 보내졌다.

봉헌식이 개최되기 두 주일 전 위원장인 윌스의 이름으로 위원회는 대통령에게 너무 늦게 초대장을 보냈다. "식사를 마친 후 국가의 책임자로서 공식적으로 이 땅들이 거룩하게 사용될 수 있도록 성별하기 위해 몇 마디 말씀을 해주시기 바랍니다."

비록 때늦은 감은 있었지만 대통령은 연설을 부탁하는 초대에 쾌히 응했다. 그는 즉각 준비하기 시작했다. 그는 에드워드 에버렛에게 편지를 보내 연설자가 할 연설의 사본을 구했으며 하루나 이틀 후, 그는 사진을 찍으러 사진관에 갔다. 그는 에버렛의 원고를 들고 가서 스튜디오에서 여가 시간에 그것을 읽었다. 그는 며칠 동안 연설할 내용에 대해 생각했으며 조용한 밤에도 생각하고 백악관과 국방성 사이를 오가면서도 생각하고 국방성의 가죽 의자에 앉아 전보를 기다리는 중에도 생각했다. 그는 연설문의 초안을 작성해서 그것을 높은 실크 모자 꼭대기에 넣어두었다. 끊임없이 그는 그것에 대해 생각하고 구체화했다. 연설문이 보내지기 전 일요일에 그는 노아 브룩스에게 말했다. "이것은 정확히 쓰여진것이 아닙니다. 어쨌든 그것은 완성되지 않았습니다. 나는 두세 번 이상 그것을 고쳤으며 또다시 손질을 해야 만족할 것 같습니다."

11월 18일 대통령과 그의 수행원들은 특급 열차를 타고 워싱턴에서 게티스버그로 갔다. 해질녘에 그 기차는 게티스버그에 도착했으며 링컨은 윌스가 묵고 있는 곳으로 달려갔다.

그 날 저녁식사 때 그는 에드워드 에버렛과 커틴 주지사와 다른 사람들을 만났다. 세레나데 연주자들이 대통령을 방문하여 그의 몇 마디 말을 듣고 더 이상 연설을 못하게 돼서 미안하다는 말을 들었다. 11시경에 그는 연설 사본을 모아 옆 방으로 가서 국무장관 스워드와 함께 그것을 살펴본 다음 자기 방으로 돌아와서 밤새도록 방 안에 있었다.

다음 날 아침 10시에 링컨은 윌스의 관저에서 나와 아름다운 구렁말에 올라탔다. 그 말은 "컴버랜드 골짜기에서 가장 큰 말"이었다. 그리고 그는 말잔등에서 간단한 리셉션을 열었다. 11시에 링컨 대통령을 선두로한 퍼레이드가 시작되었다. 부통령과 주지사들과 군장성들과 다른 고위인사들이 그 뒤를 따랐다. 대통령은 행렬 맨 선두에서 달릴 때 "똑바로 앉아 당당한 표정을 지었다." 그 후 수많은 군사들이 모여있는 묘지가 시야에 들어왔을 때 이상하고도 격한 감정이 대통령을 휘감았다. "그의 몸은 앞으로 기울고 그의 팔은 축 늘어져 있었으며 그의 머리는 숙여졌다." 클라크 카르와 대통령 뒤를 따라 달려온 다른 사람들은 이 변화를 눈치챘으나, 어떤 이상한 힘이 그를 감쌌는지 몰라 궁금하게 여겼다. 후에 대통령은 담임 목사에게 그 일에 대해 설명을 했다.

곧이어 행진은 끝났다. 대통령과 에드워드 에버렛과 그의 딸, 그리고 국무장관 스워드와 여섯 명의 주지사들과 다른 저명 인사들은 연단으로 안내되었다. 애도가가 연주되었다. 그 후 미국 국회 담임 목사인 토마스 스톡톤 목사는 수많은 사람들이 모자를 벗고 서 있는 동안 기도를 드렸다. 에버렛이 소개되었고 그는 그의 목소리를 시험하려는 많은 군중앞에 잠시 조용히 서있다가 말을 꺼냈다. "저는 하나님과 자연의 정교한 침묵을 깨뜨리기 위해 보잘 것 없는 제 목소리를 높이는 것을 주저했습니다. 최근에 용사들과 충성스런 사람들이 흘린 피로 축축해진 잔디밭을 바라보다가 저는 국가를 위해 죽는 것이 멋진 일이라는 격언이 얼마나 진실한 것인지를 느끼게 되었습니다."

그리고 나서 그는 두 시간 동안 연설을 하면서 육체적으로나 지적으로나 웅변적으로 아주 멋진 모습을 보여주었다. 그의 마지막 말은 다음과 같았다. "기록된 시간의 거의 끝에 이르기까지 우리 조국의 영광스런 영감에서 게티스버그와 관련된 것보다 더 빛나는 페이지는 없을 것입니다."

필라델피아 신문 기자는 연사의 연설을 "희랍의 조각품처럼 아름다우면서도 얼음처럼 차갑지만 낭랑하고 분명하며 굉장한 수사학을 지녔다."고 묘사했다.

발티모어 글리 클럽은 이 행사를 위해 지은 송시를 읊었다. 그리고 워드 힐 래몬이 일어나서 "미국의 대통령"이라는 말로 링컨을 소개했다.

"키 큰 대통령이" 오하이오 주 변호사인 로버트 밀러는 기록했다. "단위에 나타났을 때 나는 그렇게 많은 무리들이 모여있고 그렇게 오랫동안 서 있었는데도 그렇게 조용하고 잠잠히 있는 것을 본 적이 없다. 사람들은 모자를 벗고 그의 첫마디 말을 들으려고 모두들 꼼짝도 하지 않았다." 이 행사의 엄숙성을 피부로 느낀 대통령은 주머니에서 종이를 꺼낼때 조심함으로써 자기 감정을 억제했으며 "평소보다 더 부드럽고 유창한 말로" 게티스버그 선언문을 읽었다.

늘 그렇듯이 링컨의 적들은 2분 간의 이 연설을 경시했다. 그러나 도처에서 사려깊고 지적인 사람들은 이토록 위대한 연설을 찬양하기에 적합한 말을 발견할 수가 없었다. 게티스버그에서 군사들이 장례를 맡은 특별 위원회는 다음과 같은 보고서를 작성했다. "이 행사 과정 전체에 걸쳐 대통령의 연설만큼 많은 사람들의 마음을 감동시킨 것은 아마 없을 것이다. 단순하면서도 힘있는 말이 이 연설을 높은 곳에서 행해진 다른 어떤 연설들보다도 단연 돋보이게 만들었다."

스탠톤은 다음날 이 연설을 읽고 비서실 차장인 다나에게 다음과 같이 말했다. "사람들은 게티스버그에서 있었던 이 연설에 즐거워할 것이오. 에버렛의 연설은 학자의 연설답게 학문적이고 논리정연하군요. 그러나 링컨의 연설은 에버렛의 연설을 읽은 모든 사람들에 의해 읽히고 다른 사람의 연설이 기억되는 한 끊임없이 기억될 것이오."

프로비덴스 저널은 이렇게 적었다. "우리는 대통령이 에버렛의 연설 끝에 행한 짧은 연설보다 더 놀라운 연설을 어디서 발견할 수 있을지 알지 못한다."

게티스버그 선언문

87년전 우리의 조상들은 자유롭다고 여겨진 이 대륙, 즉 신생 국가로 왔으며 모든 사람들이 평등하게 창조되었다는 명제를 따랐습니다.

이제 우리는 이렇게 이 생각되고 봉헌된, 이 나라, 혹은 그 어떤 나라라도 오랫동안 견뎌낼 수 있는지를 시험하는 거대한 내란에 휩싸여 있습니다. 우리는 이 전쟁의 거대한 전장에서 만났습니다. 우리는 이 나라가 살아남을 수 있도록, 여기서 목숨을 바친 사람들의 최종적인 안식처로서 이 곳의 일부를 봉헌하기 위해 온 것입니다.

그러나 넓은 의미에서 우리는 이 땅을 봉헌할 수 없고 성별할 수 없습니다. 여기서 싸운 살아 있거나 죽은 용사들이 덧붙이거나 뺄 수 있는 우리의 힘을 초월하여 이 곳을 축성한 것입니다. 우리가 여기에서 한 말을 이 세상은 주목하지 않을 것이고 오랫동안 기억하지도 않을 것입니다. 그러나 이 세상은 그들이 여기서 했던 일을 잊지 않을 것입니다.

여기서 싸운 사람들이 지금까지 그토록 고귀하게 발전시킨 미완의 일들에 헌신하는 것은 살아있는 우리가 해야 할 일입니다. 우리 앞에 놓인 위대한 과업에 헌신하고, 이 명예로운 죽음으로부터 그들이 헌신의 마지막 척도를 부여했던 이 주의에 더욱 헌신하는 것, 그들의 죽음이 헛되지 않도록 우리가 여기서 고귀하게 결단하는 일, 하나님 앞에서 이 나라가 자유 가운데에서 거듭날 수 있도록하고 국민의 국민에 의한 국민을 위한 정치가 이 지구상에서 사라지지 않도록 하는 것은 바로 우리가 해야 할 일입니다.

링컨이 1863년 11월 19일 국립묘지 봉헌식에서 연설한 선언문

시카고 트리뷴은 "링컨 대통령의 헌정사는 인간 역사가 계속되는 한 살아남을 것이다."라고 적었다.

메사추세츠 주 스프링필드 공화당 기관지는 그것을 "완전한 보석"으로 논평했다. "감정이 풍부하며 생각과 표현이 짜임새가 있고 단어 하나하나, 그리고 콤마 하나하나까지 정교하고 고상하다. 이 연설은 완벽한 어휘를 구사하고 아름다움을 지녔다는 점에서 예상하지 못했던 장점을 지니고 있다. 이 연설은 모범적인 것으로서 두고두고 연구 대상으로 삼아야 할 것이다." 하퍼스 위클리는 다음과 같이 적고 있다. "대통령의 짤막한 연설은 진

1984년 미국에서 발행된 20센트 짜리 이 우표는 링컨이 백악관에서 4남 테드와 함께 책을 읽는 그림을 소재로 하였다. 한 나라의 대통령이라기 보다는 한 가정의 다정 다감한 아버지의 면모가 엿보인다.

심에서 우러나온 것이다. 그 연설은 감정의 격동 없이는 읽을 수 없다. 그것은 이전의 연설처럼 간단하고 적절하고 진지했다."

오랜 숙고 끝에 2시간 분량의 연설을 준비했던 에버렛은 링컨에게 다음과 같은 내용의 편지를 썼다.

묘지 봉헌 때 그렇게 간결하면서도 적절하게 표현한 사상에 대해 칭송하도록 허락해 주십시오. 저는 당신이 2분내에 행한 것처럼 제가 2시간 동안 이 행사의 중심 사상 가까이에 왔다고 자부할 수만 있다면 전 기쁠 것입니다.

링컨의 마음과 영혼의 순수한 재능과 아름다움은 그의 직접적인 대답에서 분명하게 드러난다.

어제 우리가 각기 맡은 부분에서 당신은 짧은 연설을 하는 것이 허락되지 않았고, 저는 긴 연설을 하는 것이 허락되지 않았습니다. 저는 당신이 제 보잘 것 없는 말이 완전히 실패한 것은 아니라고 판단해 주시니 정말 기쁩니다.

그렇다. 링컨 대통령의 연설은 죽을 수밖에 없는 인간이 행한 가장 아름다운 연설 가운데 하나였다. 그것은 불후의 청동으로 주조되어, 옥스퍼드 대학교의 도서관에 소장되어 있다.

"나의 기뻐하는 금식은 흉악의 결박을 풀어주며 멍에의 줄을 끌러주며 압제당하는 자를 자유케 하며 모든 멍에를 꺾는 것이 아니겠느냐?" (사58:6) 찬송 502장

14
자신을 그리스도께 바친 링컨

게티스버그 봉헌에 뒤이어 많은 사람들은 속으로 "이 사람의 마음은 얼마나 헤아리기가 어려운가―워싱턴에 있는 이 막강한 힘을 우리가 얼마나 부적절하게 평가했는가?"라는 질문을 하게 되었다.

어린 시절부터 에이브 링컨은 가는 곳마다 "아주 이례적"인 인물로 평가되었다. 그는 이상하게 강렬하고 탁월한 성품을 지녔다. 그들은 희미하게 나마 이것을 알아차렸고 이것 때문에 그는 대통령이 된 것이다. 그러나 그는 성장했으며, 게티스버그에서 2분 동안 세상 앞에 나서서 하나님의 힘과 영감을 받고 우뚝 서 있을때, 그것을 발휘할 기회가 찾아온 것이다. 그는 그 어떤 정치가보다 더 크고 꿋꿋했다. 단순하면서도 이해하기 쉬운 말로 그는 민주주의의 정의를 내렸으며 백성들과 정부 사이의 거리를 좁혔고 분명하면서도 심오하게 모든 미국인이 헌신해야 할 가장 가치 있는 목표를 진술했다.

미국뿐만 아니라 서방 세계에서도 선한 사람들은 그를 통해서 평범한 사람과 평범한 것의 존엄성, 즉 "국민의, 국민에 의한, 국민을 위한," 하나님 아래에서의 정부를 깨닫는 데 도움을 얻었다. 그들은 미국 역사상 그 어떤 연설보다도 이 기념할 만한 말을 더 자주 인용하며, 그 말들은 세계

도처에 있는 사람들의 사고와 삶에 결정적인 영향력을 행사할 것이다.

기념할 만한 게티스버그 연설을 마친 지 일주일이 지난 후 링컨은 뉴 잉글랜드에서 지키던 추수감사절을 국가 축제로 공표했다. 그의 선언에 따라 그 날이 국가적인 감사절로 성별되었고 처음에는 대통령의 선언에 의해 준수되었지만, 그 후부터는 매년 연례적으로 준수되었다.

그후 몇 달 동안 대통령은 충성의 서약을 하는 남부 동맹 사람들에게 대사면의 선언을 발표했다. 그는 서부군 사령관으로 율리시스 그랜트를 임명했다. 그는 전쟁과 연합의 안녕을 위해 수많은 임무들을 계속 수행했다.

철도 건설이 지원되고 농업이 권장되었으며 개간지 입주자들의 긴 행렬이 서부로 이주하도록 고무되었고 공장이 확장되고 발명이 특허를 얻게 되고 북쪽이 실제로 전쟁이 시작되었을 당시보다 더 큰 번영을 누릴만큼 국제 무역이 활성화되었다.

지금 전쟁에서 승리에 승리를 거두고 있었으며 로웰은 그 번영은 "주로 선한 의식과 선한 유머와 명민함과 넓은 마음, 눈먼 행운을 군중으로부터 현대의 가장 위험스럽고 가장 어려운 고귀함으로 들어올린 이름 없는 사람의 사심 없는 정직 덕택이었다."고 말했다.

더 면밀히 분석해 보면 링컨을 유일무이한 위인으로 만든 이 요소들 중에는 그가 자신과 백성들을 위해 제출한 (1)"지침"과 (2)법에 대한 그의 심오한 경외심 그리고 (3)그의 신앙심과 (4)그의 철학이 있었다.

그의 "열 가지 지침"에서 볼 수 있는 것처럼 그의 심오한 통찰력은 행정적인 일들에서 그를 멀리 인도했을 뿐만 아니라 국가의 경제적, 사회적 복지를 고무하도록 도와주기도 했다. 이 세 가지 지침들에 들어있는 지혜의 깊이를 주목해 보자.

- 절약 정신을 상실하면 번영을 이룩할 수 없다.
- 큰 사람들을 분해시키면 작은 사람들을 도울 수 없다.
- 강자를 약화시키면 약자를 강하게 할 수 없다.

- 임금 지급자를 끌어내리면 임금 수령자를 끌어올릴 수 없다.
- 부자를 파멸시키면 가난한 사람을 도울 수 없다.
- 수입보다 더 많은 지출을 하면 고통에서 벗어날 수 없다.
- 집단적인 증오를 유발하면 형제애를 조장할 수 없다.
- 빌린 돈으로는 안전을 확보할 수 없다.
- 인간의 창조력과 독립심을 제거하면 성품과 용기를 형성할 수 없다.
- 할 수 있고 스스로 해야 하는 일을 대신 해주면 영속적으로 도울 수 없다.

질서와 평온을 위해 만든 가장 중요한 의미들 중의 하나는 법에 대한 링컨의 존경이었다. 20년간 그는 최고 수준에서 법을 연구하고 집행하는 일에 종사해 왔다. 그는 부드럽기로 유명했으나, 이 부드러움은 "무서울 정도의 엄격함"과 결부되었으며 그것이 그로 하여금 의회 도서관의 돔에 새겨진 말에 진심으로 동의하도록 만들었다. "법은 우주의 조화다."

대통령으로서 그는 다음과 같은 아름다운 송시의 형태로 자신의 충고를 공식화함으로써 법을 존중할 것을 촉구했다.

미국의 모든 어머니에게 법에 대한 존중을 무릎 위에서 떠듬거리는 혀짧은 아기에게 들려주도록 하라. 그것을 학교에서, 강의실에서, 대학에서 가르치라. 그것을 입문서와 철자 교본과 연감에 기록하라. 그것을 강단에서 설교하고 법률 강당에서 선포하라. 그리고 법정에서 법을 강화하라. 그리고 늙은이든 젊은이든 부자든 가난한 자든 성과 인종과 언어의 차이를 끊임없이 제단에서 불사르게 하라.

링컨의 신앙은 국가의 유익을 가져온 요소였다. 인생의 초기 단계에서 (2살부터 9살까지) 그는 어머니의 삶속에서 하나님을 보았고, 숭고한 성경의 이야기들을 들었으며 어머니에게서 경건한 가르침을 받았고 "에이브러햄, 난 널 떠나고 돌아오지 못할 것이다. 나는 네가 착한 소년이 될 것을 안다. 너는 내가 가르쳐준 대로 살고 하늘에 계신 아버지를 사랑하고 그의 계명들을 지키기를 원한다."는 어머니의 임종사를 들었다. 그리고 그는 그렇게 하겠다고 약속했다!

평생 동안 그에게 있어서 하나님은 철학자들의 신이 아니라 낸시 행스 링컨과 성경의 하나님이었다. 그에게 있어서 종교는 그가 공식화해야 할 철학이 아니라 그가 해야 할 개인적인 경험이었고 그 경험을 통해 그는 "비천한 슬픔 가운데에서 자신의 죄와 허물을 고백했으며" 자비로우신 하나님의 자비와 은혜가 자기 죄를 용서해 주고 그가 하나님의 자녀가 되어 진심으로 하나님을 사랑하도록 마음의 변화를 가져다 주실 것을 믿었다. 그의 어머니는 그에게 캠프 모임에서 그녀가 이런 식으로 하나님 나라에 들어갔었다고 말해주었으며, 그녀는 이런 정신으로 링컨 앞에서 살았다. 그것이 낮에는 구름기둥으로 밤에는 불기둥으로 그를 따라다녔으며 항상 그에게 강한 영향을 미쳤다. 그는 성경을 읽고 교회에 갔으며 어떤 형태로든 술과 담배를 입에 대지 않겠다고 서약했다. 그는 유혹적인 뇌물을 물리치거나 특별히 교활한 제안을 거절할 수 있는 용기를 여러 번 발견했다고 말했다. 왜냐하면 그렇게 결정적인 시기에 그는 "나는 네 하나님 여호와로다. 내 앞에 다른 신을 두지 말라"고 다시 한번 되풀이 하는 어머니의 목소리를 들었기 때문이다. 그러나 이 모든 것이 충분한 것은 아니었다. 그는 자신이 지은 모든 죄를 용서받고 자신이 하나님의 아들이 되도록 하나님께 완전히 받아들여지기를 열망했다.

그는 스프링필드이 제일 장로교회에서 부흥회 기간에 안내실에서, 스프링필드의 제일 감리교회의 목사관에서, 자케스 목사가 "여러분은 다시 태어나야 한다."는 주제로 설교한 후에, 그리고 윌리가 죽은 후 간호사의 인도를 받아 밤마다 이런 회심을 경험을 하게 해달라고 하나님께 간구했다. 국민 금식일을 정하는 일에 있어서 그는 분명하게 말했다. "하나님의 통치력에 의존하고 겸손한 슬픔 가운데에서 자신들의 죄와 허물을 고백하면서도 진정한 회개는 자비와 용서를 가져다줄 것이라는 확고한 소망을 갖는 것은 각 개인들만이 아니라 국가들의 의무이기도 합니다." 그러나 언뜻 보기에 그의 믿음은 완전히 만족할 만한 회심의 경험을 획득할 수 있을 만큼 확고하지는 못했던 것 같다. 그러나 이번에 그럴 기회가 찾아왔다. 그는 하늘의 평화가 자기 마음 속에 어떻게 자리잡게 되었는지에 대해 친구들에게 이렇게 말했다.

　　나는 스프링필드를 떠날 때 사람들에게 나를 위해 기도해 달라고 부탁했었네. 나는 그 때 그리스도인이 아니었지. 내가 내 아들을 묻었을 때—내 생애에서 가장 큰 시련-에도 난 그리스도인이 아니었네. 그러나 내가 게티스버그에 와서 수많은 군인들의 무덤을 보았을 때 나는 그 때 그 자리에서 나 자신을 그리스도께 바쳤다네.

　눈물을 글썽이면서 그는 친구들에게 그가 그토록 열망하던 믿음을 마침내 발견했다고 말했다. 그는 자기 마음이 변화되었으며 자신이 구세주를 가장 사랑하게 되었음을 깨달았다고 말했다.
　그후 그는 신앙심이 깊은 사람들에게 자신의 마음 속의 느낌에 대해 말했다. 카펜터는 "적절한 때가 오면 공식적인 신앙고백을 하는 것이 내 생각이라."는 대통령의 기독교적인 사명에 대해 보고했다. 그는 이 문제를 담임 목사인 걸레이 박사와 노아 브룩스와 상의했다. 친구 조슈아 스피드에게 그는 이렇게 적어보냈다. "나는 성경을 읽는 일에 몰두하고 있다네. 자네도 이성과 믿음의 조화에 의거하여 이 책을 잡아보게. 그러면 자네는 더 나은 사람으로 살걸세."
　링컨의 철학은 "정의가 곧 힘이다."라는 간단한 문구에 요약되어 있었다. 이 모든 것은 그의 학습과 독서와 그의 온 생애를 통해서 나온 것이다. 그리고 이것은 물리적인 우주의 창조주일 뿐만 아니라 도덕적인 우주의 창조주요 통치자이신 하나님에 대한 확고한 믿음과 결합되어 있다. 그는 이렇게 말했다.

하나님은 인간에게 선택하도록 선과 악을 인간 앞에 갖다놓으신 것이 아닙니다. 이와는 반대로 하나님은 그들에게 영원한 죽음의 고통이 있을 것이므로 먹어서는 안되는 실과가 있음을 그들에게 말씀하셨습니다.

법을 집행하면서 그는 물었다. "이것이 옳은가? 이 경우에 나는 의로운 사람을 위해 탄원하고 있는가?" 진리와 정의의 기본적인 원칙들에 입각해서 빌리 해른돈은 이렇게 진술했다. "링컨의 뜻은 강철처럼 확고했고 쇠처럼 단단했다. 그는 바위처럼 불변하는 도덕적, 윤리적인 원칙들에 입각하여…… 불의한 입장을 고수하고 채택하는 것을 비웃었다."
노예제도 문제를 숙고하면서 그는 물었다. "이것이 옳은가, 그른가?" 그러고 나서 이렇게 대답했다.

세계 각처에서 옳고 그름이라는 이 2대 원칙 사이에는 영원한 싸움이 있다. 그것들은 태초부터 직면해야 했던 두 개의 원칙들이며 이 두 원칙은 계속 싸우게 될 것이다. 하나는 인간의 보편적인 권리이고 다른 하나는 왕들의 신성한 권리이다. 그것은 어떤 형태로 발전되든지 간에 동일한 것이다. 옳고 그름 사이의 영원한 세계적인 싸움은 인류 역사가 계속되는 한 존속할 것이다.

인생의 부침(浮沈)과 정치적인 사건들 속에서 그는 옳은 입장에 지대한 관심을 가졌다. "정의가 힘이 되도록 만드는 그런 믿음을 가지고 끝까지 우리가 이해한 우리의 의무를 다합시다."
선입견에 사로잡히지 않은 이 사람은 그의 말을 고무하고 때때로 그를 세속적인 영역위로 들어올리는 이상한 천상의 기름부음을 보았었다. 인생의 여정을 가는 사람들이 물었다. "옳은 말을 선택하고 그것을 올바른 감정적인 템포로 전달할 수 있는 지혜, 이 투명함, 그리고 이 능력은 어디에서 왔는가?" 알려진 유일한 대답은 그가 궁극적인 정의로 여기고 기념할 만한 연설을 할 때 그와 함께 계셨던 하나님과 성경이었다.

우리가 게티스버그 전장에서의 그의 기념할 만한 연설의 장관과 아름다움을 종합한다면 우리는 그 곳에서 그것을 통해 "성경적인 말과 문구들의 심오한 오르간 소리"가 진동하고 있음을 발견할 것이다. "80", "잉태됨", "열매를 맺음", "중생", "봉헌", "성별됨", "이 나라가 살도록 목숨을 바쳤다", "축성하다", "완전한 척도를 지속하다", "안식처", "완성되지 않은 일", "오래 견디다", "결단하다", 그리고 "땅에서 끊쳐지지 아니하리라." 그의 두 번째 취임 연설에는 하나님에 관한 언급이 열네 번 들어있고 창세기와 시편과 마태복음 인용문이 네 개나 들어있다. 그는 장엄한 절정에 도착할 때 모든 사람들에게 도덕적 영적인 책임이 얼마나 오래 계속되는지를 역설했다.

전쟁의 이 강한 채찍이 하루 빨리 사라지기를 진심으로 바라며 간절히 기도합시다. 그러나 만일 하나님이 이 전쟁이 계속되기를 원하신다면, 우리는 하나님의 심판이 진실하며 완전히 옳다고 말해야 합니다. 하나님께서 우리에게 의를 보도록 제공하실 때 아무에게도 악의를 갖지 않고 모든 사람에게 자비를 베풀며 의에 확고히 서서 우리가 하고 있는 이 일을 마무리 지으려고 애씁시다.

"내가 그리스도와 함께 십자가에 못 박혔나니 그런즉 이제는 내가 산 것이 아니요 오직 내 안에 그리스도께서 사신 것이라 이제 내가 육체 가운데 사는 것은 나를 사랑하사 나를 위하여 자기 몸을 버리신 하나님의 아들을 믿는 믿음 안에서 사는 것이라". (갈2:20)
찬송 519장

러쉬모어의 큰 바위 얼굴

큰 바위 얼굴로 불리우는 이 거대한 조각상에 모든 사람들이 압도당한다. 미국 사우스다코다 주 러쉬모어 산에 소재한 조각상은 1927년 굿존 불그룸(Gutzon Borglum:1867~1941)이란 조각가가 화강암 바위를 깎고 새기며 모든 정열을 쏟았으나 얼굴 길이만 20m에 달하는 방대한 작업이라 생전에 뜻을 이루지 못하고 아들인 링컨 불그룸에 의하여 1941년 완성되었다.

여기에 새겨진 인물들은 좌로부터 건국의 아버지로 불리우는 초대 대통령 조지 워싱턴, 3대 대통령 토마스 제퍼슨 (1776년 7월 4일 독립 선언문에 서명을 한 인물로 이 날은 미국 독립기념일로 제정됨), 26대 대통령 시오도르 루즈벨트, 16대 대통령 링컨으로 미국 역사상 가장 위대한 인물이자 훌륭한 신앙인들이다.

15
15가지의 에피소드

미국 대통령인 링컨은 총사령관으로서 전쟁을 수행해야 했을 뿐만 아니라, 국가적인 일들도 처리해야 했다. 둘다 엄청난 일이었으며 이 두가지 임무가 결합될 때 이것은 인간 능력의 한계를 넘어서는 것이었다.

그의 겸손한 성품이 하나님을 의존하고 각료와 의회같은 정상적인 근원들로부터 충고를 구하게 했으며 여론에 대해 "오픈 도어" 정책을 수행하도록 만들었다. 즉, 그는 특별한 약속들과 주중에 그를 개인적으로 만나고 싶어하는 사람들과 특정한 만남 시간을 달력에 적어놓았다. 이런 접촉을 통해서 그는 사람들과 직접적으로 관계한다고 느꼈으며 국가의 요구들을 이해하는 데 도움이 되는 정보들을 얻을 수 있었다.

위원들과 장교들과 개인들이 한없는 신뢰를 가지고 그를 만나러 왔다. 그들의 용무와 문제들과 질문들 그리고 요구 사항들은 인간의 소망과 요구들만큼 다양하고 그것에 대한 대답들에는 그의 이례적인 통찰과 상식이 수반되었다. 종종 적절한 한 마디 말이 좋은 결과를 가져오기도 했지만 그 면담들이 대통령에게는 신체적으로 피곤할 뿐만 아니라 신경도 많이 쓰이는 일이었다. 그의 측근들이 방문객들이 오는 것을 막으면 그는 미소지으면서 대답했다.

"그들은 많은 것을 원치 않아요. 난 그들을 만나야 합니다."

1. 나이아가라를 횡단한 블론딘

흥분한 사절단이 와서 전쟁의 특수한 측면에 대해 불평했다. 대통령은 그들의 말을 참고 들어준 다음 말했다.

신사 여러분, 당신들이 지닌 모든 재물을 로우프로 나이아가라 강 건너편으로 운반하기 위해 블론딘의 손에 그것을 두었다고 가정해 봅시다. 당신은 케이블을 흔들거나 그에게 계속해서 "블론딘, 좀더 똑바로 서 있어 블론딘, 좀더 몸을 구부려봐. 좀더 빨리 가. 북쪽으로 좀더 기울여. 남쪽으로 좀더 기울여"라고 소리칠 것입니까? 아닙니다. 당신들은 말을 삼가고 숨을 죽일 것이며 그가 안전하게 끝낼 때까지 붙들고 있을 것입니다. 정부는 엄청난 부담을 떠안고 있습니다. 그들의 손에는 대단히 많은 보물이 있습니다. 그들은 가능한한 최선을 다하고 있습니다. 그들을 괴롭히지 마십시오. 침묵을 지키세요, 그러면 우리가 당신들을 안전하게 건네줄 테니까요.

2. 사드락, 메삭, 아벳느고

어느 날 미조리 주의 핸더슨 상원의원이 대통령 관저로 와서 그에게 항상 대통령이 발의한 기준들을 반대하는 몇몇 급진주의적인 의원들에 대해 조언을 했다. 링컨은 자신도 그것을 알고 있다고 말한 다음, 자신이 인디애나에서 보낸 학창시절에 있었던 이야기를 들려주었다. 그는 이렇게 말했다.

우리는 성경을 읽도록 되어 있었습니다. 그리고 우리는 길게 늘어서 있다가 차례로 성경을 읽었습니다. 어느 날 우리는 풀무불에 던져졌다가 여호와의 손에 의해 옷에 불이 붙지 않은 채 구출된 신실한 이스라엘 사람들의 이야기를 배웠습니다. 한 어린 친구는 그 때 처음으로 사드락과 메삭과 아벳느고라는 이름이 기록되어 있는 구절을 읽게 되었습니다.

어린 버드는 사드락에 걸려 넘어질 뻔 하다가 메삭에서 허우적대고 아벳느고에서는 산산조각났습니다. 즉각 선생님이 버리를 때리고 훌쩍이다 엉엉 우는 그를 떠났습니다. 그 때 그 줄의 다음 소년이 그 구절을 다시 읽었습니다. 그러나 그 줄의 끝에 있는 소녀가 읽는 일을 시작하기 전에 그는 코를 훌쩍이다가 마침내 조용해졌습니다. 그가 다시 읽을 차례가 돌아오기전에 반 친구들은 그의 수치스런 행동을 잊었습니다. 그러고 나서 청천벽력처럼 그가 앉아서 엉엉 울자 선생님이 놀라서 이상할 정도로 부드럽게 물었습니다.

"무슨 일이 있니?"

그 어린 소년은 떨리는 손가락으로 그 구절을 가리켰습니다. 잠시 후에 그는 그 구절을 읽고 그 곳에 들어있는 세 명의 이름도 읽었습니다.

"보세요, 선생님." 그가 소리쳤지요. "그들이 다시 세 명의 벌채꾼처럼 오고 있어요!"

링컨은 이 이야기를 마치고 나서 펜실베니아 가로수 길이 내려다보이는 창문으로 걸어가서 그때 백악관으로 통하는 거리를 지나오고 있는 세 사람, 차알스 섬머, 타듀스 스티븐, 그리고 헨리 윌슨을 가리켰다.

3. 무례한 얼간이?

대통령의 과다한 책임에 대해 걱정을 하는 노아 브룩스에게 그는 이렇게 대답했다.

내가 이 자리에 앉은 이후로 다른 모든 사람보다 더 강하고 더 현명한 분의 도움과 계몽이 없이 내게 닥친 임무들을 태만히 할 수 있다고 생각한다면 나는 이 발판위에 발을 올려놓은 가장 무례한 얼간이여야 합니다.

4. 하나님께서 모든 교회들을 축복하신다

여러 교회들이 그에게 감사하기 위해 사절들을 보냈으며 그에게 그들의 충성과 지원을 다짐했다. 1862년 8월 28일 퀘이커 교도들에게 그는 이렇게 말했다.

저는 당신들이 호의를 보이고 기도해 준다는 것을 알게 되어 기쁩니다. 책임적인 위치에 앉은 저는 하늘에 계신 우리 아버지의 손안에 든 겸손한 도구가 되어 우리 모두 그의 위대한 목적을 이루어야 하기 때문에 저의 모든 일과 행동들이 그의 뜻에 따르고 그렇게 되기를 바라고 그렇게 되도록 그의 도움을 구했습니다.

1864년 5월 18일 감리교 총회에서 채택한 결의문을 그에게 제출한 목회자들에 대한 대답으로 그는 다음과 같이 써보냈다.

"하나님께서 감리교와 모든 교회들을 축복하시고 커다란 시련을 겪고 있는 우리에게 교회를 주신 하나님께 영광이 있기를."

5. 교회가 많아지면 살기가 더 좋아진다

한 사람이 찾아와서 장로교회의 분열상에 대해 애통해 했다. 대통령은 그의 슬퍼하는 말을 듣고나서 대답했다.

착한 형제여, 당신이 전적으로 틀렸습니다. 교파가 많아지면 더 살기 좋게 됩니다. 그들은 모두 다른 사람들이 전도할 수 없는 사람들에게 전도할 것이며 아무리 분열된다 하더라도 우리는 모두 잘 해나갈 것입니다. 우리에게 필요한 것은 종파나 파가 적어지는 것이 아니라 더 많은 자유와 독립입니다. 교파들이 옳으며...... 그들이 획득할 수 있는 최선에 이를 때까지 미쳐야 합니다. 교파들이 나누어짐으로써 우리가 경험한 일, 주로 우리의 유익에 어떤 영향을 미쳤는지를 생각하십시오.

우리 마을 사람들은 펜실베니아, 버지니아, 켄터키를 거쳐온 선한 늙은 퀘이커 가문 출신들입니다. 환경에 따라 우리는 인디애나에 있는 침례교도가 되었고 지금도 그 종파에 몸담고 있는 사람들이 있습니다. 그 곳에 있는 동안 훌륭한 감리교회 설교자는 폭풍우가 치는데도 스펜서 크릭에서 내 어머니의 장례식 설교를 하기 위해 40마일이나 떨어진 곳을 말을 타고 왔습니다. 일리노이에서 우리는 우리 주변에 감리 교도들이 많이 있었지만 장로 교도들과 함께 살았습니다.

6. 성경은 하나님의 가장 좋은 선물이다.

"인간의 자유에 관한 링컨 대통령의 독특한 임무"에 감사한다는 것을 보여주기 위해 발티모어의 흑인들은 580달러 75센트를 들여 자색 벨벳으로 장정하고 금박을 입혔으며 노예에게서 족쇄를 벗겨내는 링컨의 모습을 새긴 성경을 흰색 실크를 두른 호두나무 케이스 속에 넣어가지고 왔다. 그들이 1864년 9월 백악관에서 대통령에게 이것을 드리자 그는 그들에게 이렇게 말했다.

이 위대한 책에 관해서 나는 하나님께서 인간에게 주신 가장 좋은 선물이라는 말을 하지 않을 수 없습니다. 구세주에게서 온 모든 선한 것은 이책을 통해서 우리에게 전달되었습니다.

그러나 이 책이 없었다면 우리는 옳은 것과 그른 것을 알 수 없었을 것입니다.

7. 무엇이 진정한 종교적 경험인가?

기독교 단체의 구성원으로서 자기 임무를 다한 한 숙녀가 링컨과 특별 면담을 했다. 그녀의 헌신과 진지함에 감명을 받은 대통령은 그녀에게 이렇게 말했다.

부인, 저는 당신의 기독교적인 성품을 높이 평가합니다. 그리고 지금 우리끼리 있을 때 진정한 종교적인 체험이 어떤 것인지에 대한 당신의 생각을 간단히 말씀해 주시기를 바랍니다.

그 부인은 "그것은 우리 자신의 죄와 연약함 그리고 힘을 얻고 도움을 얻기 위해 구세주를 필요로 한다는 것을 자각하는 일이며 단순한 교리에 대한 견해들은 다를 수 있겠지만 우리가 실제로 하나님의 도움이 필요하다고 느끼고 힘과 인도를 얻기 위해 성령의 도움을 구한다면 그것은 그가 다시 태어났다는 만족할 만한 증거"라고 대답했다.

그녀가 결론을 내리자 링컨 대통령은 잠시 생각에 잠겼다. 그는 매우 진지하게 말했다. "당신이 제게 말했던 것이 이 중대한 주제에 관한 옳은 견해라면 저는 제가 그리스도인이기를 바란다고 진지하게 말할 수 있을 것입니다. 저는 아들 윌리가 죽기 전에는 이것을 충분히 깨닫지 못하고 살았습니다. 그런데 그 타격이 저를 압도했습니다. 그것은 제가 전에 느끼지 못했던 저의 약함을 제게 보여주었으며, 당신이 기준이라고 말한것을 제가 취할 수 있다면 저는 당신이 말한 그런 변화에 대해 알고 있다고 말할 수 있으며, 언젠가 적절한 기회가 오면 공식적인 신앙고백을 하는 것이 제 생각이었다고 덧붙이겠습니다."

8. 하나님께서 바위로부터 당신을 잘라내셨다

필라델피아에서 간호사로 일하고 있는 흑인 여성 캐롤린 존슨은 링컨 대통령에 대한 존경과 사랑의 표시로서 훌륭한 목락들과 적절하게 장식한 서판을 준비하여 목사님과 함께 그것을 대통령에게 선물로 드렸다. 연설을 하라는 요청을 받고 그녀는 이렇게 말했다. "대통령 각하, 저는 하나님께서 이 위대하고 훌륭한 목적을 위해 당신을 바위에서 잘라내셨다고 믿습니다. 많은 사람들이 금과 은과 선물의 뇌물에 끌려다녔으나 당신은 확고하게 섰습니다. 왜냐하면 하나님께서 당신과 함께 하시기 때문이며, 당신이 끝까지 충실하시다면 그분은 당신과 함께 계실 것입니다." 눈물이 가득 고인 눈으로 대통령은 선물을 살펴본 다음, 훌륭하다고 선언하고 존슨 부인에게 감사한 다음 이렇게 말했다. "당신이 내게 찬양을 해서는 안됩니다. 그것은 오직 하나님께만 속한 것이기 때문입니다."

9. 그들의 기도가 없었다면 나는 실패했을 것이다

백악관을 방문 중이던 뉴욕에서 온 한 성직자가 말했다. "대통령 각하, 저는 당신의 호의를 구하러 여기 온 것이 아니라, 북부지방의 신실한 사람들이 당신을 돕고 있으며 앞으로도 계속 그렇게 할 것임을 말해주러 왔을 뿐입니다. 우리는 우리가 갖고 있는 모든 것, 우리의 신념과 기도뿐만 아니라 우리 아들의 목숨까지도 당신께 드렸습니다. 당신은 당신에게 힘과 지혜를 줄 것인지에 대해 하나님께 묻지 않고 기도 가운데 아들을 드린 아버지와 어머니는 없다는 것을 아셔야 합니다."

눈물을 글썽이면서 링컨은 대답했다. "이들의 기도가 없었더라면 난 주저하고 아마 오래 전에 실패했을 것입니다. 당신이 알고 있는 모든 아버지와 어머니들에게 계속 기도하라고 말씀해 주시고 하나님께서 우리 편에 계신 줄을 내가 알기 때문에 나는 계속 싸울 것이라고 말해 주십시오."

그 성직자가 방을 떠나려 하자 링컨은 그의 손을 붙잡고 말했다. "제가 이것을 일종의 목회적 소명이라고 생각해도 될까요?" "그렇습니다." 그 성직자가 대답했다. "우리 마을에서는" 링컨이 계속해서 말했다. "교구 목사가 목회적인 소명을 수행할 때 사람들은 그에게 기도로 인도해 달라고 부탁하는 관습이 있어왔습니다. 그리고 저는 오늘 저와 함께 기도하자고 부탁드리고 싶습니다. 제가 힘과 지혜를 가질 수 있도록 기도해 주십시오."

두 사람이 나란히 무릎을 꿇고 성직자는 전능하신 하나님께 열심히 간구를 드렸다. 그들이 일어서자 대통령은 방문자의 손을 꼭 잡고 만족스러웠다는 듯이 말했다. "기분이 나아졌습니다."

10. 당신은 올바른 트랙에 있다

금손잡이가 달린 캔을 든 말쑥한 차림의 뚱뚱한 신사가 어느 날 링컨의 집무실에 나타났다. 그는 대통령에게 감명을 주었다. "저는 지금 이 일을 위해 여기 왔습니다." 그러나 그는 잠깐 동안만 면담하고 가려고 일어서면서 말했다. "대통령 각하, 저는 당신과 함께 할 일이 없습니다. 저는 스워드 씨의 친구로서 시카고 대회에 왔던 것입니다. 저는 당신의 취임식 이후 가까이서 지켜보았으며 단지 제가 존경한다는 것을 말씀드리기 위해 방문한 것입니다. 제가 말하고 싶은 것은 이것입니다. 저는 당신이 나라의 유익을 위해 모든 것을 하고 있다고 생각합니다. 당신은 올바른 트랙 위에 있습니다. 당신의 선거구민의 한 사람으로서 저는 당신께 지금처럼 미래에도 그렇게 해달라고 말씀드리겠습니다. 그러면 저는 당신을 지지할 것입니다!" 링컨은 하마터면 웃음이 터져나올 뻔했다.

그는 방문객의 손을 잡고 말했다. "당신은 내게 리치몬드를 공략하는 법을 말해주러 여기에 온 것 같군요." 그들은 서로 얼굴을 마주보았다. "친구여, 앉으십시오." 대통령이 말했다. "앉으십시오, 당신을 만나게 돼서 기뻐요. 오늘 우리와 함께 점심 식사를 합시다. 전 아직 당신을 충분히 만나지 못했어요."

11. 톰 덤

어느 날 저녁 링컨 대통령은 난장이 톰 덤 "장군"과 바늄의 관리하에 여행을 하고 있던 그의 아주 작은 신부를 사적으로 초대했다. 정부 고관들은 그들의 가족들을 포함하여 다른 손님들도 참석해 있었다.

그 "장군"은 결혼 예복을 입고 덤 여사는 오렌지 꽃과 진주가 박힌 하얀 새틴 옷을 입고 나타났다. 그 부부는 동쪽 방에서 입장하여 존경을 가득 담은 부드러운 얼굴로 바라보고 있는 대통령을 향해 걸어왔다. 그들의 키 큰 주인인 그는 "마치 울새의 알이라도 깨뜨릴까 겁이 나기라도 하듯이 조심스럽게 부인의 손을 잡으면서" 큰 손바닥으로 그들의 작은 손을 잡기 위해 몸을 구부렸다. 예의범절을 갖춰 그는 그들을 링컨여사에게 소개했으며 그들을 정상적인 사람으로 대했다. 테드는 작은 손님들이 와주어서 즐거웠으며 그들의 위로를 몹시 바랐다. 그들이 떠날 때 링컨은 그 날 저녁의 리셉션 중에 대통령이 아니라 그가 관심의 중심이었음을 그 "장군"에게 말해주었다.

12. 14명의 인디언 추장들

여섯 부족(채이네스, 키오와이스, 아라파오, 코만체스, 아파치, 카도)출신의 14명의 잘 생긴 추장들이 대통령을 만나러 백악관에 왔던 1863년 3월 27일에 백악관은 매우 흥미있는 의식의 배경이 되었다

인디언들은 동쪽 방바닥에 빙 둘러 앉았다.

11시 30분에 링컨 대통령이 그 방안으로 들어오자 판무관 도울이 그를 소개했다. 추장들이 한 사람씩 앞으로 나와서 그와 악수를 나누었다. 그 후에 링컨은 그들에게 만나서 정말 기쁘다고 말하고 할 말이 있으면 기탄없이 말하라고 했다. 채이네스 부족의 린 비어와 아라파오 족의 스포티드 울프가 통역을 세우고 연설을 했다. 그 후 대통령이 말했다.

당신들은 모두 당신들이 여기, 즉 백인들 사이에서 본 이상한 광경들에 대해 말했습니다. 엄청나게 많은 사람들, 커다란 임시 대회장, 우리와 당신들과의 차이점 등에 대해서 말입니다. 그러나 당신들은 백인의 아주 적은 부분만을 본 것입니다. 당신들은 여기 이 대회장에 당신들이 온 것보다 더 먼 곳에서 온 사람들이 당신들을 쳐다보고 있다고 여러분에게 말한다면 여러분은 의아해 할 것입니다.
　우리 백인들은 이 세계가 커다란 둥근 공과 같다고 생각합니다. 그리고 여기에 있는 백인들은 당신들이 지금 둥근 공의 저편에서 온 것처럼 거의 다른 편에서 왔습니다.

여기에서 지구가 소개되었으며, 헨리 교수는 그들에게 워싱턴의 위치와 그들이 살고 있는 지역의 위치를 그들에게 보여주었다.
　그리고 나서 대통령이 말했다.

　백인과 그들의 형제인 당신들 사이에는 숫적으로나 생활 방식면에선 큰차이가 있습니다. 우리는 당신들의 상황이 당신들 종족에게 최선인지 모르지만 이것 때문에 생활방식에 차이가 나게 된 것입니다.
　백인들은 땅을 경작하고 빵을 만들고 생활을 위해 거친 게임을 하기보다는 오히려 땅의 산물에 의존하기 때문에 번영을 누리는 것입니다. 이것이 차이의 주된 이유입니다.
　그러나 또 다른 이유도 있습니다. 비록 우리가 지금 동족간의 싸움에 열을 올리고 있긴 하지만 우리는 당신들처럼 인종간의 갈등 때문에 싸우고 서로 죽이는 것이 아닙니다.
　여러분들은 제게 충고를 구했습니다. 저는 사실상 우리 모두의 위대한 아버지이신 위대한 영의 섭리 가운데에서 여러분들이 종족의 습관과 관습을 그대로 유지하는 것이 좋은지 아니면 새로운 생활 모델을 채택하는 것이 좋은지에 대해 충고할 자신이 없습니다.

저는 당신네 종족이 백인들처럼 살고 그들처럼 땅을 경작하지 않고는 번영을 누릴 방법을 찾을 수 없다는 말만 할 수 있습니다. 여러분들과 그리고 모든 인디언들과 평화를 이루는 것이 이 정부의 목적입니다. 우리는 그렇게 하려고 계속 애쓰고 있습니다. 우리는 당신들과 조약을 맺고 그것들을 준수할 것입니다. 그리고 우리 후손들이 때로 악하게 행동하고 이 조약들을 위반한다면 그것은 우리의 소망을 저버리는 일입니다.

여러분은 모든 아들들이 아버지의 뜻대로 사는 것이 아님을 알 것입니다.

대통령이 말을 어어갈 때 자주 환호가 터져나왔다. 통역이 계속할 때 "우""아" 소리가 계속 울려왔다. 그리고 그들의 얼굴 표정은 만족의 표시를 보여주었다.

대통령은 군인들과 자주 면담을 했다. 육군과 해군에 복무하는 250만 병사들 중에서 17만 명만이 징병되었고 그 중에서 43,343명만이 실제로 징집되고 나머지는 유급 예비군이거나 자원 봉사자였다.

제복을 입은 많은 군인들이 링컨을 방문하였으며 그들은 그에게 특별한 애정을 갖게 되었다. 그들은 종종 그의 착한 마음과 연합에 대한 그의 깊은 우려와 정의가 개입되면 그가 맨 앞에 나설 것이라는 강한 신념을 서로 주고받곤 했다. 이런 확신은 적절한 것이었다. 공적인 임무들이나 과중한 임무 가운데에서도 그는 그들이나 그들의 어머니나 아버지나 아내나 애인이나 그들을 대신해서 그에게 온 그들의 친구들의 말에 귀를 기울일 시간을 내었던 것이다.

이런 간단한 면담의 결과 4년 간의 전쟁기간 동안 그는 수많은 극형수들을 감형해 주고 문자 그대로 수백명의 성실한 군인들이 처형당하는 것을 막아주었으며 다수의 횡포를 바로 잡아주었다. 포로로 잡힌 남부 동맹군이라 할지라도 그것이 정당하게 여겨지면 고려되거나 용서되기도 했다. 몇몇 군 장교들은 대통령의 관용이 군대 규율을 방해한다고 불평했지만, 이런 문제들을 판단할 줄 아는 사람들은 진심으로 링컨 대통령은 "자신이 하고 있는 일을 잘 알고 있었다."고 말했다.

13. 지휘관이 되고 싶은가?

어느 날 군복을 입은 한 청년이 영빈관 의자에 앉아 대통령에게 편지를 건넸다. 대통령은 그것을 읽고 나서 말했다.

"그럼 자넨 지휘관이 되고 싶은가?" "그렇습니다, 각하." "왜 지휘관이 되고 싶은 거지? 분대를 받았나?" "아닙니다, 각하. 하지만 제 상관들은 제가 당신께 제 입장을 말씀드리면 제가 지휘관의 임무를 맡을 수 있다고 말했습니다." "이보게, 소년. 자네를 소년이라고 부르는 것을 용서하게. 자네, 몇 살이지?" "16살입니다." "그래, 자넨 아직 소년이군. 그리고 자네 상관이 자네에게 그런 말을 했다는 것을 보니 자넨 유능하고 훌륭한 군인인 것 같군. 하지만 지휘관으로 임명하는 것은 일반적으로 주 지사들이 하는 걸세." "제 상관들은 당신이 할 수 있다고 그랬습니다." "그렇다면 내가 그렇게 할 수도 있겠지. 하지만 지휘관이 되려면 분대를 갖거나 지휘관이 될만한 무엇을 가져야 하네. 자넨 한 남자가 아내를 맞아들이기 전에는 남편이 아니고 마찬가지로 한 여자가 남편을 맞이하기 전에는 아내가 아니라는 사실을 알고 있겠지. 내가 자네를 지휘관으로 임명하고 지휘할 것이 없는 포토맥 부대로 돌려보낼까? 그럼, 자넨 고삐 풀린 망아지처럼 할 일 없이 거기서 돌아다니겠지. 아무도 자네에게 도움을 주지 못할 걸세."

그 소년은 낙심하여 눈물을 흘리기 시작했다. 대통령은 그의 어깨에 손을 올려놓고 토닥거리면서 말했다. "아들아, 군대로 돌아가서 자네 임무를 계속하게. 그리고 자네가 지금까지 보여준 열심을 계속 보인다면 승진을 요구할 필요도 없을 것이네. 자네는 그걸 찾을 것이야. 자네같은 군사들이 많으면 이 전쟁을 성공적으로 끝내려는 내 소망은 현재보다 더 강렬할 것이네. 나와 악수를 하고 돌아갔다가 어리지만 용감한 군사가 되어 돌아오게."

그 소년은 현명하고 친절한 아버지를 만나러 집에 왔던 것처럼 떠났다.

14. 저는 이것이 사면이어야 한다고 생각합니다

한 늙은 아버지가 울면서 대통령에게 자기 아들에 대해 말했다. 그는 버틀러 군에 복무중인데 유죄 판결을 받고 군법회의에서 총살형 선고를 받았다고 한다. 대통령은 군법회의에 대해 대통령이 간섭하지 못하도록 항의하는 버틀러 장군의 전보를 그에게 읽어주었다. 정신이 아찔해진 그 늙은 아버지는 절망에 사로잡혀 몸부림쳤다. 링컨이 그 서류들을 다시 검토하면서 그 노인의 슬픔을 주시했다. 그리고 나서 잠시 후에 그가 말했다. "이렇게 하면 버틀러도 말을 못할거죠." 그리고 그는 "나에게서 또 다른 명령이 있을 때까지 그 아들을 총살하지 마시오."라는 명령을 썼다.

그것을 노신사에게 보여주자 그는 계속 울면서 말했다. "저는 이것이 사면이어야 한다고 생각합니다. 그런데 당신은 '다른 지시가 있을 때까지 총살하지 말라'고 말하고 있습니다. 그러면 당신은 다음 주에 그를 총살하도록 명령을 내릴 수도 있겠지요."

링컨은 미소지었다. "나의 친구여, 당신은 저를 잘 모르는 것 같군요. 그를 총살하라는 명령이 내게서 나갈 때까지 그가 살아있다면 그는 므두셀라보다 오래 살 것입니다."

15. 스코트의 인생은 가치가 있다.

대통령에게 제출된 것 가운데 가장 유명한 사건은 버몬트 출신의 군인 윌리엄 스코트에 관한 것이리라. 그는 보초 근무 중에 자기 구역에서 잠을 잤다. 그는 어느 날 밤 병든 동료 대신 보초를 선 것이다. 그리고 다음 날 밤 감시 임무를 맡도록 특파되었다. 그는 솔직하게 자신이 이틀 밤 연속으로 철야 근무를 할 수 없을 것 같지만 그것이 그의 임무라면 최선을 다하겠다고 말했다. 다음날 아침 그의 교대자가 임지에서 잠을 자고 있는 그를 발견했다. 이 일로 그는 군법회의에 회부되었고 유죄 판결을 받아 24시간 내에 총살형을 당하도록 되어 있었다. 그의 지휘관을 포함하여 그의 동료들은 그를 구출하기 위한 노력을 시작했다. 그들은 지구상에서 동료의 목숨을 구해 줄 수 있는 사람은 단 한 명 뿐인데 링컨 대통령이 그 사람이라는 말을 들었다.

이 집단은 백악관으로 가서 아주 진지하게 지휘관이 대통령에게 스코트 사건을 사실적으로 묘사하면서 이렇게 끝맺었다. "그는 귀하의 군대에 소속된 다른 군사들 못지 않게 용감한 소년입니다. 스코트는 비겁자가 아닙니다. 우리의 산맥은 비겁자를 키우지 않습니다. 그들은 그를 반역자처럼 총살하여 그의 시체를 개처럼 굴리는 것을 그를 위하는 길이라고 생각해서는 안될 것입니다. 오, 링컨 각하, 당신은 그렇게 할 수 있겠습니까?"

"안돼, 난 할 수 없어요!" 대통령이 소리쳤다. "난 의도적으로 죄를 범한 것이 아니라 지쳐서 잠들었던 정직하고 용감한 군인을 총살하거나 교수형에 처해야 한다고 생각하지 않소. 우리는 그런 사람들을 적절하게 다루어야 하오. 내가 이 문제를 처리하는 현장에 직접 가겠소. 난 나중에 체인 브리지를 가볼 생각이었지만 오늘 그렇게 하겠소."

그 장교가 보잘 것 없는 병사 한 사람을 위해 대통령을 괴롭혀서 죄송하다고 사과하자 링컨은 이렇게 말했다. "스코트의 생명은 이 나라에 있는 그 어떤 사람의 목숨만큼 그에게는 소중한 것이오. 목이 잘린 한 귀족의 머리에 관한 스코틀랜드 사람의 말을 한 번 생각해봐요. '그것은 머리의 사소한 문제이지만 불쌍한 친구여, 그것은 그에게는 소중한 것이라네. 그건 그가 가진 유일한 것이니까.'"

그날 링컨은 진으로 가서 유죄 선고를 받은 병사를 불렀다. 나중에 스코트는 대통령과 면담한 것에 관하여 이렇게 말했다.

대통령은 내가 지금까지 만나본 사람 중에 가장 친절한 분이셨다. 나는 오랫동안 몸에 지니고 다녔던 링컨의 메달 덕분에 그 분을 금방 알아보았다. 나는 처음엔 두려웠다. 전에 위인과 대화를 나눠본 적이 없었기 때문이다. 그러나 대통령은 나를 편안하게 대해 주셨고 부드러웠기 때문에 나는 곧 두려움을 잊어버렸다. 그는 내게 가정과 이웃과 농장과 내가 어느 학교에 다녔으며 학교 친구는 누구 누구였는지에 대해 꼬치꼬치 물으셨다. 나는 어머니의 사진을 품 속에 간직하고 있다가 그 분께 보여드릴 수 있어서 기뻤다. 그 분은 어머니가 아직 살아계시다는 것에 대해 감사해야 하며 그 분이 나였다면 어머니를 자랑스럽게 만들어 드리고 결코 어머니를 슬프게 하거나 눈물 흘리게 하는 일은 없으실 것이라고 말씀하셨다. 나는 그 모든 말을 기억할 수는 없지만 말이 아주 부드러우셨다. 그는 무시무시한 다음 날 아침에 대해서는 아직 아무 말씀도 하지 않았다. 나는 그가 마음이 친절한 분이므로 그 일에 대해 말을 꺼내고 싶지 않았을 것이라고 생각했다. 그러나 그가 왜 내 어머니에 대해, 그리고 내가 내일이면 죽어야 한다는 사실을 내가 알고 있는데 어머니를 슬프게 하거나 눈물 흘리게 하지 말라는 말씀을 그렇게 많이 하셨을까?

나는 설명할 수 없는 무엇이 있다고 생각했다. 그래서 나는 기운을 내서 그에게 죄의식을 느끼지 않았다고 말하고 총살형이 우리 연대에서 일어나지 않게 조정해 줄 수 없겠느냐고 부탁하기로 결심을 했다. 동료의 손에 죽는 것은 가장 가혹한 일이었다. 내가 그 분께 이런 부탁을 하자 그 분은 일어서서 내게 "여보게, 여기 서서 내 얼굴을 쳐다보게."라고 말씀하셨다. 나는 그의 분부대로 했다. "여보게," 그가 말했다. "자넨 내일 총살을 당하지 않을 걸세. 나는 자네를 믿고 자네를 연대로 돌려보내겠네. 그러나 나는 자네 때문에 많은 고초를 겪었지. 나는 해야 할 많은 일을 젖혀두고 워싱턴에서 여기로 와야 했네. 내가 알고 싶은 것은 내 청구서를 어떻게 갚을 것인가? 하는 거야." 나는 목이 메어서 말을 할 수가 없었다. 나는 죽을 것으로 생각했고 그런 식으로 생각하는 데 익숙해 있었다. 그런데 이 모든 것을 일분 안에 바꿔버리시다니! 그런데 나는 엉뚱하게 이렇게 말했다. "감사합니다, 각하. 저는 제 목숨을 구해 주신 당신께 뭐라고 감사의 말씀을 드려야 할지 모르겠습니다. 이 일은 갑작스럽게 일어났고 전혀 예상치 못했던 일입니다. 저는 이 일을 위한 계획을 전혀 세우지 못했습니다. 은행에 특별 장려금이 있습니다. 저는 우리가 농토를 담보로 얼마간 빌릴수 있다고 생각합니다. 또 제 임금도 얼마간 있어요. 월급날까지 기다려만 준다면 그들이 도와주리라고 믿고 있으므로 그 빚이 500-600달러를 넘지 않는다면 우리가 갚을 수 있을 것으로 생각합니다." "그러나 그건 그보다 훨씬 많다네." 그가 말했다. 그래서 나는 그 방법을 알지 못했지만 내가 살아있는 한 어떤 식으로든 그 빚을 갚을 길이 있을 것이라고 확신했다.

그 후에 대통령은 내 어깨에 손을 얹고 유감이라는 듯이 나를 쳐다보면서 말했다. "여보게, 내 빚은 엄청나다네. 자네 친구들이나 자네의 특별 장려금으로나 농장을 담보로 대출을 받거나 자네의 모든 동료들이 갚을 수 없을 정도라네. 그것을 갚을 수 있는 사람이 세상에 꼭 한 명 있는데 그는 바로 윌리암 스코트라네 이 날 이후로 윌리암 스코트가 자기 의무를 충실히 이행하고 그래서 그가 죽음을 맞이할 때 내가 거기에 있고 그가 지금처럼 내 얼굴을 쳐다보고 '저는 약속을 지키고 군인으로서의 제 의무를 다했다' 고 말한다면 내 빚은 변제되는 거지. 자네가 나와 그렇게 약속하고 그것을 기키겠는가?"

나는 그 약속을 하고 하나님의 도움을 받아 그 약속을 지키겠노라고 말했다. 나는 더 이상 말을 할 수가 없었다. 나는 그가 원하는 모든 일을 하기 위해 내가 얼마나 애쓰고 있는지를 말씀드리고 싶었다. 그러나 그 말을 할 기회는 오지 않았으므로 나는 그 말을 가슴에 묻어두어야 했다. 그는 영원히 내 시야에서 떠나버리셨다. 나는 다시는 그를 보지 못하리라는 것을 안다. 그러나 내가 그의 친절한 말이나 내 약속을 잊는다면 하나님께서 나를 잊으시기를 기원한다.

윌리암 스코트는 석방되어 그의 연대로 돌아갔으며 두 차례의 교전에서 용감하게 싸워 혁혁한 공을 세웠다. 7개월 후 그는 동료 군인들과 함께 리 장군의 밀(Mill)을 공격했다. 전투의 막바지에 그는 적이 쏜 여섯 개의 총탄을 맞으면서도 부상당한 동료를 데리고 강을 건너고 있었다. 그는 총탄이 날아오지 않는 곳에 와서 풀밭에 쓰러졌다. 나중에 그는 천막의 간이 침대로 옮겨졌다. 다음날 아침 동이 틀 무렵 스코트가 전우들을 보고 싶어한다는 말이 전달되었다.

그들이 그의 침대 곁으로 모여들자 그는 이렇게 말했다. "자네들, 나는 다시는 다른 전투를 보지 못할 걸세. 나는 옳은 일을 하려고 애썼지! 자네들은 나에 관해 우리집 식구들에게 전해줄 수 있겠지." 그러고 나서 힘이 빠져나가고 생명이 쇠약해지며 그의 목소리가 속삭임으로 가라앉는 것을 느끼고 그들이 그를 쳐다보았을 때 그의 얼굴은 빛나고, 말할 때 그의 목소리는 자연스럽고 또렷했다. "자네들 중에 기회를 갖게 되는 사람이 있거든 링컨 대통령에게 내가 채인브리지에서 그가 내게 한 친절한 말을 결코 잊지 않았으며 내가 훌륭한 군인이 되고 깃발에 충성을 다하려고 애썼으며 내가 그의 부드러운 얼굴을 생각하고 내게 비겁자처럼 동료들의 손에 죽지 않고 군인으로써 싸우다가 죽을 기회를 주셔서 다시 한번 그에게 감사한다는 말을 전해주기를 바라네. 잘 있게."

그는 즐겁게 말하고 가슴 위에 손을 얹고 눈을 감았다. 소년들은 애들처럼 울었다. 그 중에 한 사람만이 그에게 말하듯이 이렇게 말했다. "하나님 감사합니다. 저는 이제 용사가 어떻게 죽는지를 알았습니다."

"너는 내게 부르짖으라 내가 네게 응답하겠고 네가 알지 못하는 크고 비밀한 일을 네게 보이리라". (렘33:3) 찬송 349장

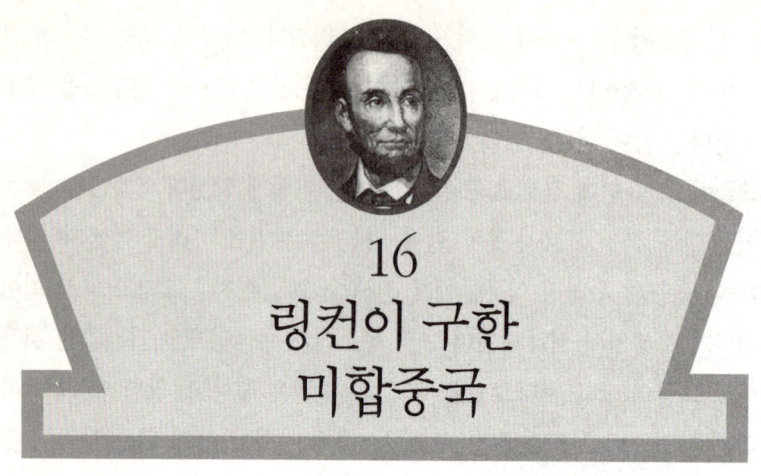

16
링컨이 구한 미합중국

에이브러햄 링컨의 사명은 그가 대통령으로 당선되었을 때 분명해졌다. 남부는 노예제도를 원했다. 그들은 노예제도 없이는 살아남을 수 없다고 느꼈다. 그래서 어떻게 해서든지 그것을 고수하기로 결정했다. 그들은 호전적인 방어 태세를 갖췄다. 북쪽에는 노예제도를 싫어하고 그것의 파괴에 열을 올리는 노예폐지론자로 알려진 집단이 있었다. 북쪽의 다른 사람들은 노예제도를 신봉하지 않았지만 남부는 노예제도를 신봉했다. 몇 년 동안 정치가들과 신문 기자들, 목회자들과 문필가들은 이 문제를 가지고 허심탄회하게 논의했지만 북측과 남측 모두를 만족시킬 수 있는 길이 발견되지 않았을 때 남측은 정죄당하는 것이 싫어서 자신들을 내버려두지 않는다면 연합을 떠나겠다고 으름장을 놓았다. 이 모든 사실을 안 링컨은 "분열된 집은 지탱될 수 없다."고 말했다.

스프링필드를 떠나면서 그는 "워싱턴에게 부과되었던 임무보다 자신의 임무가 더 큰 것이라."고 말했다. 물론 그와 백성들은 워싱턴이 나라를 세웠다는 것을 알았다. 링컨은 자신의 일이 나라를 구하는 일임을 알았다. 2년 간 그는 충실하고도 신실하게 일했으며 많은 일들을 이루었다.

게티스버그와 빅스버그가 탈환되었기 때문에 그는 육군과 해군과 백성들에게 맡은 바 임무를 잘 수행해준 것에 대해 감사한 다음 계속해서 이렇게 말했다. "평화는 그렇게 멀지 않은 것 같습니다. 저는 평화가 곧 오기를 희망합니다." 그러나 전쟁터에서의 결정적인 승리로 인해 국가를 분열시킨 문제가 종식되리라는 것이 더욱 분명해졌다.

승리를 얻기 위해 링컨은 장군들이 필요했다. 그는 도넬슨에서 율리시즈 그랜트가 준 최후 통첩을 좋아했었다. "무조건적이고 즉각적인 항복외에는 아무 조건도 없다. 나는 즉각 당신들의 일터로 이동하기를 제안하는 바이다." 그 사건과 다른 전투들에서 승리를 거둔 것을 참작하여 링컨은 서부 육군 지휘권을 그에게 맡겼다. 그러나 그에 대한 심각한 불평이 비등했다. 그는 지독한 술꾼에다 늘 주연 베풀기를 좋아하는 것으로 유명했다. 대통령은 진상을 조사하고 나서 이 모든 것이 사실임을 발견했다. 그랜트는 군대를 사직할 생각을 했다. 링컨은 그의 전투 실력을 인정하고 이렇게 말했다. "난 이 사람을 잃을 수는 없다. 그는 싸워야 한다." 그랜트는 자기 가족과 나라를 사랑하는 링컨의 칭찬을 높이 평가했다. 그는 마음을 고쳐먹었다. 빅스버그 전투 후에 링컨은 그랜트에게 그가 국가를 위해 "평가할 수 없을 정도로 큰 공헌"을 해준데 대해 감사한다는 내용의 편지를 썼다.

한편 미셔너리 리지에서 요새 공격이 있었다. 그것은 "군사 역사상 가장 큰 기적 가운데 하나"였다. 그랜트의 부하들은 절벽 기슭에 있는 참호의 제일선을 넘어간 다음 남부 동맹군을 산쪽으로 몰아대고 꼭대기에 있는 대포를 포획하여 그것을 공포에 떨며 도망치는 적에게 들이대었다. 이제 동부 테네시는 연합측에 안전하게 되었다.

대통령은 독립전쟁 당시 조오지 워싱턴이 지녔던 육군 중장의 계급을 부활하기 위해 의회를 소집했다. 그리고 나서 그는 그랜트에게 사람을 보냈으며, 3월 9일 오후 1시에 각료들과 할넥크 장군과 그랜트의 참모들이 지켜보는 자리에서 대통령은 그에게 육군 중장과 미육군 총사령관에 임명하는 임명장을 수여했다.

"우리 나라가 하나님 아래에서 당신을 신뢰하듯이 당신을 지원할 것입니다." 링컨이 말했다. "제가 여기에서 국가를 대신해서 말한 것은 제 마음에서 우러나온 말이기도 합니다." 그랜트는 대답했다. "대통령 각하, 저는 이 임명장을 대단한 영광으로 알고 수락합니다. 우리 나라를 위해 많은 전쟁터에서 싸운 고결한 군사들의 도움을 받아 각하의 기대에 어긋나지 않도록 최선의 노력을 다할 것입니다. 저는 지금 저에게 지워진 막중한 책임을 느끼며 그 책임을 다한다면 그것은 그 군사들 덕택이며 무엇보다도 온 나라와 사람들을 인도하시는 그 분의 섭리 덕택임을 저는 압니다."

지도를 펼쳐놓고 함께 전략을 짠 후에 셔먼 장군 휘하의 서부군들은 테네시에 있는 남은 적의 연대를 쳐부수고, 아틀란타를 공략하기 위해 조오지아로 들어간 다음 조오지아를 통과하여 사반나의 항구들을 점령하기로 합의를 보았다. 그랜트는 십만 대군의 포토맥 군사들을 통솔해야했다. 필립 셰리단 장군은 기병들을 지휘하고 리장군을 공격하여 남부 동맹의 수도인 리치몬드를 점령해서 전쟁을 끝내야 했다.

두 달 후 그랜트는 포토맥의 군대를 재정비하고 남쪽으로 리치몬드를 향해 행진하기 시작했다. 대통령이 행운을 빌어주자 그랜트는 이렇게 대답했다. "제 성공이 제가 바라거나 기대한 정도에 미치지 못한다 하더라도 적어도 저는 그 과실은 각하께 있지 않다고 말할 수 있습니다."

양측 군사들은 리치몬드의 북쪽에서 만났다. 그 곳은 "광야"라고 알려진 소택지가 뒤섞여 있는 밀림 지대였다. 리 장군은 6만 명의 군사들만 거느리고 있었지만, 전쟁의 귀재였다. 그는 강력한 흉벽 뒤에 군사들을 배치했으며 그 곳 지형을 잘 알고 있었다. 그랜트는 리 장군보다 두배나 되는 군사들을 거느리고 있었지만, 그 지역에 익숙치 않았으며, 그의 기병대는 밀림에서 작전을 수행하기 어려웠다.

죽음의 희생이 양측 모두에게 들이닥쳤으며 정글은 불이 붙었고 수많은 부상병들이 불에 타죽었다. 연합측은 싸움이 시작한 지 48시간 안에 14,000명 가량의 사상자와 실종자를 내었고 남부 동맹의 손실도 상당히 컸다.

　군사들은 필사적인 싸움이 끝난 후에는 쉬는 것이 상례였다. 그러나 그랜트는 "전진하라! 전진하라!"는 명령을 내렸다. 그는 군사들을 왼쪽으로 이동시키고 스포트 실바니아 법정과 골드 항구에서 남부 동맹군과 싸웠으며, 그 다음에 제임스 강을 건너 피츠버그 요새를 공격했다. 그 당시 그 곳은 뷰르가르드 휘하에 군인 2000명만이 지키고 있었다. 그러나 남부 동맹군은 리 장군이 증원 부대를 이끌고 도착할 때까지 접근하지 못하도록 막고 있었다. 그는 이 전투에서 거의 55000명의 군사들을 잃었다. 많은 사람들은 이 곳이 이런 정도의 희생을 치를 만한 곳이 못 된다고 여겼다. 그러나 그랜트와 링컨은 리 장군의 다시 없을 만큼 귀중한 군대를 파괴하는 것이 이 전략의 목적임을 알고 있었다. 링컨은 그에게 전보를 보냈다. "불독처럼 물어뜯고 가능한한 많이 질식시키시오."

　그 당시 백악관에 머물고 있던 카펜터는 이 암흑같은 나날 동안 링컨이 거의 한숨도 자지 못하고 밤 늦은 시간에 기도하고 "나의 하나님! 나의 하나님!" 하고 부르짖으면서 바닥을 서성대었다고 말한다. 그러나 6월 15일 그는 그랜트에게 전보를 쳤다. "나는 그것을 보기 시작했소. 당신은 승리할 것이오. 하나님께서 당신을 축복하십니다." 그랜트는 답장으로 전보를 보내왔다. "저는 여름 내내 이 전선에서 싸울 각오가 되어 있습니다."

　링컨 대통령의 임기가 이제 몇 달밖에 남지 않았다. 그래서 정치가들은 많은 백성들이 1864년 봄과 여름 사이에 선거를 치를 것을 원한다고 주장했다. 행정적인 과정들이 아주 어려웠다. 노예 해방 선언이 발표되었고 군사적인 실패도 있었고, 정치가들이 꾸며낸 다른 불법 행위들도 있었다.

　그들은 국가에는 다음 4년을 이끌어갈 지도자가 있어야 한다고 말했다. 어떤 신문들은 행정부를 비난하는 일에 열을 올리고 있었다. 그러나 일리노이 주지사는 이렇게 연설했다. "정치가들이여, 당신들이 원하는 것을 말해보시오. 아무리 그래도 선거철이 되면 백성은 '늙은 에이브'를 다시 대통령으로 선출할 것이오."

6월 7일 발티모어에서 국가 연합 대회가 열렸을 때, 서기는 링컨의 재임명을 요구하는 일리노이 주지사와 메인의 한니발 햄린의 결의문을 낭독했다. 서기가 그 결의문을 낭독하자마자 대 혼란이 일어났다. 모든 사절들이 조심스럽게 다시 들려주기를 요구했다. 조용해지자 공화당 의장인 헨리 레이몬트는 여러 주들의 요청에 따라 지명된 것이라고 말했다. 레이몬트의 결의문 채택에 뒤이은 박수갈채가 가라앉기전에 일리노이의 쿠크는 의자에서 일어나서 소리쳤다. "일리노이는 다시 한번 링컨의 이름을 국가에 제출합니다. 하나님께서 그를 축복하시기를!"

대회 서기가 점호 결과를 발표하자 링컨은 507표를 얻었고 그랜트는 22표를 얻었음이 밝혀졌다. 그리고 나서 22표를 던진 미조리 대표들의 의장은 즉각 이 지명은 무기명으로 된 것임을 선언했다. 사람들이 웅성거리고 갑자기 소란스러워졌다. 사람들은 환호를 지르고 모자를 던지고 서로 껴안고 춤을 추었으며, 대형 밴드가 "콜롬비아여 만세"라는 노래를 연주했다. 다시 추대되었다는 소식이 공식적으로 링컨에게 전달되자 그는 이렇게 말했다. "저는 늙은 화란 농부의 이야기가 생각납니다. 그는 언젠가 친구에게 '강을 거슬러 올라갈 때 말을 바꿔타는 것은 현명한 방법이 못된다네.' 라고 말했습니다." 강 한가운데서 말을 바꿔타는 것에 관한 이 소박한 비유는 백성의 유머 감각과 상식에 호소했다. 그것은 국가 전 지역의 모든 신문들에서 슬로건으로 채택되어 되풀이되었으며, 백성들이 그 당시 국가가 직면하고 있는 위기에 링컨을 대통령으로 다시 추대하는 것이 지혜로운 일임을 보여주는 데 대단한 가치를 지녔다.

링컨을 다시 지명한 대회는 엄격히 말해서 공화당 전당대회가 아니었다. 전쟁에 가담한 민주당원들을 끌어들이기 위한 일환으로 그 당은 연합당이라는 이름을 채택하고 링컨의 러닝 메이트로 민주당원인 앤드류 존슨을 선출하는 것이 바람직하다고 생각했다.

불만을 품은 공화당의 잔류파는 클레벨란드에 모여 존 크래몬트를 대통령 후보로 지명했다. 링컨은 재미있어 하는 것 같았다. 한 친구가 그에게 전당대회 때 수천 명이 올 것으로 기대했는데 4백 명밖에 참석하지 않았다고 말하자 그는 그 숫자에 충격을 받았다. 책상에 놓인 성경을 집어 들고 그는 사무엘상 22:2절을 펼쳐서 읽었다. "환난당한 모든 자와 빚진 자와 마음이 원통한 자가 그에게로 모였고 그는 그 장관이 되었는데, 그와 함께한 자가 사백 명가량이었더라." 약점을 인식한 이 파는 후에 경쟁을 포기했다.

민주당원들은 링컨이 1860년에 그토록 멋지게 당선되었던 것처럼 시카고의 새 위그왐에서 모였다. "행정부가 연합을 구원할 수 없다……우리는 우리 백성의 피를 대통령의 칙령보다 더 값지게 생각한다."고 선언한 후에 그들은 조오지 맥클레란 장군을 대통령 후보로 임명했다. 다시 지명된 직후에 필라델피아에서 대중 집회를 가진 대통령은 이렇게 말했다. "그랜트 장군이…… 사람들을 앞으로 밀고 도와줌으로써 자기 일을 촉진시킬 수 있었다면 여러분들은 내게도 그렇게 해주겠소?('예' 하는 외침) 그렇다면 한번 해봅시다."

남군과 북군의 전투장면 (재연)

대통령은 새로운 물자들을 보냈을 뿐만 아니라 6월 20일에 증기 기차를 타고 그랜트, 셔먼, 셰리단과 회의를 하기 위해 시티 포인트에 있는 그랜트의 본부로 갔다. 그가 거기 있을 때 군인들은 "에이브 아저씨"가 그들과 만났다는 말을 퍼뜨렸다. 함성과 외침이 터지고 사방에서 사람들이 그에게 인사를 했다.

제18 진지에서 링컨은 그의 주변에 둘러서 있는 흑인 병사들을 만났다. 그들은 눈물을 흘리며 기뻐서 웃고 노래 불렀다. 그들은 손을 흔들며 소리쳤다. "하나님께서 링컨을 축복하소서!" "백인 에이브러햄을 구원하소서!" 대통령은 머리 숙여 인사하면서 지나갔다. 그의 눈에는 눈물이 고이고 그의 목소리는 감정에 북받쳐서 중단되었다.

그해 여름 동안 두 차례의 승리가 있었으며 그것은 연합측에 대단히 고무적인 일이었다. 6월 어느 일요일 아침, 두 척의 배가 프랑스 셔부르그 근처의 공해상 밖에서 접전하여 마지막까지 싸웠다. 남부 동맹의 깃발을 휘날리던 해적선 알라바마는 62명의 상인들을 무자비하게 사로잡아 바다에서 그들 대부분의 물건을 훔치거나 불태웠다. 철갑으로 무장한 연합측 배 키어사지는 알라바마를 오래동안 추적했으며 마침내 셰부르그 항구에서 그 배를 감금할 수 있었다. 알라바마가 쏜 370개의 포탄으로 연합군측의 배는 연기가 조금나는 정도에 그쳤지만, 키어사지가 쏜 173개의 포탄은 알라바마의 양쪽을 맞춰 가라앉힐 수 있었다. 그 때 죽은 사람이 40명이나 되었다. 그러나 키어사지의 손실은 사망자 한 명에 부상자 두 명으로 그쳤다.

8월 5일 화라것 제독은 "인간을 창조하시고 이성을 주신 하나님이시여, 제가 행할 바를 가르쳐주십시오. 제가 계속해야 할까요?"라고 기도하면서 함대를 이끌고 모빌 만(알라바마)으로 가서 혁혁한 승리를 거두었다. 그는 계속 "전속력으로 전진해" 갔으며 가장 강력한 배들 중의 하나인 테네시를 나포했을 뿐만 아니라 그의 보조 부대는 모빌 만을 지키는 남부 동맹 세 개의 요새들을 항복시켰다. 북 캐롤라이나의 윌밍톤에는 그 요새만이 남부 동맹의 것이었으므로 이것은 의미있는 승리였다. 그리고 60대의 전함을 이끈 무시무시한 연합군에 의한 대폭격이 있은 지 사흘 후인 1월 15일에 휘셔 요새와 함께 윌밍톤이 함락되었다. 남부 동맹의 주들은 지금 사실상 육지에 둘러싸여 있었다.

두세 척의 배들만이 밤에 봉쇄를 뚫고 지나갔을 뿐이었다.

그러나 64년 7월과 8월은 대통령과 연합측에 어려운 시기였다. 그랜트는 피츠버그 앞에서 시간만 끌고 있었고 셔만은 아틀란타를 넘지 못하고 주저하고 있었다. 7월에 리 장군은 쥬발 어리 장군 휘하의 남부 동맹군에게 셰난도아 골짜기를 넘어 워싱턴을 견제 공격 하도록 했다. 어리는 포토맥을 횡단하여 매릴랜드를 지나 워싱턴을 향해 진격했다. 그 소식을 들은 류 웰리스(벤허의 저자)는 서둘러서 신참과 성직자들과 지체부자유자들을 모아 남부 동맹군을 저지하러 갔다. 그러나 하루를 싸운후 어리는 쉽게 웰리스를 밀치고 이틀 후에는 수도의 돔이 보이는 곳까지 진격해왔다.

그 사이 링컨은 그랜트에게 도와달라고 간청하는 편지를 보냈다. 장군은 증기선으로 정예 부대를 보내주었다. 그들이 도착했을 때 어리는 구원병의 수가 많은 것을 보고 공격을 중지시키고 셰난도아 골짜기를 경유하여 남쪽으로 후퇴했다.

3만 명의 증원 부대를 떠맡게 된 셰리단 육군 소장은 쥬발 어리 장군의 군사들을 저지하고 남부 동맹의 풍부한 "곡창지대"인 셰난도아의 비옥한 농토를 쑥밭으로 만들라는 지시를 받았다. 9월19일 셰리단은 휘셔 산에서 두 번째로 그를 공격한 후 계속해서 골짜기에서 시간을 보냈다. 링컨은 그에게 전보를 보냈다. "장군의 위대한 승리 소식을 들었소. 하나님께서 당신과 장교들과 모든 병사들을 축복하셨습니다. 당신을 만나기를 간절히 바라는 바입니다."

삼 주일 후 어리는 충원 부대를 이끌고 돌아와 사령관이 없는 틈을 타서 연합군을 공격했다. 셰리단이 전쟁터로 돌격해 들어와서 그의 부하들과 합류하여 어리 군을 철저하게 패배시켜 골짜기로부터 후퇴하도록 만들자 그들은 두려워서 움추러 들었다.

링컨은 세리단에게 감사의 전보를 띄웠다.

링컨은 이 군대가 충원되어야 한다는 것을 분명히 알았다. 어떤 형태로든 징병이 필요했으나, 그의 고문들은 새로운 징병은 급진주의자들과 민주당원들에게 새로운 무기를 주게 될 것이며, 그의 당선을 불확실하게 만들 것이라고 충고했다. 링컨은 이에 대해 이렇게 대답했다. "내가 패하는 한이 있어도 아무 것도 잃어서는 안됩니다. 나는 사람들에게 이 점을 이해시키고 싶습니다. 나의 재선은 폭도가 무력으로 진압되어야 함을 의미할 것입니다." 그래서 그는 7월 18일에 1-3년 간 복무할 50만 명의 자원자들을 모병했다.

예측했던 대로 모병을 반대하는 목소리가 비등했다. 급진적인 공화당원들과 민주당원들과 온갖 성격을 달리하는 정치가들은 노인이든 젊은이든 링컨을 반대하는 사람들을 자극했다. 대중 매체는 대담하게 전쟁의 참혹상을 드러내고 대통령은 전쟁광이라고 욕하면서 더 많은 군사들을 징병하는 것은 압제자의 독재적인 징병이라고 말하는 자들의 글을 실었다. 그들은 평화 제안에 대한 그의 태도를 비판했으며, 그가 대통령 후보직을 사퇴하고 차기 당선을 위해서는 그랜트 장군이나 다른 지도자의 이름이 거론되어야 한다고 요구했다. 항의가 크고 끈질겼기 때문에 링컨 자신도 잠시 자신이 당선될 수 있을지 의심스러울 정도였다.

그때 링컨은 의미심장한 진술을 했다.

저는 결국 제가 권력자의 고삐를 내려놓게 될 때 지구상의 모든 친구들을 잃고 적어도 한 친구만 남더라도 그 친구를 가슴 속 깊이 간직한 채 이 정부의 사건들을 처리하고 싶습니다. 저는 승리에 매여있는 것이 아니라 진실에 매여있습니다. 저는 성공에 매여있는 것이 아니라 올바로 사는 삶에 매여있습니다.

이튼 육군 대령은 그랜트에게 가서 "도당으로서가 아니라 시민의 후보자로서 연합을 구하기 위해" 링컨에게 대항할 것인지 물었다. 그랜트는 진에 있는 의자의 팔걸이 위에 손을 내려놓고 말했다. "그들은 그렇게 할 수 없어요! 그들은 그렇게 하도록 나를 강요할 수 없어요!" "당신은 대통령에게 이 사실을 말씀드렸나요?" 이튼 대령이 물었다. "아뇨" 그랜트가 말했다. "난 대통령에게 내 의견을 말해야 한다고 생각하지 않았어요. 나는 군대가 전쟁에서 승리하는 것만큼 그분이 당선되는 것도 중요하다고 생각하오."

9월과 10월에는 전황이 연합군측에 유리하게 호전되었다. 9월 3일에 셔만은 링컨에게 전보를 쳤다. "아틀란타는 우리 것이고 우리가 승리했다." 전략적인 교차로, 지원 병참부, 남부 오지에 있는 중추적인 면화생산주의 수송센터가 공략되었다는 소식이 퍼졌다. 많은 사람들이 생각하던 "패배와 실패의 고통"은 믿음으로 바뀌었다. 종이 울리고 축포가 울리고 대통령은 다음 주일에 모든 예배 처소에서 하나님께 감사드릴 것을 요청했다.

엄청나게 많은 시민들이 링컨이 재선되어야 한다는 그랜트의 확신을 공유했다. 그들은 "늙은 에이브"가 그들을 올바른 방향으로 인도하고 있다고 믿었다. 채이스, 스워드, 그리고 지위와 영향력을 지닌 다른 사람들과 함께 충성스런 당원들은 여기저기 다니면서 유세를 했으며, 사람들 앞에서 그 기록을 제시했다. 이리하여 선거일인 11월 8일 국민들은 대부분 누구를 찍을 것인지를 결정했다. 233명의 선거인단 투표에서 링컨 대통령은 212표를 얻고 매클레란 장군은 21표를 얻었다.

라프 왈도 에머슨은 "국민투표에서 이렇게 많은 표를 얻는 일은 역사상 처음 있는 일"이라고 생각했다. 사람들은 링컨에게 또 한번의 임기 즉 "연합을 구하는 그의 임무를 마칠" 명령을 준 것이다. 그들은 그가 하나님의 성품을 받았다고 느꼈으며, 그를 성경의 아브라함에 비유하곤 했다.

재선되던 날 미들타운의 성직자인 코네티컷은 횃불이 비치는 곳에서 창세기 22:15절을 인용하여 그 점을 재확인했다. "여호와의 사자가 하늘에서부터 두 번째 아브라함을 불러."

자신의 명성과 후원의 힘에 의해 안정된 대통령은 훨씬 더 어울리게 권위의 망토를 입었다. 당선되던 날 그를 위해 세레나데를 불러주던 군중들에 대한 응답으로 그는 다음과 같은 연설을 했다.

저는 이렇게 백성의 승인을 얻게 해주신 하나님께 감사드립니다. 그러나 백성들이 이렇게 저를 믿어주신 데 대해 감사드리지만 제가 제 마음을 안다면 제 감사는 개인적인 승리의 얼룩과는 상관이 없습니다. 저는 저를 반대하는 사람의 동기를 문제삼지 않습니다. 다른 사람을 이기는 일이 제겐 즐겁지 않습니다. 저는 자유로운 정부와 인권을 기다리는 백성의 결단의 증거를 보여주신 하나님께 감사드립니다.

그 후 11월에 매사추세츠 주 앤드류 지사의 편지에 대한 답장으로 그는 보스톤의 빅스비 여사에게 편지를 썼다. 그녀는 다섯 아들을 군대에 내보냈는데 모두 전사했다. 그 편지는 국방성을 통해 메사추세츠 주의 슐러 장군에게 보내졌다. 감사일에 장군은 저녁식사를 마치고 얼마간의 돈과 대통령의 편지를 들고 그것들을 도버 15번 가에 있는 빅스비 여사의 집으로 가서 전달했다. 그녀는 그 편지를 읽었다.

부인께, 저는 국방성 서류에서 당신이 전쟁터에서 영예롭게 전사한 다섯아들의 어머니라는 메사추세츠 주의 장군의 진술을 보았습니다.

저는 그토록 엄청난 상실의 슬픔을 겪고 있는 당신을 위로하려는 제 말이 얼마나 약하고 무익한지를 느낍니다. 그러나 저는 그들이 구원하기 위해 죽은 공화국을 대신해서 당신께 위로를 드리지 않을 수 없습니다.

저는 하늘에 계신 우리 아버지께서 당신의 불행의 고통을 누그러뜨리시고, 사랑했지만 잃어버린 사람에 대한 소중한 기억과 자유의 제단에 그토록 값진 희생 제사를 올려놓았다는 당신의 엄숙한 긍지만 남겨두기를 기도드립니다.
그럼 안녕히 계십시오.   링컨 드림.

이 편지속에는 "인간의 자유가 고통을 수반하곤 한다는 무서운 암시"가 들어있다. 빅스비 여사는 그것을 읽고 또 읽었을 뿐만 아니라 신문에 발표하였으며, 그 사본이 옥스포드 대학교의 홀에 걸려있다. 그 속에는 "말의 사랑"과 부모들이 죽을지도 모르는 전쟁터로 애통해하면서도 자식을 기꺼이 보냈던 미국의 많은 가정들에게 불러일으켜진 조화가 담겨있다. 그것은 대통령과 백성의 마음을 가깝게 해주었다. 링컨 대통령 부부도 아들을 잃는 고통을 맛보았기 때문이다.

11월15일 셔먼은 아틀란타를 접수하고 16일에 6만 명의 군사를 이끌고 그의 유명한 "조오지아를 통과하는 행진"을 개시했다. 폭이 60마일이고 길이가 250마일이나 되는 길을 따라 걸으면서 그 군대는 지나가는 길가에서 식량을 얻었다. 옥수수, 고기, 가금류, 고구마 등을 얻었다. 그리고 크리스마스 전 주에 사바나에 도착했다. 그 도시를 공략한 후, 셔먼은 링컨에게 메시지를 보냈으며 링컨은 그것을 12월 25일에 받아보았다. "저는 크리스마스 선물로 사바나 시와 150자루의 장총과 수많은 탄약과 2만 5천 베일의 면화를 드리고 싶습니다." 링컨은 이렇게 대답했다.

친애하는 셔먼 장군, 당신이 크리스마스 선물로 보낸 사바나를 점령했다는 소식에 매우 깊은 감사를 드립니다. 당신이 해변을 향해 아틀란타를 떠났을 때, 나는 두려워하지는 않았지만 걱정이었습니다. 그러나 당신의 판단이 더 낫다는 것을 알고 "모험을 하지 않으면 얻는 것도 없다."는 말을 기억하면서 간섭하지 않았습니다.
이제 그 일이 성공을 거두었으므로 명예는 모두 당신의 것입니다. 왜냐하면 나는 우리들 중에서 어느 누구도 당신보다 묵인할 수 없을 만큼 멀리간 사람은 없다고 믿기 때문입니다.

당신은 어둠 속에 앉아있는 사람들에게 큰 빛을 가져다 주었습니다. 그러나 다음에는 무엇입니까? 내가 그랜트장군과 당신에게 결정권을 넘긴다면 안전할 것이라고 생각합니다. 당신의 전군에게 제가 감사한다는 말을 전해주십시오. 장교들과 병사들에게……

1864년 12월 6일 의회에서 보내는 연중 메시지에서 링컨은 연방 헌법 제13조를 백성이 승인한다면 노예제도를 영원히 폐지하는 것으로 수정하겠다는 제안을 했다. 1월에 그 수정법안을 통과시키기 위해 더 많은 후원자가 필요해지자 그는 여러 의원들에게 개인적인 영향력을 행사하였으며 수정법안이 마침내 필요한 3분의 2의석보다 3석 더 많게 아슬아슬하게 통과되자, 윌리엄 로이드 게리슨이 말했다. "이 수정 법안이 통과될 수 있었던 것은 누구 덕입니까? 나는 자신있게 대답할 수 있습니다. 일리노이의 겸손한 가로목을 켜는 사람, 수많은 억압당하는 사람들을 위해 애쓰는 대통령, 에이브러햄 링컨 덕택이라고."

링컨 대통령에게 남부 동맹과 평화 조약을 맺으라는 압력이 여러 차례 가해졌다. 어떤 사람들은 거기서 더 나아가 "어떤 희생을 치르든지 화해를 하라."고 주장하기도 했다. 링컨은 언제나 협상의 문을 열어두고 있지만 동시에 그의 한 가지 주요 목적, 즉 연합을 구원하는 것을 끈질기게 고집했다. 그는 매우 적절하게 이렇게 진술했다. "똑바르든 구부러졌든 북쪽 주들과 남쪽 주들을 분리하는 국가적인 경계선은 없다." 그러나 북부가 전쟁에 싫증을 내고 남부가 계속 패배에 패배를 거듭하자, 사람들의 생각은 점차 평화의 가능성으로 돌아갔다. 링컨의 동의를 얻은 호레이스 그릴리는 남부 동맹의 사절들을 만나기 위해 캐나다로 갔는데, 그 유명한 외교관이 아무런 권한도 없다는 사실만 확인했을 뿐이었다. 곧이어 링컨의 친구들은 제임스 자케스와 길모어가 제퍼슨 데이비스와 개인적으로 협상함으로써 평화를 획득할 수 있으리라고 믿었다. 링컨의 축복으로 무장한 그들은 남부 동맹의 대통령과 협상하기 위해 리치몬드로 갔지만, 그가 여전히 "완전한 남부의 독립을 고집하고" 있음을 발견했다.
 프랭클린과 내쉬빌, 테네시에서의 연합측의 승리와 셔먼의 '조오지아를 통과하는 행렬'은 협상에 의한 평화를 이룩해야 할 또다른 이유가 되었던 것같다. 그래서 프란시스 블래어는 리치몬드에 있는 데이비스를 방문하게 해달라고 링컨에게 요청했다. 12월 28일 링컨은 그에게 통행 허가증을 건네주었다. "블레어가 전선을 통과하여 남부로 갔다가 돌아오도록 허락한다." 장시간 대화를 나눈 후에 제퍼슨 데이비스는 링컨 대통령이 평화 위원들을 받아들인다면 데이비스는 "양국"의 평화를 위해 협상할 위원들을 임명하겠다는 내용의 편지를 서명했다.
 링컨은 마지막 국면의 중요성을 포착했으나 평화의 기회를 간과해 버리고 싶지 않아서, 블래어에게 리치몬드로 돌아가서 다음과 같은 내용의 편지를 전하도록 허락했다.

　나는 당신 또는 국가적인 권위를 지니고 있는 다른 영향력 있는 사람이 우리의 공통된 나라의 백성에게 평화를 안겨주기 위해, 비공식적으로 내게 보낸 사절을 받아들일 준비가 되어있고 지금도 그러며 앞으로도 그럴 것입니다.

 제퍼슨 데이비스는 세 명의 평화 위원을 임명했다. 남부 동맹의 부통령이자 의원 시절부터 링컨이 호감을 갖고 칭찬하던 조오지아의 알렉산더 스티븐스, 알라바마의 존 캠벨 그리고 버지니아의 헌터가 그들이다. 1865년 2월 3일 링컨 대통령과 스워드 장관은 햄프톤 가에 있는 퀸 강의 막사에 세 사람과 마주 앉았다. 전에 만난 적이 있던 사람들 사이에 따뜻한 인사말이 오고 갔으며 그 후 그들은 회의에 들어갔다. 그 회의는 스티븐스의 질문으로 시작되었다. "대통령 각하, 국가의 다른 주들과 부분들사이에 존재하는 현재의 갈등을 끝낼 방법은 없겠습니까?"
 링컨은 남부동맹의 부통령에게 자신은 오직 한 가지 방법만 알고 있으며, 그것은 연합법을 거부하는 사람들이 저항을 중단하는 것이라고 대답했다. 4시간 동안 협상 테이블 사이에서는 예민한 사람들 간의 줄다리기가 있었다. 화제는 주들의 권리와 노예제도와 협정 조건들 사이에서 오갔다. 그 동안 링컨은 연합을 지켜야 한다는 한 가지 생각만 했으며, 정부에 대항해서 무기를 든 적과 협상은 있을 수 없다는 것을 기초로 다른 논의는 배제되었다.

헌터는 영국의 차알스 1세가 정부에 대항해서 무기를 든 사람들과 협상했던 일을 말하자 링컨은 역사는 잘 모르지만, 그 문제와 관련해서 분명히 기억하는 것은 차알스가 머리를 잃었다는 것이라고 대답했다. 잠시 침묵을 지킨 후 헌터는 말했다. "대통령 각하, 우리가 당신을 제대로 이해한 것이라면 당신은 남부 동맹의 지도자들을 정부의 반역자로 생각하고 우리를, 권리를 상실하고 교수형 집행자를 위한 신하들로 보시는 군요. 당신의 말은 무슨 뜻인지요?" 링컨이 대답했다. "그렇소. 내 말뜻은 그렇소." 그러자 헌터가 미소지었다. "자, 링컨씨, 우리는 당신이 대통령으로 있는 한, 우리는 교수형을 당하지 않을 것이라는 결론을 내렸습니다."

한번은 스티븐스가 이렇게 물었다. "우리끼리의 전쟁을 중단하고 함께 멕시코와 싸우는 것이 어떨까?" 그러자 링컨은 우리가 연합의 문제를 해결하고 남부인들이 "그런 식으로 획득된 권리를 가지고" 헌법 아래로 돌아와야만 다른 전쟁에 대해 생각할 수 있다고 대답했다.

링컨은 해방 노예들의 주인들에게 배상을 해주겠다고 제안했다. 그는 노예제도에 대한 책임은 남부인들과 북부인들 모두에게 있는 것이라고 믿었으며, 적대감이 중단되고 주들이 자발적으로 노예제도를 폐지한다면 정부는 노예 주인들에게 4억 달러를 배상해 주겠다고 생각했다.

더 이상 할 말이 없다는 사실이 확인되자, 그들은 친절하게 악수하면서 작별 인사를 나누고 햄프톤 가의 협상을 끝냈다.

그 후 링컨 대통령은 남부 동맹의 부통령에게 말했다. "저, 스티븐스, 우리가 나라를 위해서는 할 일을 다했습니다. 내가 개인적으로 당신을 위해 할 일이 있을까요?" "없습니다." 스티븐스가 말했다. 그리고 나서 그의 얼굴이 밝아졌다. "당신이 지난 20개월 동안 존슨 섬에 포로로 잡혀있는 조카를 보낼수 없다면 말입니다." 링컨의 얼굴이 밝아졌다. "기꺼이 그 일을 행하겠습니다. 내게 그의 이름을 알려주시오." 그리고 그는 그 이름을 공책에 적었다. 후에 그 청년은 석방되어 남부 동맹의 부통령에게 돌아갔다. 그 당시 그는 사실상 은퇴하여 조오지아에 있는 농장에서 살고 있었다.

1865년 봄이 오면서 수도 워싱턴은 최대의 취임 행렬을 준비하고 있었다. 3월 4일 아침 공식적인 퍼레이드가 펜실베니아 도로를 따라 백악관에서 국회의사당으로 향해 움직였다. 이번에 연합군 육군복을 입은 흑인군 3개 중대가 대통령 호위 부대에 편입되었다.

이번에도 수도 동쪽에 취임 연단이 세워졌으며, 비가 부슬부슬 내리고 있는데도 많은 인파가 잔디밭과 거리에 모여들었다. 부통령과 새로 당선된 상원의원들이 선서하는 일반적인 절차가 의원실에서 거행된 다음 고위 성직자들이 줄을 이어 취임 연단으로 올라갔다.

최대의 살아있는 자유 수호자인 에이브러햄 링컨 앞으로 나와 백성 앞에 서자 기다리던 군중은 뜨거운 박수갈채를 보냈으며, 보슬비가 그치고 갑자기 햇빛이 무대를 비쳤다. 대통령이 조심스럽고 꼼꼼하게 준비한 연설을 낭독할 때 청중은 숨을 죽이고 듣고 있었다.

친애하는 국민 여러분 대통령 선서를 하기 위해 두 번째 이 자리에 선 저는 처음처럼 장황하게 연설을 하지 않을 것입니다. 물론 다소 자세하게 추적되어야 할 성명서는 적절한 것 같습니다. 지난 4년간 여전히 우리의 관심사이며, 국가의 에너지를 약화시키는 큰전투의 모든 곳과 단계들에서 끊임없이 공식적인 선언이 발표되었기 때문에 새롭게 제출할 것이 별로 없습니다.

모든 사람들이 주로 의존하고 있는 전투의 진척 상황은 저보다 여러분이 더 잘 알고 있을 것입니다. 저는 모든 사람들이 만족하고 격려받으리라고 믿습니다. 미래에 대한 소망이 있으면 그것에 대한 어떤 예측도 감히 할 수 있을 것입니다.

지난 4년간 모두들 임박한 내전에 대해 걱정을 했습니다. 모두들 내전을 두려워하고 피하려고 했습니다. 이 자리에서 취임 연설을 하고 모두들 전쟁없이 연합을 구하는 일에 몰두해 있을 때 폭도들은 전쟁없이 연합을 파괴하고 협상에 의해 연합을 해체하기 위해 도시에 모였습니다. 양측 모두 전쟁에 반대했습니다. 그러나 그 중 한 쪽은 나라를 존속시키기 보다는 오히려 전쟁을 일으켰고, 다른 한 쪽은 연합이 망하는 것보다 오히려 전쟁을 인정했습니다. 그래서 전쟁이 일어난 것입니다.

전 주민의 8분의 1이 흑인 노예이며, 그들은 연합국 전역에 분산되어 있는 것이 아니라 남부에 살고 있습니다. 이 노예들은 특별하고도 대단한 이익을 가져다 주었습니다. 모두들 이 이익이 어쨌든 전쟁의 원인이 되었다는 것을 알고 있습니다. 이 이익을 강화하고 영속화하고 확대하는 것이 폭도들이 전쟁을 일으키면서까지 연합을 분열시키려고 한 목적이었습니다. 정부는 이들의 영토 확장을 억제하기 위해 다른 일을 할 권리가 없다고 주장했습니다. 양측 모두 전쟁의 규모가 이렇게 크고 이렇게 오래 계속되리라는 생각을 못했습니다. 또한 갈등이 끝나기 전에 갈등의 원인이 중단되리라는 것을 아무도 예측하지 못했습니다. 양측은 모두 보다 쉬운 승리를 기대했으며 덜 근본적이고 덜 놀라운 결과를 예측했습니다. 둘다 똑같은 성경을 읽고 똑같은 하나님께 기도하며 상대방을 이길 수 있도록 하나님의 도움을 구하고 있습니다. 다른 사람들의 얼굴의 땀으로부터 그들의 빵을 쥐어짜게 해달라고 하나님의 도움을 구하는 것은 이상하게 들리지만, 상대방을 판단하여 우리가 판단 당하는 일이 없도록 합시다. 양측의 기도는 응답될 수 없을 것이며 양측 모두 완벽하게 응답되지 않았습니다. 전능하신 하나님은 자신의 목적을 갖고 계십니다. 그리고 범죄 때문에 세상에 대해 화를 내십니다!

미국의 노예제도가 하나님의 섭리 가운데에서 필요할 수밖에 없었지만 예정된 시간이 지난 지금 그것을 제거하고 싶어하시며, 범죄를 저지른 사람들에게 마땅한 재앙으로서 남부와 북부에게 주신 화라고 가정할 수 있다면, 우리는 그 속에서 살아계신 하나님을 믿는 신자들이 하나님께 부여하는 이 거룩한

속성들로부터 떠났음을 식별할 수 있겠습니까? 우리는 전쟁의 이 강력한 채찍이 하루 빨리 사라지기를 바라며 간절히 기도드립시다. 그러나 만일 노예들이 250년간 무보수 노동으로 쌓아올린 모든 재물이 가라앉고 채찍으로 흘린 핏방울이 전부 칼로 흘린 다른 사람의 핏값으로 지불될 때까지 이 전쟁을 계속하는 것이 하나님의 뜻이라면 3천년 전처럼 지금도 "여호와의 심판은 진실하고 의로우시다."고 말해야 합니다.

아무에게도 악의를 갖지 말며 모든 사람에게 자비를 베풀고 하나님께서 우리에게 꿰뚫어보도록 주신 의로움 안에 확고히 서서 우리 안에서 일어난 일을 마치고 국가적인 상처를 싸매고, 전쟁터에 바쳐진 사람들과 그들의 미망인과 그들의 아이들을 돌봐주고 우리들과 모든 민족들 사이의 정의롭고 지속적인 평화를 이루고 간직하기 위한 모든 일을 하려고 노력합시다.

기자들은 마지막 단락을 낭독할 때 "많은 사람들이 여기 저기서 부끄러운 줄도 모르고 눈물을 흘렸다."고 기록했다.

최고 법정의 서기가 성경을 가져왔다. 링컨은 오른손을 성경 위에 올려놓고 대법원장 체스의 말을 따라 선서를 복창했으며 그 다음에 앞으로 몸을 구부려 이사야 5:27, 28절의 줄친 구절들에 입을 맞추었다.

그 중에 곤핍하여 넘어지는 자도 없을 것이며 조는 자나 자는 자도 없을것이며, 그들의 허리띠는 풀리지 아니하며 그들의 신들메는 끊어지지 아니하며 그들의 살은 날카롭고 모든 활은 당기어졌으며 그 말굽은 부싯돌같고 차 바퀴는 회리바람 같을 것이며, 그 부르짖는 것은 암사자 같을 것이요 그 소리지름은 어린 사자들과 같을 것이라. 그들이 부르짖으며 물건을 움키어 염려없이 가져가도 건질 자가 없으리로다.

이 두 번째 취임식은 "강력하고 감동적인 메시지"를 즉각 선포하였으며 그것은 "값싼 당파심과는 거리가 멀고 복수심도 담겨있지 않았다." 유능한 사람들은 읽고 연구한 후에 이것을 아주 훌륭한 문구들로 묘사했다.

런던 스펙테이터의 편집장은 이렇게 말했다. "일찍이 어떤 정치가도 그토록 심오한 지혜를 담고 있으면서 그렇게 간결한 말을 사용한 사람은 없었다." 옥스퍼드 대학교의 총장 쿠르존 어얼은 이 연설의 끝을 "인류의 영광과 보물들 중에서······인간의 웅변, 거의 신적인 것에 가까운 웅변의 정금이었다."고 선언했다. 프랑스의 장관은 "일찍이 이와 같은 문서는 프랑스의 궁에 온 적이 없었다."고 말했다.

윌리암 바튼은 그가 쓴 「에이브러햄 링컨의 전기」에서 다음과 같이 말한다. "게티스버그의 연설만큼 고귀한 이 연설은 훨씬 더 높은 수준의 고귀함으로 올라간다. 이 연설은 에이브러햄 링컨의 연설들 중에서 가장 위대한 것이며 그의 지적이고 영적인 능력의 최고봉을 기록한다."

링컨의 정치 경력을 거의 다 알고 있으며 그의 두 번째 취임 연설을 들은 칼 슈르츠는 이렇게 말했다. "이것은 거룩한 시와 같았다. 미국 대통령이 미국 국민들에게 이와 같은 연설을 한 적이 없었다. 미국에는 일찍이 마음 속 깊은 곳에서 그런 말을 찾아낸 그런 대통령이 없었다."

데일 카네기는 그것을 "죽을 수 밖에 없는 인간의 입술을 통해 전달된 가장 아름다운 연설의 결말"이라고 선언했다.

그 후 3월에 수 개월 동안 남부 동맹의 수도를 공략하고 있던 그랜트 장군이 대통령에게 함께 대화를 나누고 싶으며 "당신에게 휴식이 유익이 될 테니까" 자기 진을 방문해 달라는 내용의 편지를 보냈다.

링컨은 퀸 강을 건너가서 링컨 여사, 테드와 함께 시티 포인트에 도착하였다. 그랜트가 마중을 나와 있었다.

셔먼 장군은 북부 캐롤라이나에서 도착하였고 27일 저녁에 대통령은 그랜트, 셔먼, 포터 제독을, 확대 회의를 위해 그의 배안에 있는 막사에서 만났다. 리치몬드는 함락되기 직전이었다. 그들은 주로 항복의 조건들, 남부군에 복귀한 시민들의 권리와 남부의 미래에 대해 이야기를 나누었다. "다른 전쟁 없이, 또 다시 피흘리는 일 없이 전쟁을 끝낼 기회가 있습니까?" 대통령이 물었다. 그랜트는 아니라고 생각했다. 그 후 링컨이 워싱턴으로 돌아왔을 때 그랜트는 부관에게 "하루나 이틀 안에 그분께 좋은 소식을 전할 수 있을 것 같네."라고 말했다.

4월 2일 일요일 아침 5시에 수많은 연합군 병사들이 피터스버그 방어를 위해 포문을 열었다. 리의 저항은 점차 힘을 잃었다. 그날 아침 제퍼슨 데이비스 대통령은 리치몬드에 있는 성 바울 교회에 있는 자기 좌석에 앉아 평소처럼 예배를 드렸다. 목사가 설교할 때 공식 사절이 통로로 내려와서 그에게 메시지를 전했다. 군사들이 피터스버그와 리치몬드에서 철수하고 있다는 내용의 리 장군의 메시지를 읽은 후 데이비스는 서둘러서 사절의 뒤를 따라 교회에서 나와 각료들을 만나 마지막으로 지시를 하고 해가 지기 전에 대통령과 남부 동맹의 거의 모든 고관들은 후퇴했다.

그 날 리 장군의 군사들은 면화와 담배 창고에 불을 지르고 물을 따라 전함들을 침몰시키고 공장과 방앗간과 무기고를 불태우고, 그날 밤 어둠 속에 불길이 치솟는 동안 남서쪽으로 후퇴했다. 다음 날 아침 시청에서 고드후리 웨이첼 장군은 리치몬드를 함락시키고 오후에 질서를 회복했다. 그 날 링컨은 퀸 강을 건너 시티 포인트로 돌아갔다. "하나님," 그가 말했다. "살아서 이것을 보게 해주셔서 감사합니다! 저는 4년 간 무서운 꿈을 꾸다가 이제야 악몽에서 벗어난 것 같습니다. 저는 리치몬드를 보고 싶습니다."

포터 제독은 10명의 선원들을 데리고 대통령를 모시고 강을 거슬러 올라가 리치몬드로 갔다. 그는 그곳에 도착하여 열두 명 가량의 흑인들이 삽으로 구멍을 파고 있는 것을 보았다. 그들의 지도자는 60살 난 노인이었다. 그는 똑바로 일어서서 눈에 손을 댄 다음 삽을 떨어뜨리고 앞으로 달려왔다. "주께서 축복하시기를" 그가 말했다. "당신은 위대한 메시야이십니다! 저는 당신을 보는 순간 알아보았습니다. 당신은 오래 전부터 제 마음 속에 있었고 속박으로부터 그의 자녀들을 석방해주셨습니다! 할렐루야 영광!" 그리고 그는 대통령 앞에 무릎을 꿇고 그의 발에 입을 맞추었다. 다른 사람들도 그를 따라했으며 곧 링컨은 이 사람들에게 둘러 싸이게 되었다. 이들은 그동안 사진으로만 그의 모습을 보고 4년 동안 그들을 포로 상태에서 건져줄 분으로 그를 기다려왔었다.

링컨은 그의 발앞에 무릎꿇은 불쌍한 사람들을 내려다보고 당황해서 말했다. "내게 무릎을 꿇지 마시오. 이건 옳지 못합니다. 당신들은 하나님께만 무릎을 꿇고 이제부터 여러분들이 누리게 될 자유를 주신 그분께 감사를 드려야 해요. 나는 하나님의 비천한 도구에 불과합니다. 그러나 내가 살아있는 한 아무도 여러분의 손발에 족쇄를 채우지 못할 것이며, 여러분들은 하나님께서 이 공화국의 모든 자유로운 시민들에게 부여해주신 모든 권리를 누리게 될 것임을 자신있게 말씀드리겠습니다."

포터 제독은 흑인들에게 그만 물러나고 대통령이 지나가실 수 있게 하라고 요청했다. "예, 주인님." 노인이 말했다. "우리를 구원해 주소서, 주인님. 우리는 링컨 주인님을 존경하며 사랑하고 감사합니다." 그러고 나서 거기서 흑인들은 함께 손을 잡고 아름다운 목소리로 노래를 불렀다.

오, 모두들 손을 잡고
승리의 노래를 부르자.
어떤 세력도 우주의 왕이신 하나님의
권세의 힘에 저항하지 못하리.

흑인들의 입에서 찬송이 퍼져 나오자 거리는 갑자기 흑인들과 더불어 활기를 되찾는 듯했다. 그들은 사방에서 급히 뛰어나오면서 소리쳤다. 어떤 사람은 그들이 오랫동안 말만 들어오고 꿈꾸어 왔던 사람을 만지려고 달려나왔으며, 또 어떤 사람들은 좀 떨어진 곳에 서서 경외와 경이에찬 눈으로 쳐다보고 있었다. 재주넘기를 하는 이들도 있었고 즐거움의 환성을 지르는 사람들도 있었다. 많은 사람들 때문에 움직일 수 없던 링컨은 마침내 이렇게 말했다.

불쌍한 친구들이여, 여러분들은 이제 자유인입니다. 공기처럼 자유롭습니다. 여러분은 이제 노예의 이름을 던져버리고 그것을 밟아버릴 수 있습니다. 그 이름은 이제 더 이상 여러분의 것이 아닙니다. 자유가 여러분의 권리입니다. 하나님은 그것을 다른 사람들에게 주신 것처럼 여러분들에게도 주셨으며, 그토록 오랫동안 여러분에게서 그 자유를 박탈한 것은 죄입니다.

그러나 여러분은 이 귀중한 은혜를 지키려고 애써야 합니다. 여러분이 그 자유를 소중히 여기고 여러분의 선행으로 그것을 지킬 수 있다는 것을 세상에 알리십시오. 즐겁다고 해서 방종해서는 안됩니다. 법을 배우고 법에 순종하십시오. 그분 덕분에 여러분이 자유를 누리게 된 것입니다. 이제 나를 지나가게 하십시오. 나는 낭비할 시간이 없습니다. 나는 수도를 보고 싶으며 여러분이 고귀하게 여기는 그 자유를 여러분에게 확보해 주기 위해 곧 워싱턴으로 돌아가야 합니다.

대통령이 도착했다는 소식이 퍼지자 백인들도 인도에 몰려나오고 창문에 얼굴을 내밀고 내다보았다.

모두들 부드러운 눈과 친절한 얼굴과 아무도 모방할 수 없는 자비를 지닌 이 위대한 사람을 보고 즐거워하였다. 그는 남부 동맹의 지도자들이 말하던 "악의 화신, 남부의 파괴자"가 아니었다. 군중들 사이에서 한 사람이 소리쳤다. "에이브러햄 링컨, 하나님께서 축복해 주시기를! 당신은 불쌍한 사람의 친구입니다." 아름다운 젊은 여자가 군중들 사이를 비집고 나와서 대통령에게 부케를 선사했다.

그들이 데이비스 대통령 집에 도착하자 링컨은 잠시 데이비스의 사무용 의자에 앉았다가 수수한 저택을 둘러봤다. 점심식사를 마친 후, 대통령 일행은 마차를 타고 주의회 의사당과 리비 감옥과 남부의 다른 포로수용소를 방문했다. 연합군의 포로들이 큰 고초를 겪은 것을 보고 한 장교가 제퍼슨 데이비스를 교수형에 처해야 한다고 소리쳤다. 링컨은 부드럽게 대답했다. "판단을 받지 않으려거든 남을 판단하지 말라."

웨이첼 장군이 그에게 점령된 리치몬드 주민을 어떻게 다룰 것인지에 대해 묻자 링컨은 이렇게 말했다. "내가 당신의 위치에 있다면 난 그들을 편하게 해줄 거요, 그들을 편하게." 링컨은 리치몬드를 떠나 시티 포인트로 돌아가서 그 지역의 몇몇 병원들을 방문한 다음, 마차 사고로 부상을 당한 스워드 장관을 방문하러 워싱턴으로 돌아갈 채비를 했다.

피츠버그와 리치몬드에서 퇴각한 리 장군은 덴빌의 철로에 이르러서 존스톤 장군의 군사들과 합류하기를 바라면서 군사들을 이끌고 남서쪽으로 행진했다. 그러나 셰리단의 기마 부대가 그보다 앞서가서 덴빌 철도를 장악해버렸다. 그래서 리는 린치버그에 도착하려고 서쪽으로 행진했지만 셰리단의 기병들과 미드의 보병들이 화물 열차와 리 장군의 아들 쿠르티스 리와 그의 장교들 다섯 명을 포함한 수천 명의 포로들을 붙잡았다. 셰리단은 리가 절망적인 상황임을 그랜트에게 전보로 알리고 이렇게 덧붙였다. "계속 압박을 가하면 리가 결국 항복하고 말 것이라고 생각합니다."

그랜트는 링컨에게 그 메시지를 전하고 답신을 받았다. "계속 압력을 가하라!" 계속 압력이 가해지고 8마일을 달리면서 싸움을 한 끝에 그랜트와 셰리단은 남부군을 함정에 빠뜨리고 사방에서 그들을 공격했다. 금요일 밤 리는 더 이상 전쟁을 해봐야 소용이 없다는 것을 깨닫고 참모 장교들에게 말했다. "이제는 그랜트 장군을 만나러 가는 일밖에는 할 일이 없으며 수많은 군사들을 사지로 몰아넣느니 차라리 내가 죽겠네."

그 사이 그랜트는 군사들 뒤에 떨어져서 농가에 머물고 있었다. 그 곳에서 그는 밤을 보내고 뜨거운 물과 겨자가루로 발을 씻고 "두통을 가라앉히기 위해" 손목과 목 뒤에 겨자 반죽을 발랐다.

다음 날 아침 한 기마병이 항복 조건을 묻는 리의 편지를 들고 거리를 달려 내려왔다. 그랜트는 조건을 제시했으며 다음 날, 종려주일인 4월 9일에 두 장군은 아포마톡스 군청 소재지에 있는 윌머 맥클레란 시장의 집에서 만났다. 리는 완전한 제복 차림이였고 보석 달린 칼을 차고 있었다. 어깨에 육군 중장의 견장을 단 거친 전투복을 입고 칼을 차지 않은 그랜트는 전쟁터에서 서둘러 나오느라고 옷을 갈아입을 시간이 없었다고 변명했다. 그들은 곧 옛날 군복무 시절의 대한 이야기꽃을 피웠다.

"리 장군님, 전 우리가 멕시코에서 복무하던 중에 한번 뵌 적이 있습니다. 전 항상 당신의 모습을 기억하고 있었고, 어디서 만나든지 당신을 알아볼 수 있다고 생각했습니다." 리가 대답했다. "그래요, 나도 그 때 당신을 만난 것 같소. 그리고 종종 그 때를 생각하곤 하면서 당신의 모습을 떠올리려고 하지만 웬일인지 선명하게 떠오르지 않더군요."

이렇게 그들은 "이리들이 대초원에서 울부짖고 …… 태양이 파도 위에서 춤추며 …… 야수를 잡아 3달러에 팔던 정규병들이" 국경 지대에서 보낸 그 겨울을 회상했다.

"얘기가 재미있다 보니까" 그랜트가 말했다. "우리가 만난 목적을 잊을 뻔했군요."

마침내 리는 본론으로 들어갔다. "그랜트 장군, 나는 우리가 지금 만나는 목적을 충분히 이해했다고 생각합니다. 나는 내 군사들의 항복을 어떤 조건으로 받아들일지 알고 싶어서 당신을 만나자고 했던 것입니다."

"제가 제안하는 조건들은 사실상 어제 제가 보내드린 편지에 적혀있는 대롭니다. 즉, 장교들과 병사들은 항복 선서를 하고 적절한 교환이 있기 전까지 다시는 무기를 들 수 없으며, 모든 무기와 탄약과 구호 물자들은 노획 재산으로 이양되어야 한다는 것입니다." 리가 말했다. "나도 그 정도의 조건들은 예상했습니다."

그랜트는 테이블에 앉아 링컨 대통령이 전에 충고한 대로 항복 조건을 쓰고 리에게 그 서류를 건네주었다. 리는 안경을 끼고 그 조건들을 세밀히 살펴본 다음, 그랜트를 올려다보고 즐거운 듯이 말했다. "우리 군사들에게 매우 유리하게 되어 있군요."

"달리 제한할 것이 있습니까?" 하고 그랜트가 묻자, 리는 군사들 중에서 기마병들과 포병들은 그들의 말을 소유토록 해주고 그들이 봄에 경작을 할 수 있도록 농장으로 돌려보내 주면 좋겠다고 말했다. "대부분의 병사들이 소작농들이라면 그렇게 하지요." 그랜트가 말했다. 그리고 기록된 조건들을 바꾸지 않고 "말이나 노새의 소유권을 주장하는 사람들에게 그 짐승들을 끌고 가서 농장을 일구는 데 이용하도록 하자는 데" 동의했다. 리는 안심하는 것 같았다. "부하들이 아주 좋아할 겁니다. 그들은 매우 감사하면서 백성의 화합을 위해 열심히 일할 것입니다."

리는 그랜트의 조건들을 받아들인다는 내용의 문서를 작성하고 싸인한 다음, 참모 장교들이 항복 문서들과 조건들을 베껴쓰는 동안 그랜트와 악수를 하고 신뢰의 표시로 그에게로 몸을 구부려 며칠 안에 군사들의 식량인 볶은 옥수수가 동이나 버릴 것이라고 속삭였다. 그것은 한 형제가 다른 형제에게 믿고 털어놓는 말 같았다. 그랜트는 참모 장교에게 2만 5천 명의 식량을 그들에게 속히 보내주라고 지시했다.

그랜트 장군과 면담을 한 후, 리 장군이 나타나자 그의 군사들은 무의식적으로 환영의 소리를 질렀다. 그러나 그가 그들 앞에 나설 때의 슬픈 모습을 보면서 그들의 함성은 점차 가라앉고 장군 일행이 모자를 벗어들고 천천히 달릴 때 수많은 군사들이 울음을 터뜨렸다.

그의 충성스런 병사들은 그의 손을 잡고 그의 몸을 만지거나 심지어 그의 말에 손을 올려놓으려고 그의 주변으로 모여들었다. 이런 식으로 그들은 그에 대한 깊은 애정을 표시했다. 그 후에 리 장군은 모자를 벗고 뺨 위로 눈물을 주르륵 흘리면서 작별을 고했다.

여러분, 우리는 전쟁터에서 생사고락을 같이 했습니다. 나는 여러분들을 위해 최선을 다했습니다. 합의 조건에 따라 장교들과 병사들은 집으로 돌아갈 수 있습니다 …… 여러분은 의무를 다했다는 만족을 누릴 수 있을 것입니다. 그리고 나는 자비로우신 하나님께서 여러분들에게 축복과 보호를 내려주시도록 진심으로 기도드리겠습니다. 가슴이 북받쳐 더 이상 말을 할 수가 없군요 …… 이제 여러분에게 작별을 고합니다.

리와 그 일행이 떠난 후, 그랜트 장군은 링컨 대통령에게 전보를 쳤다. "리 장군이 오늘 아침 제가 제시한 조건에 따라 북 버지니아 군대를 항복시켰습니다." 이 두 사람은 서로를 매우 잘 이해했다. 왜냐하면 링컨 대통령이 약 8일 전에 시티 포인트의 퀸 강 막사에서 장군들과 회의를 하면서 제시한 조건들을 리가 "자비롭고 친절한 것"으로 받아들였기 때문이다.

4월 9일 종려주일에 링컨은 워싱턴으로 돌아가서 마차 사고로 부상을 당한 스워드 장관의 침상으로 달려갔다. 링컨은 그에게 기쁜 소식과 리치몬드에서 보고 온 밝은 전망을 전달한 다음 이렇게 덧붙였다. "곧 감사일을 선포해야 합니다." 그 날 저녁 링컨은 리의 항복을 알리는 그랜트의 전보를 받았다.

오랫 동안 열망해온 항복에 관한 기사가 전선을 타고 조간 신문에 대서특필되었다. 축포가 쏘아올려지고 종이 울리고 집과 공공건물들에 깃발이 나부꼈다. 가게들이 문을 닫고 공무원들이 휴무를 하고, 백성들이 즐거워서 춤을 추며 거리로 달려나왔다.

뉴욕 시에서 2만 명의 사업가들이 모자를 벗고 "하나님을 찬양하라."는 시를 낭송했다. 그 날 저녁 백악관 주위에 수많은 군중이 모여들어 함성을 지르고 노래를 부르며 대통령을 불렀다. 그는 즉시 창문가에 나타나서 그들에게 몇 마디 연설을 했으며 다음 날 저녁에 정식 연설을 하겠다고 약속했다. "나는 여러분에게 밴드가 있는 것을 알고 있습니다. 나는 지금까지 들어본 가락중에 '딕시'가 가장 마음에 들었습니다. 어제 이후로 나는 우리가 공정하게 그것을 공략했다고 주장하는 바입니다. 그 노래를 연주해 주기를 밴드에게 부탁드립니다." 밴드가 '딕시'를 연주하여 그 날 밤에 모인 사람들을 분산시켰다.

다음 날 저녁 엄청나게 많은 인파가 백악관의 잔디밭에 모여들고 펜실베니아 도로의 보도에는 차량 통행이 금지되었다. 밴드의 음악과 자유의 현수막이 있었다. 링컨이 창가로 다가가서 밖을 내다보자 우뢰같은 박수갈채가 쏟아지고 중단되었다가 다시 쏟아졌다. 군중은 감정에 북받쳐 동요하다가 대통령이 준비한 메시지를 낭독하기 시작하자 조용해졌다.

우리는 오늘 저녁 슬픈 일 때문이 아니라 정말 즐거워서 만났습니다. 피츠버그와 리치몬드의 철수와 적군 주력 부대의 항복은 정의로운 평화가 곧 임하리라는 희망을 가져다 주었습니다. 그 기쁨은 억제될 수가 없습니다. 그러나 이러한 가운데서도 만복의 근원이신 분을 잊어서는 안됩니다. 국가적인 감사의 요청이 준비되고 있고 적절한 시기에 공표될 것입니다. 그랜트 장군과 그의 유능한 장교들과 용감한 병사들에게 이 모든 것이 속할 것입니다. 씩씩한 해군은 준비는 되어있지만 아직 참석하지 못했습니다.

그 다음에 대통령은 청중의 관심을 재건에 집중시켰다. 그것은 그가 처음부터 관심을 갖고 있던 주제였다. 그는 쓰러진 적에 대한 복수나 보복은 없고 "국가의 상처를 싸매주는 일"만 있을 것임을 분명히 밝혔다. 그는 분리 주들이 돌아온 형제들, 집으로 돌아온 후에 옷과 권위의 반지와 잔치를 받았던 탕자로 취급되기를 원했다.

대통령은 백악관의 잔디밭에 모인 사람들만이 아니라, 온 미국과 유럽 세계를 대상으로 연설을 했던 것이다. 그는 합중국을 구한 것이다. 그러므로 그는 백성들에게 자비를 베풀고 용서할 것을 호소했다. 그는 이렇게 말했다.

우리는 모두 분리 주들이 연합과의 적절한 실제적인 관계 밖에 있다는데 동의합니다. 그리고 이 주들에 대해 민간인이든 군인이든 정부의 유일한 목적은 다시 그들을 적절한 실제적인 관계로 받아들이는 것이라는 사실에도 동의합니다. 나는 이것이 가능할 뿐만 아니라, 사실상 이 주들이 연합의 밖에 있었음을 고려하지 않고 받아들이는 것이 더 쉬운 일이라고 생각합니다. 그들이 안전하게 집에 있다는 것이 발견된 이상 그들이 전에 밖에 있었는지는 문제가 되지 않습니다. 우리 모두 이 주들과 연합국 사이의 적절한 관계를 회복시키는 데 필요한 행동들을 하며 이렇게 함으로써 그가 그 주들을 밖에서 연합 안으로 끌어들이든 아니면 그들이 결코 밖에 나간적이 없는 듯이 그들에게 적절한 도움만 주든 간에 서로 죄를 묻지 말아야합니다.

고귀한 연설, 즉 미국의 노예들을 해방시킨 위대한 정치가의 마지막 연설이었다. 그리고 그것은 주님의 가르침, "네가 다른 사람의 허물을 용서하면 ……"을 반영한다.

이 거룩한 주간의 어느 날 저녁에 워드 힐 레이먼은 백악관으로 링컨부부를 찾아왔다. 대통령은 우울하고 명상적인 기분에 사로잡혀 있었으며, 링컨 부인이 어디가 아프냐고 물어도 대꾸를 하지 않았다.

그는 느리고 심각한 목소리로 이렇게 말했다.

성경에 꿈에 관한 언급들이 많다는 것이 이상하게 보이는군. 꿈에 관한 언급이 구약에는 16장 가량 나오고 신약에는 4장이 나오고 있소. 그리고 성경에는 환상에 관한 언급들이 여기저기 많이 나오고 있어요. 우리가 성경을 믿는다면, 우리는 옛날에 하나님과 그의 천사들이 잠자는 사람들에게 다가와 꿈을 통해 알려주셨다는 사실을 인정해야만 할 거요.

링컨 부인이 말했다. "굉장히 심각한 표정을 짓고 계시는군요. 꿈을 믿으세요?"

"그렇다고 말할 수는 없지만" 링컨이 대답했다. "어느 날 밤 한 꿈을 꾸었는데 그것이 나를 괴롭히고 있소. 그 꿈을 꾸고 난 뒤에 성경을 펼쳤더니 이상하게도 창세기 28장이 나왔소. 그 장은 야곱이 꾼 놀라운 꿈에 관한 내용이오. 나는 다른 페이지를 펼쳤지만, 어디를 보아도 꿈이나 환상에 관한 내용만 나오더군. 나는 구약의 여기 저기를 펼쳤지만 늘 내 눈은 내 자신의 생각과 일치하는 것들 –초자연적인 꿈과 환상을 기록하고 있는 구절들에 머물고 있소."

그가 심각하고 당황한 것처럼 보여서 링컨 부인이 외쳤다. "날 놀래키고 있군요! 왜 그래요?"

링컨이 자기가 아내에게 한 말의 효과를 주시하면서 말했다. "나도 이런 말을 하는 것이 잘못이 아닐까 두렵지만 어쨌든 그것이 나를 사로잡고 뱅코우의 유령처럼 떨어져나가지 않는 것 같소." 링컨 부인은 그를 사로잡고 있는 꿈의 내용을 말해보라고 재촉했다. 그는 하나도 빠짐없이 그 꿈에 대해 이야기를 시작했다.

약 10일 전쯤에 나는 매우 늦게까지 잠을 자지 않고 있었소. 난 전선에서 중요한 사항이 전달되기를 기다리고 있었소. 그러다가 너무 피곤해서 잠깐 눈을 붙였소. 나는 곧 꿈을 꾸기 시작했지. 내 주위에는 죽음처럼 고요함이 있었던 것 같소. 그 때 나는 수많은 사람들이 울고 있기라도 하듯이 억제된 흐느낌 소리를 들었소. 나는 내가 침대를 떠나서 아래층으로 간다고 생각했소. 거기서도 똑같은 연민에 찬 흐느낌 소리가 고요함을 중단시켰소. 그러나 애도하는 사람들은 보이지 않았소. 나는 방마다 돌아다녔지만 산 사람은 보이지 않고 걸어가는 곳마다 고뇌에 찬 똑같은 애도에 찬 소리가 따라왔소. 나는 방마다 등불을 밝혀 놓았고 모든 물건들이 내게 익숙했지만, 그 곳에는 마음이 상하기라도 하듯이 탄식하는 사람들이 있었소. 나는 당황하고 놀랐소. 이것의 의미가 무엇일까. 나는 동쪽 방에 들어갈 때까지 계속 그 의미를 생각해봤소. 거기서 나는 놀라운 일을 경험했소. 내 앞에는 수의로 싸인 시체를 두는 관 안치대가 있었소. 그 주위에는 군인들이 보초를 서고 있었지. 그리고 거기에는 많은 사람들이 있었는데 얼굴을 가리고 시체를 향해 통곡하는 사람, 연민에 차서 흐느끼는 사람도 있었소. 나는 한 군인에게 "백악관에서 누가 죽었느냐"고 물었지 그랬더니 그 군인이 대답하기를 "대통령이오. 그가 암살되었소!" 라는 거야. 그리고 나서 사람들의 통곡소리에 나는 꿈에서 깨어났소. 나는 그 날 그 꿈을 꾸고 난 다음 한잠도 못잤소. 그리고 그것이 꿈이라 하더라도 나는 그 후부터 이상하게 그 꿈에 집착하고 있소.

그와 레이몬이 잠시 그 꿈에 대해 논의하고 그 꿈이 암시하는 바를 추론해낸 다음 링컨이 말했다. "그냥 내버려둡시다. 나는 주께서 때가 되면 자신이 원하시는 방식으로 이 모든 일을 하시리라고 생각해요. 하나님은 무엇이 가장 좋은지 아시니까."

"환난당한 모든 자와 빚진 자와 원통한 자가 그에게로 모였고
그는 그 장관이 되었는데 그와 함께한 자가 사백 명 가량이었더라".

(삼상22:3) 찬송 89장

17
포드 극장의 총성

"전쟁은 끝났다." 이 말은 1865년 4월 14일 종려주일 아침에 북부인들이 서로 인사를 나누며 하는 말이었다.

이처럼 온 백성이 즐거워하는 날을 그 이후에는 거의 볼 수 없었다. 도시들과 마을들, 촌락과 시골의 길가는 깃발로 장식되었다. 종이 울리고 사람들은 함께 즐거워했다. 전사자들을 애도하던 사람들까지 그들의 사랑하는 사람들이 죽어서 합중국을 구하고 백성들에게 자유를 가져다 주었다고 즐거워했다. 승리와 국민의 소망이 깃들인 즐거움이 북부를 감쌌다.

제임스 럿셀 로우엘은 이렇게 기록하고 있다. "이 소식은 하늘에서 온 것이다. 나는 이상하고 부드러운 찬양을 느꼈다. 나는 웃고 울고 싶었지만 내 평화를 간직하고 진심으로 감사하는 마음으로 그런 감정을 억제했다."

워싱턴에서 꽃들이 활짝 피고, 새들이 지저귀고 수도가 감사와 축하로 깨어났다. 링컨 대통령은 발자국으로 새 봄을 맞이했고 그의 어깨는 들어올려졌으며 그의 얼굴은 진지한 기쁨과 행복으로 빛나게 되었다. 그날 저녁 환호하는 사람들에게 그가 말했다. "내가 여기 있는 동안 나는 사람의 가시를 심지 않았습니다."

다음 날 아침 국무회의에서 그는 재건에 대해 말했다. 남부 주들을 증오하거나, 복수하려는 생각을 하지 말고 이전처럼 받아들여야 한다고 말했다. 그의 말을 듣고 스탠튼 장관은 이렇게 말했다. "나는 그가 이렇게 기뻐하는 모습을 본 적이 없었다. 그는 조국과 해외에서 확고하고도 지속적인 평화가 계속되리라고 하면서 즐거워했고 친절함과 인도주의와 그를 특정짓는 부드럽게 용서하는 정신을 놀랍게 표현했다.

점심식사 후에, 링컨 부부는 마차길을 따라 갔다. 그들은 미래를 향해 멀리 갈 계획이었다. "메리," 그가 말했다. "우린 워싱턴에 온 이후로 어려운 시기를 보냈소. 그러나 전쟁은 끝났고 하나님의 축복으로 우리는 앞으로 남은 4년을 평화와 행복속에 보낼 수 있을 것이오, 그리고 나면 우리는 일리노이로 돌아가서 남은 여생을 조용히 보낼 수 있소. 나는 당신과 애들을 데리고 유럽으로 여행한 다음 돌아와서 록키 산맥을 넘어 군인들이 국가의 빚을 갚기 위해 금을 파고 있을 캘리포니아로 갈 것이오."

대통령 부부는 5시 직후에 마차길에서 돌아왔다. 일리노이 주지사인 리차드 오글스비와 일리노이의 군무장관 아이샴 해니가 그를 기다리고 있었다. 그는 그들에게 최근에 출간된 페톨레움나쉬비의 책을 읽어준 다음 6시에 가족과 함께 식사하러 갔다. 나중에 그는 최근의 소식을 듣기 위해 국방성을 잠깐 다녀왔으며, 국방장관과 잠깐 대화를 나눴다. 자리를 뜨기 전에 그들은 전쟁의 승리를 자축했으며 떠나면서 링컨은 스탠톤의 어깨 위에 긴 팔을 얹고 전쟁이 끝난 것을 즐거워하면서 뜨겁게 포옹했다. 그들은 둘다 기쁜 마음으로 집으로 돌아갔다.

링컨 부인은 그날 저녁에 포드 극장에서 실연되는 라우라 킨의 작품 "Our American Cousin"을 보러 그랜트 장군 부부와 함께 극장으로 갈 계획을 세웠다. 아침에 그녀는 특별석을 예약했으며 극장측은 대통령 일행을 위한 이례적인 준비 작업에 들어갔다.

그러나 그랜트 장군 부부에게서 그날 밤 북쪽으로 갈 계획을 이미 갖고 있다는 전갈이 왔다. 그래서 클라라 해리스양과 헨리 래스본 시장이 그들

대신 가기로 초대되었다. 링컨은 가고 싶지 않아서 그 파티를 취소하자고 제안했지만, 링컨 부인은 사람들을 실망시키지 말라고 주장하면서 가야 한다고 말했다.

극장 측은 손님들을 기다리게 한 다음 대통령 일행이 도착하여 특별석으로 안내된 다음에 연주에 들어갔다. 오케스트라는 "Hail to Chief를 연주하고 사람들은 자리에서 일어나 손수건을 흔들면서 환호했다. 대통령은 감사의 표시로 고개를 숙였으며 연주는 계속되었다.

10시 2, 3분 전 존 윌크스 부스는 사환의 안내를 받아 극장의 두 출입구에서 말을 내려 옆에 있는 살롱으로 들어가 브랜디 한 잔을 들고 극장으로 들어와서 얼른 대통령의 특별석으로 이어지는 복도로 들어갔다. 담당자에게 신분증을 보인 그는 안으로 들어가는 것이 허락되었다.

링컨 부인은 대통령에게 연주에 관심이 없다고 말했다. 그는 다가올 더 나은 날에 대해 생각하면서 말했다. 그는 집에 가서 잠시 쉬었다가 사정이 허락하면 유럽을 순방하고 그 다음에 팔레스타인을 돌아보자고 말했다. 그는 그것을 동경하면서 이렇게 말했다. "축복받은 발로 이 거룩한 땅을 밟기 위해 …… 괴로운 십자가에서 우리의 유익을 위해 못박히셨지."

그는 링컨부인에게 예루살렘만큼 보고 싶은 곳이 없다고 말했다. 그러나 그가 말을 다 마치지도 못했다. "예루 ……!" 특실 뒤로 들어온 부스가 작은 대린저 권총을 들어 링컨의 머리 뒤를 쏘았던 것이다.

링컨 부인의 비명 소리가 나고 사람들은 모두 대통령쪽을 돌아보았다. 탄환이 머리 하단부에 박힌채 링컨은 옆에 있던 부인의 팔로 쓰러졌다. 그녀가 그를 똑바로 세우려고 하자 그의 피가 그녀의 옷에 튀었다. 래스본 시장은 부스를 잡으려고 벌떡 일어나다가 팔에 칼을 맞았다. 그러고 나서 달려나간 암살자는 특실 난간에 손을 대고 무대 위로 뛰어내렸다.

부스는 운동 선수였다. 그는 안전하게 달아날 수도 있었으나, 승마 구두의 돌출부가 좌석 앞을 장식하고 있던 실크로 된 깃발에 걸렸다. 그는 무대 위에 넘어지고 찢어진 깃발이 그의 돌출부에 휘감겼다. 넘어지는 통에 그는 다리가 부러졌지만, 얼른 일어나서 칼을 휘두르며 소리쳤다. "독재자의 최후는 언제나 이렇다." "저자를 잡아라" 부스가 무대에서 서둘러 사라져서 뒤 출구로 나가 말에 올라타고 밤속으로 사라질 때 누군가가 외쳤다.

사람들은 뜻밖의 일에 당황하고 두려워서 야단법석을 떨었다. 마침내 청중이 조용해지고 공연은 중단되었다. 그 이후로 그 극장은 다시는 공연을 못했다. (그 극장은 1968년에 이르러서야 비로소 박물관으로 일반에 공개되었다.) 청중들 사이에서 세 명의 의사들이 상처받은 대통령을 응급처치하고 그를 가장 가까운 침대로 데려가도록 지시했다. 그는 거리를 지나 윌리암 피터슨의 집으로 옮겨지었고 작은 아래층 방의 침대에 누웠으며 아직 의식이 있었다. 링컨 부인이 뒤따라왔으며 해리스 양이 그녀를 돌보았다. 각료들과 위생감과 주치의인 스토운 박사에게 사절들을 보냈다. 스워드 장관이 치명상을 입고 그의 아들 프레데릭이 상처를 받았다는 소식이 왔다. 곧 로버트 링컨이 도착하고 문가에서 스토운 박사를 만났다. 그는 로버트에게 가망이 없다는 말을 전했다. 윌스 장관과 스탠톤 장관이 도착하고 스탠톤이 사건의 지휘를 맡았다.

밤새도록 목사와 의사들이 링컨의 침상을 지켰다. 때때로 그들은 대통령에게 자극을 주었으며 두뇌의 혈압을 낮추기 위해 응혈을 제거했다. 대통령의 생명이 붙어있는 동안 힘든 숨소리만 간간히 들렸다. 그러나 새벽녘에는 고통스런 숨소리가 희미해지고 맥박이 떨어지기 시작했다. 잠시 후 그의 초췌한 얼굴에는 말로 형언할 수 없는 평화의 모습이 나타났다. 그리고 1865년 4월 15일 아침 7:22분에 "진정한 미국인" 에이브러햄 링컨의 삶의 질곡에서 해방되어 영원한 보상으로 넘어갔다.

스탠톤 장관이 걸리 목사에게 "목사님, 하실 말씀이 있으십니까?"라고 물음으로써 "무덤같은 고요함"을 깨뜨렸다. 목사님은 조용히 대답했다. "하나님께 기도드립시다." 그가 기도하자 방안에 있던 모든 사람들이 머리를 숙였다. 그가 기도를 마치자 그들이 자연스럽게 말했다. "아멘." 위생감 반스는 죽은 대통령의 얼굴 위로 시트를 덮었다. 그러고 나서 엄숙한 어조로 스탠톤은 말하였다. "이제 그는 과거로 갔다."

두 시간 후, 성조기에 싸인 대통령의 시신은 10번 가에 있는 집에서 옮겨져서 조용하고 음산한 거리들을 지나 백악관의 사실에 있는 다락방으로 갔다. 그 곳에서 방부 처리된 상태에서 그는 사흘 동안 머물러 있었다.

슬픈 소식이 전신을 통해 온 미국과 전 세계에 전달되었다. 인류의 위대한 친구가 갑자기 떠나간 것이다. 워싱턴에서, 그 다음에는 뉴욕과 스프링필드와 수많은 다른 도시들과 마을들에서 조종이 울리기 시작했다. 대문에 조기가 걸리고 사람들은 검은 상장을 하고 다녔다.

해군 총장 기드온 웨일즈는 링컨이 죽던 날 아침에 백악관에 왔다가 밖에서 주로 여자와 아이들이었던 수백 명의 흑인들이 울고 그의 죽음을 애통해 하는 것을 보고 감명을 받았다. 그러나 흑인들만이 아니라 모든 미국인들에게도 그의 죽음은 너무나도 갑작스러운 것이었다.

미국인들이 대체로 당황하고 분노하고 애통해했다고 지적하면서 뉴욕 타임즈는 이렇게 말했다. "매우 친절하고 부드러웠으며 사소한 악의에 개의치 않았고 항상 선의와 호의를 가지고 행동했던 그 사람이 냉혈한의 희생물이 되어야 했다는 것이 백성들에게 말할 수 없는 충격이 되었다."

뉴욕 트리뷴에서 호레이스 그릴리는 "일찍이 그리스도인의 정신을 가지고 전쟁에 임한 사람이 있다면 그는 에이브러헴 링컨이다." 신문팔이 소년들은 호외를 외치지 않고 다만 새로 나온 신문을 구매자들에게 건네주었다.

수많은 상인들이 그 날 상점문을 닫았다. 예상치 않게 일찍 집으로 돌아오는 아버지나 아이들에게 어머니가 무슨 일이냐고 묻고 "그 자들이 우리 대통령을 죽였다."는 말을 들었다. 거리에서, 기차에서, 자동차에서, 공공 장소에서 사람들은 이에 대해 말을 하려고 시도했지만 말이 나오지 않았다. 링컨은 죽었고 착하고 위대하며 둘도 없는 친구는 갔다.

남부 캐롤라이나의 찰스톤에서 늙은 흑인 여자가 양손을 비틀고 소리치면서 앞을 바라보고 거리를 걸어갔다. "오 하나님! 오 하나님! 샘 주인이 죽었습니다! 오 하나님! 샘 아저씨가 죽었어요!" 보스톤에서 수많은 사람들이 둘씩 짝지어 한 마디 말도 없이 걷고, 서로의 얼굴을 쳐다보고 한 시간 이상을 침묵 속에 행진한 다음, 천천히 해산하여 서로를 위로하고 슬픔에 찬 얼굴로 서로를 쳐다보았다. 롱 아일랜드의 헌팅톤에서 월트 휘트맨과 그의 어머니는 아침 식사를 하다가 그 소식을 듣고 더 이상 음식을 입에 대지 않고 하루종일 말도 거의하지 않았다. 월트는 자신이 살아 있는 동안 4월 14일에는 자기 방에 라일락의 가지를 꺾어다 놓겠다고 결심했으며, 그 날을 그가 후에 "19세기 드라마의 사람들로 가득찬 캔버스 위의 가장 위대한 인물"로 묘사한 그 사람을 기념하는 거룩한 날로 정했다.

그 당시 아이오아의 경계였던 곳에서 한 농부가 빨리 달리는 말을 타고 이 농장, 저 농장을 돌아다니면서 소리쳤다. "링컨이 총에 맞았다." "링컨이 극장에서 총에 맞아죽었다!" 그 농부가 지나갈 때 사람들은 놀라서 말했다. "장차 이 나라가 어찌될까?"

부활절 아침에 크고 작은 교회들과 도시들과 시골들에서 "죽었으나 아직도 연설하고 있는" 대통령을 기념하는 설교를 했다. 곳곳에서 목사들은 링컨을 인류를 위해 죽으신 그리스도에 비유했다. "하나님께 최후의 가장 비싼 희생이 바쳐졌다." 코넥티컷 주 하트포트의 남침례교회 크레인 목사가 말했다.

"예수 그리스도는 세상을 위해 죽으셨고 에이브러햄 링컨은 그의 조국을 위해 죽었습니다." 뉴욕의 한 목사는 이렇게 설교했다. "이 나라는 그 위로 넘어가려고 하지 않을 것입니다. 그를 위해 조용히 울 뿐입니다. 우리 국민은 그를 반신(半神)으로 기념하지 않고 그를 친구로 애도합니다." 보스톤의 에드워드 에버렛 헤일은 이렇게 설교했다. "나는 이 소박하고 경건하며 선하고 위대한 분에 대해 말을 하는 나 자신을 믿을 수가 없습니다. 그에 대해 말하기 위해 따로 시간을 내어야 할 것입니다. 적은 무리를 두려워하지 마십시오. 여러분에게 천국을 주시는 것은 선하신 아버지의 즐거움입니다."

헨리 워드 비쳐는 달변으로 이렇게 말했다. "일리노이 주민 여러분, 4년 전 우리는 여러분 가운데 있던 경험없는 한 사람을 택해서 그를 위대한 지도자로 보냈습니다. 그는 더 이상 여러분의 지도자가 아니라, 국가의 지도자요 우리의 지도자가 아니라 세계의 지도자입니다."

보스톤 필립스 브룩스는 부활절 메시지에서 링컨이 하나님의 뜻에 순종했다고 찬양하고 그에 대해 이렇게 말했다. "그는 가장 두드러진 인물이었고 진정한 의미에서의 미국인이었습니다. 나는 그리스도인이요 예수 그리스도의 종이자 제자라는 기록이 남을 사람이 있다면 그것은 오늘 관 속에 누워있는 바로 그 분이라고 진심으로 믿습니다."

세계적인 대문호인 톨스토이는 이렇게 말했다. "역사상 모든 위대한 민족적 영웅들과 정치가들 중에서 진짜 거인은 링컨밖에 없다. 링컨은 …… 그리스도의 한 축소판이었고 인류의 성자였다. 그의 이름은 수천 대에 이르기까지 전설적으로 남게 될 것이다."

화요일 아침에 납으로 막고 검은색 천으로 덮고 육중한 은으로 된 손잡이가 달린 그의 마호가니 관은 커다란 동쪽 방의 중앙에 있는 검은 실크와 조화가 덮여있는 연단 위에 놓여졌다. 그 관의 머리 부분에는 신선하고 향기로운 백합꽃으로 만든 십자가가 있었다. 매그놀리아와 향기로운 백합과 향기로운 장미들이 그 위에 뿌려지고 그 옆에 던져졌다. 관의 꼭대기에는 다음과 같은 비문이 새겨진 방패와 은으로 된 판이 있었다.

에이브러햄 링컨
미국 제 16대 대통령
1809년에 나서
1865년 4월 15일에 잠들다

이른 아침 관문이 열렸다. 하루 종일 동쪽 방에서 통곡소리가 그치지 않았으며 문이 닫힌 밤에 2만 5천 명 가량의 사람들이 대통령의 얼굴을 보았다. 그러나 라파이에트 공원과 인접해 있는 거리에는 입장을 기다리는 사람들로 여전히 붐볐다. 각계 각층의 사람들이 대통령을 보러왔다. 통곡하는 사람들 중에는 군인과 선원들과 흑인들도 있었다. 어떤이들에게는 그가 아버지였고, 어떤이들에게는 해방자였으며, 일반적인 사람들에게는 그가 그들이 알고 있는 가장 위대하고 가장 훌륭한 사람이었다.

4월 19일 수요일 장례식으로 정해진 시간에 60명의 성직자들과 새로 임명된 앤드류 존슨과 각료들과 대법원장, 상원의원들과 하원의원들과 고위관리들, 외교사절들, 교계, 법조계, 실업계 인사들, 그랜트 장군, 화라젓 제독 등 동쪽 방을 가득 메운 고위 인사들이 600명이나 되었다. 로버트 링컨만이 가족을 대표했다. 링컨 부인은 그 장면을 견딜 수 없었고 아들인 테드는 "아버지는 이 세상에서 가장 행복한 사람이다."고 말했다.

"오 하나님, 제 기도를 들어주옵소서 …… 저는 모든 조상들처럼 당신과 함께 있는 나그네이며 체류자이옵니다." 에피파니 교회 목사인 할 박사가 선창했다. "당신이 보시기에 수천 년이 어제와 같사옵니다. 인간은 꽃처럼 잘렸고 그림자처럼 덧없습니다. 그러나 죽음은 승리 안으로 삼켜질 것입니다. 주여, 당신은 우리 마음의 비밀을 아시오니 우리의 기도에 자비로운 귀를 닫아버리지 마소서."

감리교회의 매튜 심프슨 감독은 상한 심령들이 견뎌내고 또 다른 희생을 불러일으키지 않으며 과부와 어린이들이 위로를 받게 해달라고 기도한 다음, 주의 기도로 마치면서 "당신의 뜻이 하늘에서 이루어진 것 같이 땅에서도 이루어지이다."는 말을 강조했다.

링컨 대통령의 담당 목사인 피니스 구글리 목사는 "그의 길이 바다에 있고 그의 걸음이 큰 물에 있으나 그의 발걸음이 알려지지 않았다."는 본문을 가지고 장례식 설교를 하면서 대통령과 자신의 개인적인 관계에 대해 설명하고 링컨이 이 방에서 전쟁의 암흑기에 경의를 표하러 온 성직자들을 맞이하여 "신사 여러분, 이 엄청나고 무시무시한 전쟁에서 성공하려는 내 소망은 변치 않으며, 즉 하나님의 공의와 선에 의지하고 있다."고 말씀하시던 때를 잊을 수 없다고 말했다. 그룰리 박사는 이렇게 말했다.

하나님과 진리와 의의 최후 승리를 이렇게 영속적으로 확신하는 것은, 그의 가장 고귀한 미덕이었고 그의 힘과 인내와 성공의 비밀이었습니다. 우리의 돌아가신 지도자가 새벽과 즐거움과 평화의 별이 이 나라 위로 솟아오르는 것을 볼 수 있도록 해주신 하나님을 찬양합니다. 그는 그것을 보고 즐거워했습니다. 에이브러햄 링컨의 생애는 역사의 기록에 불의한 시대에 대한 승리로 기록될 것이며, 사람들의 가슴에 길이 남고 동상으로 남게 될 것입니다.

미국상원의 목사이자 침례교 성직자인 그레이 목사가 축도를 하고 영결 예식은 모두 끝났다.

"나의 달려갈 길과 주 예수께 받은 사명 곧 하나님의 은혜의 복음 증거하는 일을 마치려 함에는 나의 생명을 조금도 귀한 것으로 여기지 아니하노라". (행20:24) 찬송 515장

18
스프링필드로
가는 열차

오후 2시에 울려퍼진 조포와 종소리는 공식적인 영결 예식이 끝났음을 알렸다. 몇 분 후 스프링필드까지 관을 운반하기로 되어있던 열두 명의 일류급 예비대가 링컨의 관의 은으로 된 손잡이를 잡고 4년간 그가 살았던 백악관의 커다란 문을 나섰으며, 화환으로 뒤덮인 도금한 독수리가 장식된 커다란 영구차에 관을 실었다.

행렬이 펜실베이니아 도로로 이동할 때 여섯 필의 말이 그 영구차를 끌었으며 영구차 바로 뒤에는 링컨이 평소에 아끼던 말이 따랐다. 그 말에는 U.S.라는 마크가 붙고 등에는 주인의 부츠를 짊어졌다. 로버트 링컨과 테드는 나란히 말을 타고, 백악관의 수위인 톰 펜델은 마부와 함께 앞에서 달렸다. 존슨 대통령과 교계와 정계의 모든 고위관리들과 육해군들과 모든 종류의 사람들은 밴드가 연주하고 드럼이 만가를 치는 동안 "엄숙하고 인상적이며 잊을 수 없는 행렬"로 행진했다. 그날 모든 장면들 중에서 가장 인상적인 것은 커브길을 돌아 도로로 직행한 40열로 줄서서 걸어간 흑인들이었다. 그들은 높은 실크 햇을 쓰고 흰장갑을 끼고 손을 잡고 행렬했다. 국회 의사당 동쪽 앞에서 행렬이 멈추고 에이브러햄 링컨의 시신은 현관사이로 운반되었다.

6주일 전 거기서 그의 두 번째 취임식이 있었다. "아무에게도 악의를 갖지 말고 모든 사람에게 친절을 베풀며, 하나님께서 의를 볼 수 있도록 우리에게 주셨으므로 그 의에 굳게 서서 우리가 시작한 일을 마무리짓고 민족의 상처를 치유하고 전쟁에서 죽은 사람들과 그들의 미망인들과 고아들을 돌보며 우리 사이에, 그리고 온 나라들 가운데 정의롭고 지속적인 평화를 이룩하고 간직하는 데 필요한 모든 일을 행하기 위해 애써야 합니다." 그러고 나서 관은 국회 의사당의 원형 건축물 안으로 운반되고 커다란 관 안치대 위의 돔 밑에 안치되었다. 그 곳에는 관을 지키는 군사들 만이 홀로 남아있었다.

다음 날 국회 의사당은 개방되었고 하루종일 사람들이 서쪽에서 2열로 들어와서 관 주위를 조용히 돈 다음 동쪽 입구로 다시 열을 맞춰 나갔다.

4월 21일 금요일 아침 6시에 국회 의사당 원형 건축물에 고관들과 다른 고위층 인사들이 모였다. 구를리 박사가 하나님께 "잠든 우리의 대통령께서 우리의 시야에서 사라지고 그의 영원하고 선택된 고향인 이 주의 토양에 있는 안식처로 돌아갈 때 그를 지켜주십사."고 기도했다. 그 후에 그 일행은 기차 역까지 그 관을 따랐다. 기차 역에는 9량을 달고 선도엔진이 달린 장례 행렬 기차가 서 있었다. 그 기차는 에이브러햄 링컨의 유해를 워싱턴에서 스프링필드로 운구하도록 되어 있었다.

관이 조오지 풀만이 완성한 특수 침대차인 "파이오니어"에 안치되어 있는 동안 수많은 사람들은 조용히 기다렸다. 그 칸은 뒤에서 두 번째 칸이었다. 링컨의 관의 바닥에는 더 작은 관, 즉 3년 전에 죽은 어린 윌리 링컨의 관이 안치되어 있었다. 링컨 부인의 요청에 따라 작은 금속으로 만든 윌리의 관은 지하 납골실에서 파내어 새로운 검은 호두나무 관에 봉인되고 출발 준비가 되어있는 정거장으로 옮겨졌다. 아버지와 아들이 세상에서의 마지막 여행을 함께 하게 되었던 것이다.

그 기관차는 검은 색으로 칠해 매우 윤기가 났으며 몹시 무거워 보였다. 여기 저기서 깃발이 날리고 검은 테를 두른 링컨의 사진이 배장기 앞에

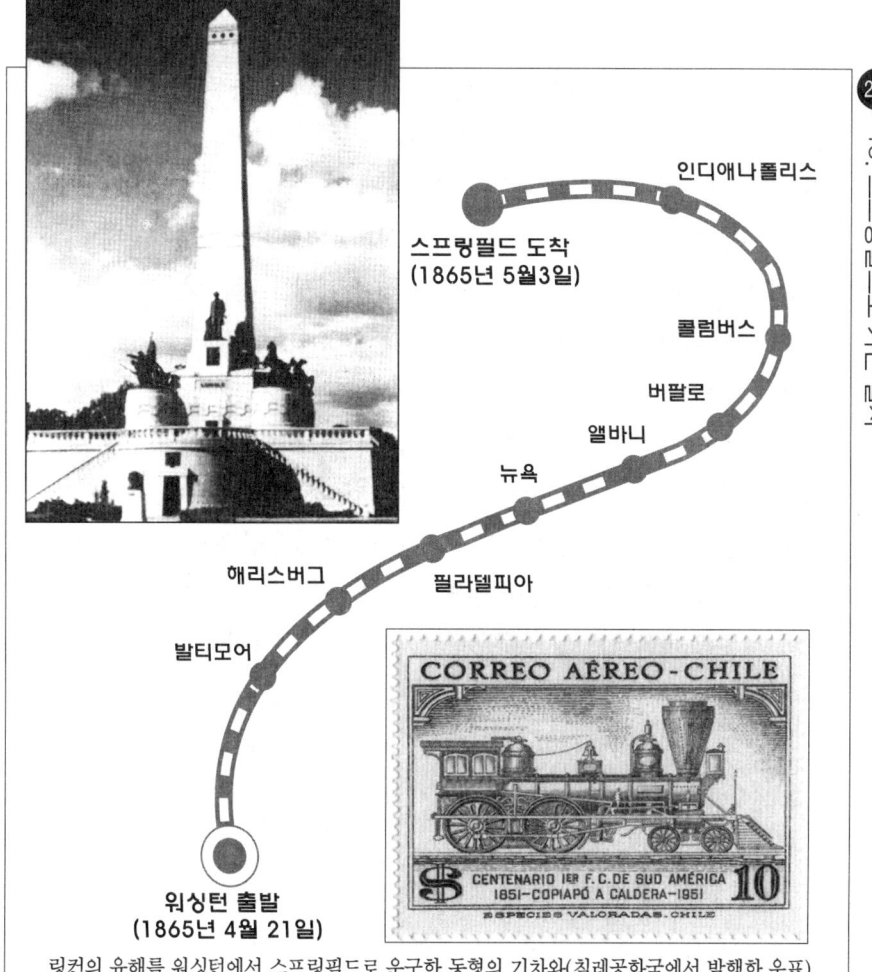

링컨의 유해를 워싱턴에서 스프링필드로 운구한 동형의 기차와(칠레공화국에서 발행한 우표)
경유 도시명, 링컨이 안장된 오크리지묘지.
이 안에는 부인과 세아들 에드워드 윌리암 테드의 유품이 보관 되어 있다.

부착되었다. 삼백 명의 일리노이 주민들이 1700마일이나 되는 곳으로 대통령의 유해를 나르는 일에 관여했다. 데이빗 판사와 워드 힐 래몬과 니난 에드워즈, 그리고 다른 절친했던 친구들과 친지들이 여행에 동참하기 위한 인사들 속에 포함되었다. 백악관의 충실한 수위인 톰 팬델도 이 여행에 동참했다.

이 행렬은 발티모어, 해리스버그와 필라델피아, 뉴욕, 앨바니, 버팔로, 콜럼버스, 인디애나폴리스, 시카고 그리고 스프링필드가 포함되었다. 이 도시들은 대통령으로 당선된 링컨이 취임식을 하러 워싱턴으로 가는 도중에 멈췄던 곳으로서 신시내티만 빠졌을 뿐이다. 신시내티의 사절은 콜럼버스의 장례식에 참석했다.

종이 울리자 사람들이 모두 모자를 벗고 발티모어와 오하이오행 기차는 8시에 기차 역에서 서서히 움직였다. 양측에서 트랙을 따라 기차 뒤에 대고 "안녕 아브라함 아버지"라는 슬픈 흑인 영가를 불렀다.

첫 번째 멈춘 곳은 발티모어였다. 그 곳에서 조포가 쏘아올려지고 조종이 울렸으며 군인들은 관을 발티모어 신문이 묘사한, 네 필의 검은 말이 이끄는 "일찍이 만들어진 가장 아름다운 영구차"로 운반했다. 그 영구차는 순수한 장미 나무로 만들어졌고 프랑스풍의 판유리 뒤와 옆은 4분의 3인치의 두께로 되어있었다. 이 행렬은 길고 사람들이 북적대었기 때문에 관이 개봉될 머천트스 익스체인지로 가는데 세 시간이나 걸렸다. 2시에 관이 닫힐 때까지 링컨의 얼굴을 본 사람은 만 명밖에 없었다. 학생들의 긴 행렬과 수많은 사람들이 실망했지만 기차는 예정대로 떠나야했다.

펜실베니아의 앤드류 커티스 주지사와 그의 참모들은 기차 역에 늘어서서 기차가 도착하기를 기다렸다.

그들의 이런 태도는 다른 주의 관료들에게 귀감이 되었다. 뉴욕에서는 6명의 숙녀들이 영구차 칸으로 들어와서 링컨의 관에 너비 3피트의 빨간 꽃들과 하얀 꽃들과 파란색 꽃들로 이루어진 화관을 두었다.

해리스버그에서는 네 필의 말들이 링컨이 4년 전에 연설했던 의회로 영구차를 끌고 갔다. 사람들은 두 줄로 서서 구경했고 저녁 시간과 다음 날 아침 11시까지 그 행렬은 계속되었으며 마침내 4만 명의 사람들이 관이 기차에 올려져서 떠나는 것을 바라보았다.

도로변의 상점들은 철시했으며 농장일은 중단되고 사람들은 장례 행렬 기차가 지나갈 때 머리를 숙이거나 무릎을 꿇었다. 이전 대통령인 부캐넌의 고향인 랭카스터에서는 엄청난 인파가 모여들었다.

필라델피아에서는 은으로 장식되어 마부들이 이끄는 8필의 흑마가 영구차를 독립 광장으로 이끌었다. 관은 독립선언문이 서명된 독립기념관의 동쪽 윙에 안치되었다. 독립기념관은 자유의 종에서 불과 몇야드밖에 떨어져 있지 않으며, 링컨이 1861년 워싱턴의 생일날 그 강당에서 위대한 연설을 했던 곳 근처에 있었다. 그 때 그는 독립선언서에 진술된 대로 "모든 사람들을 위한 동등한 기회의 약속을 포기하느니 차라리 그 자리에서 암살을 당하는 편이 낫겠다"고 말했었다.

토요일 저녁과 일요일 하루 내내 2열 종대의 추모객들이 관 곁을 지나갔다. 관람 시간이 끝난 한밤중에 세 명의 숙녀들이 들어와서 거대한 흰 꽃 십자가를 그 관에 놓았다. 필라델피아에서는 30만 명의 사람들이 링컨, 곧 켈리 판사가 "정의로우신 하나님의 필멸의 심판과 …… 하나님께 대한 의존을 깊이 의식하면서 살았다."고 말했던 대통령을 보았다.

뉴욕 시에서 16필의 회색 말들이 각 지점을 통과하는 데 세 시간 48분이 걸린 행렬이 크고 정교하게 장식된 영구차를 이끌었다. 브로드웨이를 따라 나 있는 윈도우의 각 지점들을 오후만 빌리는데 50—100달러가 들었다.

행렬을 따라 삼위일체 교회에서는 "만복의 근원되신 하나님을 찬양하라."는 노래가 울려퍼졌다. 유니온 광장에서의 의식들은 다소 어색하게 준비되었으나 50만의 사람들이 대통령의 얼굴을 보려고 모여들었다.

하루에 몇 다발의 목재를 자르고도 여전히 시간이 남아도는 것처럼 보이는 그을린 시골뜨기가 구경꾼들 사이를 밀치고 들어왔다. "내 발을 밟지 말아요!" 누군가가 화가 나서 소리쳤습니다. "미안해요." 햇볕에 탄 그 사람이 사과했다. "전 관을 보아야 해요." "왜 보아야 한다는 거요?" "제 두 형제가 그와 똑같은 이유에서 죽었어요." 키 큰 친구가 슬프게 말했습니다. "게다가 그는 동업자들 중의 한 사람이오. 제가 그의 관을 보고 축복하기 전까지는 다시는 나무들이 있는 곳으로 돌아갈 수가 없소."

4시에 관이 닫히고 기차로 돌아간 후에도 많은 사람들이 그냥 남아있을 정도로 사람들은 관심이 많았으며 그 날 저녁 광장에서 역사가인 조오지

뱅크로프트 박사는 링컨에 관한 위대한 연설을 하고 윌리엄 쿨렌 브라이언트에게 영감을 받아 "에이브러햄 링컨의 장례를 위한 송시"라는 시를 썼다. 그 시는 이렇게 시작된다.

아, 노하기를 더디하고 자비를 베풀기를 신속히 하는구나!
자비롭고 친절하며 정의로우신 분이여,
하나님에 대한 두려움 속에서 위력의 칼,
민족의 신뢰를 지녔도다.

웨스트 포인트에서 제복을 입은 사관생도들이 강을 건너 밴드를 가지고 수비대로 와서 조용히 장례칸을 지나 행진할 정도로 대통령에 대한 사람들의 존경은 대단했다.

그리고 기차가 앨바니로 가는 도중에 마을을 지날 때마다 조종이 울리고 밴드가 연주되었으며 조포가 쏘아올려졌다. 푸그킵 시에서 기차는 멈추고 온 산 언덕이 사람들로 넘쳤다.

"밤중에 기차가 철도를 달려갈 때," 차운시 디퓨가 말했다. "그 장면은 매우 감동적이었다. 모든 교차로마다 셀 수 없을 만큼 많은 횃불이 바닥에 무릎을 꿇고 있는 어린이로부터 노인에 이르기까지 모든 주민과 기도와 찬송을 인도하고 있는 성직자들을 비췄으며 …… 다른 무리들은 머리를 숙이고 울면서 철로변에 서 있었다." 큰 모닥불이 황량한 노변에 세워지고 그 주위에서 농부들은 기차가 대통령의 유해를 싣고 지나갈 때 인사하기 위해 기다렸다.

워싱턴에서 스프링필드까지 계속 이러했다. 장례 행렬 기차가 마을에 들어가면 거의 예외없이 조종이 울리고 조총이 발사되고 정류장마다 사람들로 붐비며 트랙 옆의 모든 공간은 모자를 벗은 사람들로 붐볐다. 시골길에서도 비슷한 광경이 있었다. 기차가 스프링필드로 1700마일이나 되는 거리를 천천히 여행하던 트랙에 수많은 사람들이 ―200만 명 이상으로 추산됨— 모여들 때 그것은 "고인에 대한 대단한 추앙"이었다.

인디애나폴리스는 그 지역의 흙에 어머니를 묻은 이전의 인디애나 농장의 소년을 기념했다. 8필이나 되는 백마가 주의회 의사당으로 영구차를 끌었다. 그 곳에서 관은 꽃으로 만든 십자가와 화관과 하이프와 닻으로 장식되었다. 5천 명의 주일학교 어린이들이 링컨을 추모하고 관람 행렬의 마지막 사람들은 흑인 석공들과 해방 선언문을 손에 쥔 수많은 흑인들이었다.

오래 전부터 링컨을 알면서 존경해왔던 시카고 주민들은 준비하는 데만 1만 5천 달러를 소비했으며 정류장에서 그의 시신을 맞이했다. 거기서부터 8필의 흑마가 장엄한 세 개의 고딕체로 된 부분 아래에 그를 안치했다. "살아있을 때 우리를 명예롭게 해준 그분의 죽음을 기린다. 애국자여, 평화롭고 고귀한 스올에 안식하소서. 권리에 충실하신 분, 정의의 순교자여."

약 17만 명의 사람들이 링컨의 유해를 보았던 법원 문 위에 "이스라엘의 아름다움이 고귀한 곳에서 살해되었다."고 새겨져 있었다.

기차가 시카고에서 스프링필드로 다가가자 친밀하고 가깝던 사람들의 애도 소리가 커졌다. 그 여행은 밤중에 이루어졌지만 그 곳 대부분의 주민들은 도로에 줄을 서있었다. 법적으로나 정치적인 용무 때문에 링컨이 개인적으로 방문했던 그 마을들의 거의 대부분을 통과했으며 언젠가 그와 악수를 했었던 수많은 사람들이 이렇게 밤의 고요함 속에서 달려오는 기차를 지켜보았다.

그의 시신이 이렇게 돌아온 것을 보고 일리노이의 주민들은 울었다. 그들의 신문은 그들에 대해 이렇게 썼다.

이것을 쓰는 사람도 울고 있고 이것을 읽는 사람도 울고 있다. 그를 알고 그를 사랑하고 그를 믿고 신뢰하고 그를 의지하던 모든 사람들은 울고 있다-이 가장 중요한 사람, 이 정직한 영혼, 올바른 통치자, 자기 백성의 워싱턴이요 우리 모두의 모세인 이 분, 그는 여기로 죽어서 돌아왔다! 오, 그들이 우리 이스

라엘의 아름다움을 살해했도다!

5월 3일 아침 9시에 장례 열차가 스프링필드에 도착했다. 7만 5천 명 가량의 사람들이 일리노이 주 안팎의 도처에서 모여들었다. 이들은 대부분 12명의 군인들이 링컨의 시신을 장례 열차로부터 번쩍이는 금과 은과 검은 영구차로 옮긴 정거장에 있었다. 6필의 아름다운 흑마가 이끄는 긴 행렬에는 일리노이의 보병들, 위스콘신 부대, 주의회 의사당의 홀로 링컨의 유해를 따라온 슬픔에 젖은 수많은 시민들이 동참했다. 의회의사당에서는 8년 전에 링컨이 유명한 "분열된 의원"이라는 제목으로 연설했었다.

시민들이 조용히 무리를 지어 다가와서 에이브러햄 링컨에게 작별인사를 하는 24시간 동안, 시신은 그 상태로 안치되어 있었다.

많은 사람들은 그를 위대한 민족적 세계적 지도자로서 뿐만 아니라, 아버지요 친구요 이웃이자 고문으로 생각했다. 그들은 남은 여생 동안 그들이 알고 있는 에이브 링컨에 대해 생각하고 이야기할 것이다. 그의 행동과 말의 비범함과 많은 의미심장한 인간적인 관심사들에 대해 그들은 1861년 그가 작별을 고하던 때와 특히 "나는 언제 돌아올지 또 과연 돌아올 수 있을지 모르고 떠납니다."라고 했던 그의 말을 회상했다.

이전에 링컨과 함께 변호사 일을 했던 빌리 헤른돈은 그의 화려한 파트너의 얼굴을 마지막으로 바라보고 애도자들 중에 벤치와 바의 이전 친구들과 올드 뉴 샬렘 이웃들, 전쟁터에서 돌아온 절름발이 군인들과 링컨의 죽음에 관한 슬픈 이야기를 자기 자식들에게 말해줄 어린 아이들이 있음을 알았다. 친구에게 보내는 편지에서 그는 이렇게 썼다.

내 좋은 친구는 갔어도 아직 성령 안에서 우리와 함께 있다네 …… 그가 갔다는 소식에 충격을 받아 말문이 막혔다네 …… 그렇게 착하고 그렇게 친절하며 그렇게 사랑스럽고 정직하고 씩씩하며 위대한 분이 자객의 손에 죽었다는 생각을 하면 정말 슬프다네.

그 날 링컨에게 작별을 고했던 사람들 중에서 흑인들만큼 링컨의 생애와 수고를 통해 이익을 얻은 사람은 없었다. 이전에 노예였던 한 어머니는 어린 아이를 데리고 와서 위대한 해방자의 시신이 들어있는 깃발로 덮인 관을 보여주면서 말했다. "애야, 잘 봐둬라! 이 분이 우리를 해방시키신 분이란다."

관람하기 이전이든 이후든 5천 명의 사람들이 8가와 잭슨에 있는 링컨의 낡은 집으로 천천히 걸어갔다. 거기서 그들은 방을 돌아다니면서 위인이 한 때 했던 모든 일들에 깊은 관심을 보였다. 그 집에서 특히 주의를 끄는 두 가지 요소는 링컨의 말 올드 밥과 그의 개 피도였다. 그 짐승들은 주인이 돌아올 때를 대비해서 보내진 것이다.

링컨의 법률사무실, 글로브 타베른과 링컨이 관계했던 도시의 다른 곳들을 사람들은 깊은 관심을 가지고 방문했다.

"이 사람 모세는 온유함이 지면의 모든 사람보다 승하더라".

(민12:3) 찬송 295장

19
하나님의 품으로

5월 4일 목요일 정오에 링컨의 관은 봉인되었다. 그가 죽은 지 19일만의 일이었다. 군인들과 그 관을 꽃들과 상록수들이 에워싸고 있는 영구차에서 내렸다. 장례 행렬이 형성되고 2마일 떨어진 오크리지 공동묘지로 움직일 때 250명의 합창대가 엄숙하게 찬송을 불렀다.

하늘 왕의 자녀들아,
우리가 여행할 때 노래를 부르자.
우리 구세주의 놀라운 찬양을 노래하라.
그의 업적과 길들에서 영광스럽게.
주여, 순종하면서 가겠나이다.
아래에 있는 모든 것을 즐겁게 떠나고
오직 당신만이 우리의 지도자이십니다.
그리고 우리는 여전히 당신을 따르겠나이다.

행렬 맨 앞에는 조셉 후커 육군 소장이 섰다. 그 뒤에 수많은 군사들, 즉 일노이의 146연대가 따랐다. 그 다음에 양측에서 여섯 사람이

들고 6필의 흑마가 영구차를 이끌었다. 영구차 바로 뒤에서는 링컨이 탔던 말 올드 밥이 따랐다.

그의 허드렛 일꾼인 헨리 브라운이 그 말을 타고 있었다. 그 다음에 경호원들이 따르고 그 뒤에 (로버트 링컨을 포함한) 친지들과 가족, 친구들이 따랐다. 그 뒤에 의원들과 외교관들과 관리들, 시민들과 흑인들이 뒤따랐다. 그 중에는 링컨의 중요한 사람들과 함께 행진하도록 초대되었으나 "가장 걱정을 많이 하는 사람들"과 함께 걷기로 한 이발사 빌리도 있었다.

도중에 시시때때로 밴드가 장송곡을 연주했으며 그 중에서 네 곡은 "링컨의 장례 행진곡"으로 최근에 작곡된 것이다. 사이사이에 명확하지 않은 드럼 소리가 들렸다. 8번가와 잭슨 거리에 있는 링컨의 집으로 마지막 행진이 진행되었다. 거기서 도시 경계 밖으로 나온 다음 북쪽으로 주지사의 저택을 지나 4번가로 가서 그 곳을 지나 오크리지 묘지로 갔다.

묘지 입구에서 행렬은 상록수 아치 아래에서 행진하여 입구에서 220야드 가량 떨어진 언덕에 위치한 쇠문이 달린 묘지로 갔다. 근처에 두 개의 연단이 있었는데, 하나는 300명의 노래 부르는 사람들을 위한 것이고 다른 하나는 성직자와 관리들을 위한 것이다. 마지막 예배 때 12명의 군인들과 관을 영구차에서 부드럽게 들어올려 열린 철문 사이로 운반하여 지하 납골실 안쪽의 대리석 평판 위에 올려놓았다.

영구차와 말들이 떠나고 사람들이 근처로 모여들자마자 평판에 두 개의 대리석이 있는 것이 보였다. "나를 위해서는 가장 작은 것, 아버지를 위해서는 가장 큰 것" 윌리는 몇 년 전 아버지와 함께 시카고로 여행한것에 관해서 침대와 그릇과 수건들에 그렇게 적었다. 윌리가 먼저 납골당으로 보내져서 기다리고 있었던 것이다.

로버트 링컨과 데이빗 데이비스 판사와 친구 및 친지들이 무덤 근처에 서 있었다. 자료에 의하면 약 7만 5천 명의 사람들이 산언덕을 가득 메웠다고 한다. 합창대가 두 곡의 찬송을 부른 다음 앨버트 헤일 목사가 기도를 드리고 마이너 목사가 요한복음 1장을 봉독했으며 후버트 목사가 링컨의 두 번째 취임에 관한 간단하고도 심오한 설교를 했다.
"아무에게도 악의를 품지 말고 모든 사람에게 자비를 베풉시다. 하나님께서 우리에게 보도록 주신 의로움 위에 확고히 서서 우리가 시작한 일을 끝내고 민족의 상처를 치유하고, 전쟁터에서 죽은 사람과 그의 미망인과 그의 고아를 돌보며 우리 사이에, 그리고 전 세계에 정의롭고 계속적인 평화를 이루기 위해 필요한 모든 것을 행하기 위해 노력합시다."
감리교회의 매튜 심프슨 감독(링컨 대통령의 가장 절친한 친구이자 존경받은 고문)은 감동적인 장례 설교를 했다.

자체 안에 영원을 함축하고 있는 동기들이 있습니다. 영원히 발전시키고 꽃 피울 배아를 함축하고 있는 것처럼 보이는 순간들이 있습니다. 그런 순간은 이 세상의 모든 권력에 영향을 미치는 문제가 해결되어야 할 시기에 우리 땅에 임했습니다. 이 싸움은 인간의 자유를 위한 것이었습니다. 이 공화국이나 단순히 이 연합을 위해서만이 아니라, 완전한 위엄을 지닌 백성으로서의 이 백성이 정부 지지자가 되도록 운명지어졌는지 아니면, 독재자나 귀족정치가나 어떤 형태든 계급 통치에 예속되어야 하는지를 결정하기 위해서입니다. 이것은 우리가 해결하기 위해 애써온 중요한 질문이며, 그 결정은 목전에 와있고 이 싸움의 결과는 후손들에게 영향을 미칠 것입니다. 만일 성공한다면 공화국들은 군주정에도 불구하고 이 세상 전체로 퍼지게 될 것입니다.

그리고 나서 그는 계속해서 말했다.

지금까지 죽은 사람의 얼굴을 바라본 사람들의 수가 이보다 더 많은 적은 없었습니다. 밤이나 낮이나 새벽이나 횃불 아래에서나 1600마일이나 되는 줄로 늘어선 이렇게 많은 행렬을 본 적이 없습니다. 이렇게 많은 사람들이 애도하는 이유는 그 사람 자신에게서 찾을 수 있습니다.
링컨은 평범한 사람이 아니었습니다. 가정 생활에서 그는 매우 인자하고 애정이 많았습니다. 그는 모든 사람들로 하여금 자신에 대한 느낌—개성에 대한 인식—, 곧 자기 의존 능력을 갖도록 했습니다. 그들은 그 안에서 모든 결과들에도 상관없이 옳은 일을 한다고 믿는 분을 보았습니다. 백성들로 하여금 그를 최대로 의존하게 만들고 그의 발언을 대단한 것으로 만든 것은 그의 도덕적인 의식이었습니다.

지도자시여, 잘 가시오! 백성들이 당신을 애도합니다. 어머니들이 자라나는 아이들에게 당신의 이름을 가르칠 것입니다. 우리 나라의 젊은이들이 당신의 미덕을 본받으려고 애쓸 것입니다. 정치가들은 당신의 기록을 연구하며 그것을 통해 지혜의 교훈을 배울 것입니다. 우리는 당신에게 순교자의 면류관을 씌우고 인류는 승리의 아들로서, 당신을 보위에 앉힐 것입니다. 영웅이여, 순교자여, 친구여, 잘 가시오.

장례 예배는 "만복의 근원이신 하나님을 찬양하라."는 찬송으로 끝나고 구를리 목사가 손을 높이 들고 마지막 축도를 할 때 모든 사람이 머리를 숙였다. 합창대가 "안식하라, 고귀한 순교자여! 평강중에 안식하라!"고 노래하는 동안 무덤의 무거운 문과 쇠문이 닫히고 잠겼으며, 그 열쇠는 로버트 링컨에게 전달되고, 로버트 링컨은 그것을 링컨의 첫 번째 변호사 파트너요 후에 결혼을 통해 처삼촌이 된 존 스튜어트에게 전했다.

마침내 에이브러햄 링컨은 "조용한 곳에서 …… 편안히 쉬고" 있다. 전쟁도, 싸움도, 고난도 없고 영원히 평화만 있는 저 먼 나라의 시민이 된 것이다. 그는 믿음을 간직했었다.

"그를 높이라 그리하면 그가 너를 높이 들리라 만일 그를 품으면 그가 너를 영화롭게 하리라". (잠 4:8) 찬송 545장

Lincoln Memorial

　미국인과 전 세계인의 존경과 찬사를 받아 온 에이브러햄 링컨은 워싱턴 D.C.에 그의 기념관이 세워져 있다.

　링컨 탄생 105주년인 1914년에 착공하여 1922년 전몰자 추도 기념일에 봉헌된 기념관은 그리이스 파르테논 신전을 형상화한 웅장한 석조 건물로써 조각가인 다니엘 프렌치의 작품인 링컨의 거대한 좌상이 홀 중앙에 위치하고 있어 방문객들을 압도 한다.

　36개의 도리이 식 원주(圓柱)는 링컨이 1865년 4월 남부 출신의 존 윌크스 부스에 의해 암살될 당시의 주의 숫자이며, 봉헌 당시에 미 연방에 가입하지 않은 알라스카와 하와이를 제외한 나머지 48개 주의 이름이 기둥 위쪽에 새겨져 있다.

　좌실 왼쪽 석상에는 게티스버그 연설로 유명한 **국민의 국민을 위한 국민의 정치**와 오른쪽 석상에는 두 번째 취임 연설의 전문이 새겨져 있으며 1층에는 미국 최초의 헌법이 소장되어 있다.

　기념관을 모든 방문객들에게 매일 24시간 무료로 개관한다.

위 치 : West Pottomac Park
교 통 : 지하철 Foggy역에 하차하여 국회의사당에서 도보로 30~40분 가량 소요한다.

에이브러햄 링컨 연보

Abraham Lincoln
(1809-1865)
대통령 재임기간 (1861-1865)

1806년	토마스 링컨과 낸시 행스가 결혼 (6월12일)하다.
1809년(1세)	켄터키 주 하딘 군의 통나무 집에서 2월12일 태어나다.
1816년(8세)	인디애나 주의 남부 지방으로 이사하다.
1818년(10세)	링컨의 어머니가 독우유(Milk Sic-kness)로 인한 질병으로 세상을 떠나다.
1819년(11세)	아버지 토마스와 새 어머니인 사라 부쉬 존스턴이 결혼하다.
1826년(18세)	누나 사라가 아론 그릭스비와 결혼하다.
1828년(20세)	링컨은 평저선을 타고 미시시피 강을 내려가 뉴즈올리언에서 처음으로 노예 경매의 비참함을 보았다. 누나 사라가 세상을 떠나다.
1830년(22세)	인디애나 주에서 일리노이 주의 디케이터로 이사하다.
1831년(23세)	뉴 살렘으로 이사하다.
1832년(24세)	인디언 토벌 전쟁에 참가하여 민병대장이 되다. 윌리암 베리와 공동으로 잡화상을 창업하다.
1833년(25세)	윌리암 베리와 공동 창업한 잡화상이 부도가 나고, 측량 기사 시험에 합격하다.
1834년(26세)	일리노이 주의회 의원으로 선출 되었고 법학을 공부하기 시작하다.
1836년(28세)	주 의원에 재선하다.

1837년(29세) 존 T.스튜어트와 순회 법률 사무소에서 공동 법률 사무소를 개설하다.
1838년(30세) 주 의원 선거 3선에 도전하여 당선되다.
1842년(34세) 12월 4일 메리 토드와 결혼하다.
1843년(35세) 8월1일 첫 아들 로버트 토드가 태어나다.
1844년(36세) 윌리암 H. 헤르돈과 공동 법률 사무소를 개설하다.
1846년(38세) 3월10일 둘째 아들 에드워드가 태어나고 주 하원의원에 선출되다.
1850년(42세) 2월1일 둘째 아들 에드워드가 세상을 떠나고 12월21일 셋째 아들 윌리암(윌리)가 태어나다.
1851년(43세) 1월 17일 아버지 토마스가 세상을 떠나다.
1853년(45세) 4월4일 넷째 아들 토마스(테드)가 태어나다.
1855년(47세) 상원의원 선거에서 낙선하다.
1856년(48세) 공화당 부통령 후보 경선에서 낙선하다.
1858년(50세) 링컨은 상원 의원직을 놓고 스티븐 더글라스와 경쟁하고 7차례에 걸쳐 공식 논쟁을 벌였으나 패하였다.
1860년(52세) 11월6일 16대 대통령에 당선되고 남부 케롤라이나가 연합에서 탈퇴하다.
1861년(53세) 2월9일 남부의 조오지아, 루이지애나, 텍사스 등 7개 주가 남부 동맹을 결성하고 연합에서 탈퇴하다. 3월4일 대통령 취임 선서를 하다. 4월12일 남부동맹이 북부의 포트 섬터를 공격하므로 남북 전쟁이 일어나다. 6월3일 정치적 라이벌이자 동반자인 스티븐 더글라스가 세상을 떠나다.
1862년(54세) 2월22일 아들 윌리암(윌리)가 세상을 떠나다.

1863년(55세) 1월1일 노예 해방 선언문에 서명하다. 11월19일 전몰자 묘지 봉헌식에 참석하여 유명한 게티스버거 연설을 하다.
1864년(56세) 11월8일 민주당의 조오지 맥클레란과의 대통령에 선거에서 재선하다.
1865년(57세) 2월1일 노예 제도를 완전히 폐지하는 헌법 법령에 승인하다. 3월4일 대통령에 재취임 선서한다. 4월9일 남부 동맹군의 리 장군이 연합의 그랜트 장군에게 항복 선언을 하여 5년간의 남북전쟁이 끝나다. 4월14일 워싱턴의 포드 극장에서 가족과 연극을 관람중 존 W. 부스에 의해 암살당하다. 4월15일 사망하다. 5월4일 링컨의 집이 있는 스프링필드 오크리지 묘지에 묻히다.

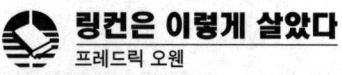
링컨은 이렇게 살았다
프레드릭 오웬